デリー
香港
ミャンマー
インド
タイ
ベトナム
カンボジア
スリランカ
マレーシア
クアラルンプール
シンガポール
ガラン島
カリマンタン島
（ボルネオ）
スマトラ島
スンダ海峡
ジャカルタ
マカッサル
ジャワ島
クリスマス島
ココス諸島
インド洋
パース
広域地図
0
1500
3000km
（ミラー図法）

JN119421

移動と境界

越境者からみるオーストラリア

飯笹佐代子
鎌田　真弓 編著

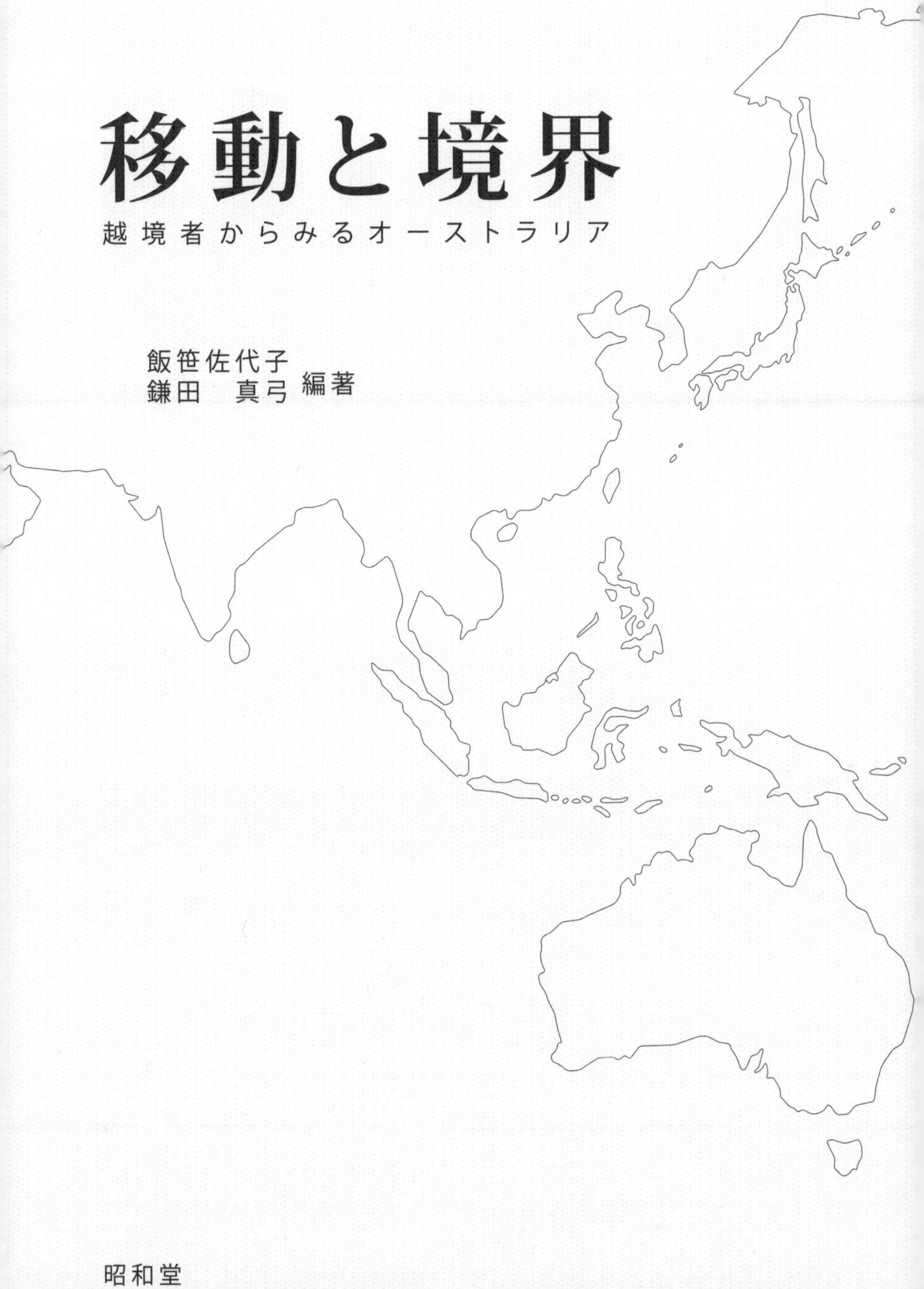

昭和堂

はじめに

本書の目的は、オーストラリアを主な舞台に、「国境」ないしは様々な「境界」のあり様を、時に歴史を遡りつつ、越境者の視点に留意しながら問い直すことにある。

周知のとおり、二〇二〇年以降、新型コロナウイルス（COVID-19）によるパンデミックは世界中の人びとの暮らしや考え方にさまざまな影響を与えた。その一つが、国境の閉鎖によって「国境」の存在感を私たちにあらためて知らしめたことではないだろうか。多くの国々が相次いで閉鎖した国境は移動を阻む強固な壁として立ちはだかり、人びとの越境をめぐる状況を瞬時に一変させた。

オーストラリア政府が感染対策として国境を閉鎖したのは、世界保健機関（WHO）がCOVID-19をパンデミックとしてみなすことができると発表した九日後の二〇二〇年三月二〇日であった。編者の一人はその数日前に、シドニーでの一週間の滞在を経てニュージーランドに移動していた。当時、新型コロナのニュースを気にしながらも、国境閉鎖の事態など夢想だにせずに、またシドニーに戻って調査を続けるつもりでいた。ところが、ニュージーランド政府が豪政府より一日早い一九日に国境を閉鎖し、その日の朝、欠航が相次ぐ中で辛うじて確保したシドニー行きのフライトに追われるような気持ちで乗り込んだのだった。シドニー空港に無事に到着したものの、当然ながら翌日から国境を閉鎖するオーストラリアへの再入国は断念するしかなかった。空港から眺めたシドニーの馴染みのある風景が、急によそよそしく自分を拒んでいるように見えたことを、今でも鮮明に覚えている。せめても、その夜、急遽手配した日本への帰国便が欠航しなかっただけでも幸いであったと言えよう。国境が、いとも容易に、しかも突然閉じられるものであることを身をもって体験した出来事であった。

この体験は、世界の「ボーダーレス化」という表現の虚構性をあらためて考えさせられる契機となった。確かに、パンデミック以前は、一部の人たちにとってグローバルな移動が日常的なことになっていたかもしれない。しかし、各国の国境は「ボーダレス化」がイメージさせる程には開かれていなかった。むしろオーストラリアを含む先進国と称される国々では、入国できる人とそうでない人を選別し、後者を排除するための機能が強化されてきた。しかも、国際情勢や国内事情、あるいはテクノロジーの進化によって、各国の国境管理の内実はたえず変化している。人びとはそれぞれの目的をもって越境しようとする。だが、それを拒絶されて過酷で理不尽な結末がもたらされることもあれば、たとえ「国境」を越えたとしても、法的、文化的、その他の種々の「境界」が立ち現れることもある。そもそも私たちの社会には、さまざまな「境界」が多層に存在しているからだ。それらはどのような「境界」なのか。果たして、人びとは、いかに国境／境界に対峙し、もしくは国境／境界を越えようとしてきたのか。こうした問題意識のもと、本書では、多様な境界の様態を移動をする人びとの側から描き出すことを試みる。

以下、本書の構成について簡単に紹介したい。

第1部「海がつなぐ移動——境界を行き交う人びと」では、船が唯一の移動手段で、海上の「境界」が形成途中であった時代の越境と交流に注目して、生業活動から生まれる社会的境界と国家による境界の相互作用を考える。ここでの越境者は、一九世紀に活躍したオーストラリア人の領事から、日本人の芸人やアラフラ海で真珠貝漁に従事した出稼ぎの人たち、オーストラリアの中心からは「地の果て」とも映るトレス海峡の人びと、さらには古くから先住民との交流の歴史を持つインドネシアの海洋民などに及ぶ。

第2部「境界の多層性——移住者たちと見えない境界」では、日本の戦後の占領期から現在までの、婚姻によってオーストラリアに移住した日本人のそれぞれの経験、そしてワーキング・ホリデーの制度を活用してオーストラリアで暮らす日本の若者たちの夢と現実について取り上げる。国境を越えた後に遭遇する、多層で、見えない「境界」が明らかにされる。

第3部「拒まれる越境——彷徨う難民」で描かれるのは、中東や中央アジア、アフリカ等の政治的動乱から逃れ、庇護申請のためにオーストラリアに密航を試みた人びとが、豪政府の対応によって翻弄される姿である。なかには過酷な収容所体験を、創作活動によって国際社会に伝えようとした人もいた。豪政府が自国への潜在的な密航者を阻止するために、海を隔てた隣国インドネシアに対して行ってきた政策介入についても論じられる。

第4部「変容する境界——移動から境界を問い直す」は、多角的な視点からの移動・境界論である。太平洋戦争下における泰緬鉄道敷設のための動員、戦後オーストラリアの大量移民政策の記憶を象徴する受け入れ施設の遺産化、豪政府による豪・インドネシア間海域の領域化が漁民の操業活動に与える影響、文学で物語られる他者理解と心の境界の克服、パンデミック禍によって表出した境界といったテーマから、多様で変容する「境界」のあり様を考察する。フォトエッセイの写真と作品は、視覚的に「境界」とは何かを問いかける。

第5部「作品から「移動」と「境界」を考える——文学・演劇・ドラマ・音楽・映像作品・ノンフィクション」では、これまでの四部とは趣向を変え、多岐のジャンルにわたる作品について解説している。越境をモチーフにした多数の作品の中から日本語でアクセス可能なものに限定した。

「移動」と「境界」をめぐって何が起こり、そこには、どのようなドラマが繰り広げられてきたのか。今後、越境者たちはいかなる「境界」に遭遇することになるのか。そして、私たちはいかに「境界」のあり様を問い直すことができるのだろうか。本書の主な舞台はオーストラリアだが、より広くグローバルな移動・境界論へとつながる論点や示唆を含んでいる。

本書が読者諸氏の新たな発見と考察を深める機会となれば嬉しく幸いである。

飯笹佐代子
鎌田　真弓

第5部　作品から「移動」と「境界」を考える
――文学・演劇・ドラマ・音楽・映像作品・ノンフィクション

第1部

海がつなぐ移動——境界を行き交う人びと

ダーウィン日本人会：昭和天皇即位の日（1928年11月10日）に撮影されたものと思われる。当時ダーウィンでは100人近くの日本人出稼ぎ者が真珠貝採取漁で働いていた。（写真提供：串本町図書館、結城照夫氏アルバムより）

第1章　アレグザンダー・マークス
——日豪を越境した領事

村上雄一

はじめに

この章では日本開港直後の横浜に一八六〇年に渡り、一二年間日本で過ごし、その後、一七八九年一二月から一九〇三年三月までメルボルン領事を務めたアレグザンダー・マークス（以下、マークスと記述。図1）を紹介する。ゴールドラッシュに沸くオーストラリアから幕末日本に「越境」し、その後「逆越境」も経験したマークスを取り上げることで、当時の日豪間の越境について考えてみたい。

1　マークス家

マークスは一八三八年に米国ニューヨーク州に生まれ、父親でユダヤ系のキャスパー[1]と共にオーストラリアに渡ってきたとされる。その時期は定かではないが、一八四二年六月

（1）Casperまたは Caspar

のシドニーの新聞に父キャスパーの名前が見られることから、マークスが米国で生誕後、ほどなくしてオーストラリアに移ってきたのかもしれない。一八四三年一月、マークス一家はフィリピンのマニラへ移動[2]、そこでマークスは一時教育を受けたと言われている。一八四九年頃、マークス家は一旦シドニーに戻り、翌五〇年三月、サンフランシスコ行きの船に乗っている。その理由は定かではないが、当時、カリフォルニアはゴールドラッシュで賑わっていたことから、そこにチャンスを見出したのかもしれない。

約一年半後の一八五一年一〇月ごろ、キャスパーは質店の広告をシドニーの新聞紙に掲載している。その時、マークス一家がキャスパーに同伴していたかは定かではないが、翌五二年七月末のシドニーの新聞記事にマークスの名前が見えることから、彼はこの頃には再びオーストラリアへ戻ってきていたようである。

図1　アレグザンダー・マークス（出典：*The Australian Jewish Historical Society Journal*, April 1977）

一八五三年七月、マークスはシドニーからメルボルンに移住、父キャスパーと同業の質店経営を始めた。メルボルン移住の理由もはっきりしないが、一八五一年以降、同地はゴールドラッシュに沸く活気に満ちた土地であり、ユダヤ系移民も増えていた[3]こと等が理

（2）　一八四二年の新聞記事にはキャスパーは破産し、資産が競売に掛けられることが報道されていることから、キャスパーはフィリピンで再起を図ろうとしたのかもしれない。

（3）　ヴィクトリア植民地におけるユダヤ系人口は一八四八年には約二〇〇人であったが、六一年には約三〇〇〇人にまで急増、一九世紀後半のオーストラリアで最も大きなユダヤ人コミュニティーを形成した。

由であろう。一八五五年頃キャスパーもメルボルンで質店を開くが、翌五六年には引退を表明、彼の事業はマークスが引き継ぐことを新聞広告で告知している。

2　マークス商会

一八五九年ごろ、マークスは兄弟のヘンリー[4]と共に中国[5]へ、翌一八六〇年には開港間もない横浜へ苦労の末渡り、遅くとも一八六四年までにマークス商会[6]を設立、兄弟で貿易商の仕事を始めた。なぜマークス兄弟がメルボルンを離れることになったのか、その理由も定かではないが、一八五九年当時の新聞広告や報道から推察するに、マークスはある人物との商取引で大きな損失を被ったようで、同年二月以降、彼の新聞広告が一切出なくなる。このようなことから、マークスはヘンリーと共に再起をかけてメルボルンを離れ、一八五八年六月に締結された『日米修好通商条約』によって開港することになった日本に新たな商機を期待して、渡日を決意したのであろう。

一八六五年ごろには、もう一人の兄弟ローレンスも来日、マークス三兄弟が日本に揃い、一緒に貿易商の仕事をすることになった[7]。こうしてマークスは二〇代という人生の貴重な時期を日本で兄弟と共に過ごし、その間に高い日本語能力も身に着けたようだ[8]。

マークス商会は横浜山下町居留地の七七番商館（図2）を拠点に、一八六四（元治元）年から一八七〇（明治三）年まで洋服を輸入していたことは確かで、これは記録に残る他の商館と比べても、最初期の洋服輸入業者であった。一八六四（元治元）年には食品やビー

（4）　ヘンリーおよび後述ローレンスの生年月日は不明であるが、マークスの結婚を伝える一八七二年の新聞記事で彼は「末息子」と紹介されている。しかし、確証が得られていないため、本稿では「兄弟」と表記する。

（5）　*The Cyclopedia of Victoria* (1903) でマークス兄弟は一八五八年に香港、五九年に横浜で貿易商を始めたと記されているが、マークスへのインタビュー記事では五九年に上海、六〇年に横浜上陸とあるため、ここでは「中国」と記す。

（6）　A. Marks & Co.

（7）　明治維新の翌六九年にマークス商会は神戸に支店を設けローレンスが支配人となったが、翌七〇年には撤退している。後にローレンスは東京にも支店を出そうと試みたが、それも失敗に終わったようである。

（8）　一九三五年、和歌山県潮岬小学校で開催された「郷土を語る座談会」で田中藤太郎は、一九〇〇年メルボルンでマークスに会った際、彼が「きれいな日本語」「上品な日本語」で話していたと述べている。

ル等の酒類も販売していた記録がある。マークスが一八六七（慶応三）年の『萬國新聞紙』二月号に出した広告には、「羅紗外国人衣類沓皮ノ類ライフル砲并ピストル等」と書かれていることから、遅くともこの頃までには洋服以外に銃器も取り扱っていたようである（図3）。ほぼ同じ広告が同年の『萬國新聞紙』三月号と八月号にも見受けられる。

一八六六年一月七日付のマークスの投書が*Jewish Chronicle*紙[9]に掲載されている。その投書でマークスは自身と彼の兄弟が幕末日本の開港地を初めて訪れたユダヤ人であったと述べている。一八六六年当時、横浜には一六名のユダヤ系外国人がおり、そのうち多くはポーランド系で、他は英国系と米国系ユダヤ人であると述べている。この記事でマークスは、来日後、横浜のほかに長崎や函館も訪ねていると語っている。

この新聞の投書でマークスは、日本の輸出入品についても述べている。彼は絹、茶、そして木綿が日本から大量に輸出されていること、一方で日本への輸入も増大していると し、日本は西洋の工業製品とは競争できていないが、日本人は独創的で模倣品が多く出回っており、日増しに西洋雑貨に対する需要が高まっていると述べている。また、一八六八年には大阪開港が予定されており、貿易商たちは大阪がすべての西洋商品にとって今まで以上に大きな市場になることを期待しているとも述べている。

マークス商会が日本からどこに何を輸出していたのかを示す網羅的な資料は、管見の限りでは不明であるが、その一端を垣間見ることはできる。例えば、一八六一年四月にメルボルンの新聞にマークスは広告を出しているが、その中では「純正日本漆器および磁器」「絹」「かわいらしい雑貨」が紹介されている（図4）。また、一八六八年二月には、横浜のマークス兄弟がシドニーの父キャスパーに送った輸出品の広告が新聞に掲載され、目玉

（9）マークスの署名はないが、この投書とほぼ同じものが一八六六年七月のオーストラリアの新聞数紙に掲載されている。

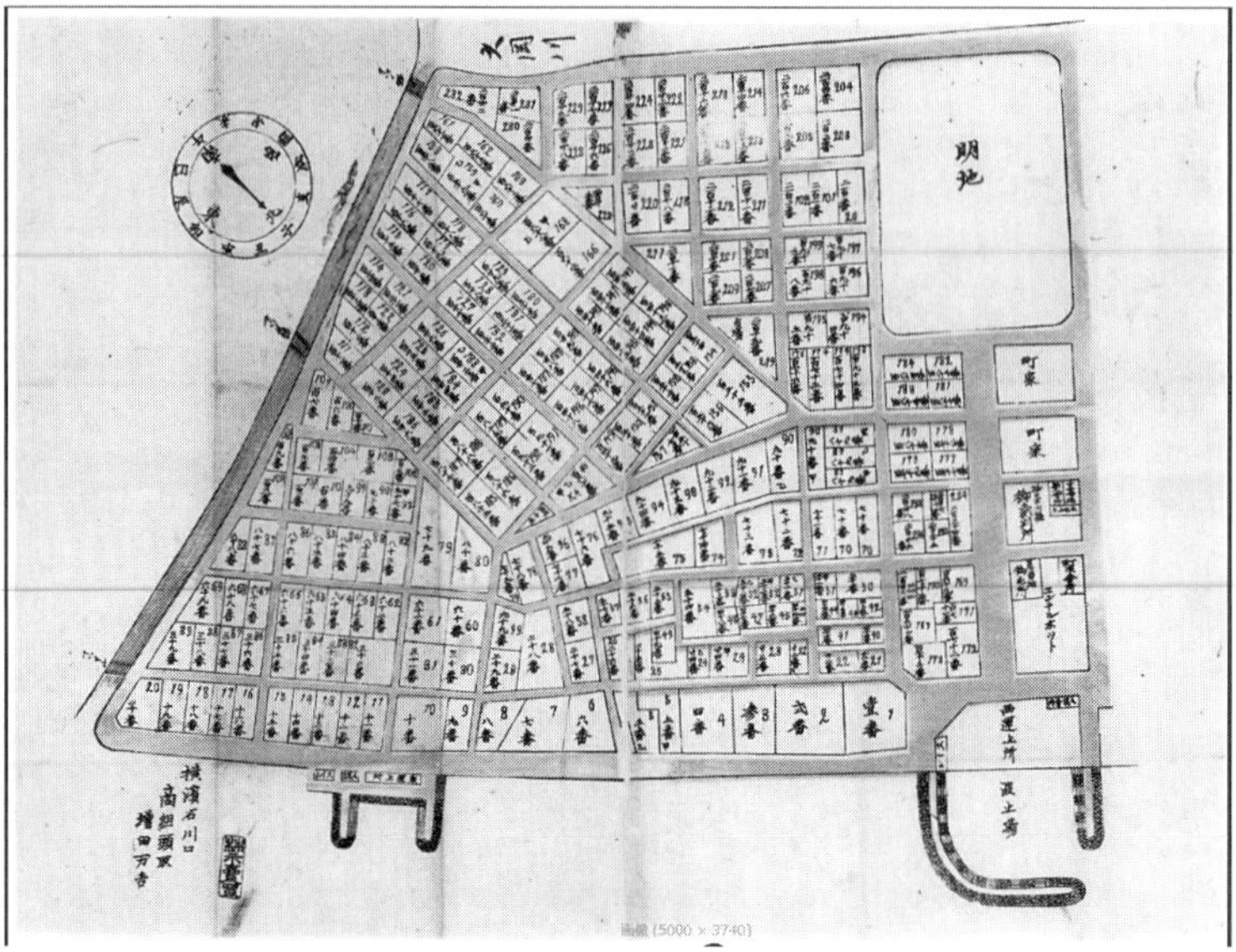

図2　横浜商館地地図〔山下町居留地図〕（神奈川県立図書館所蔵）

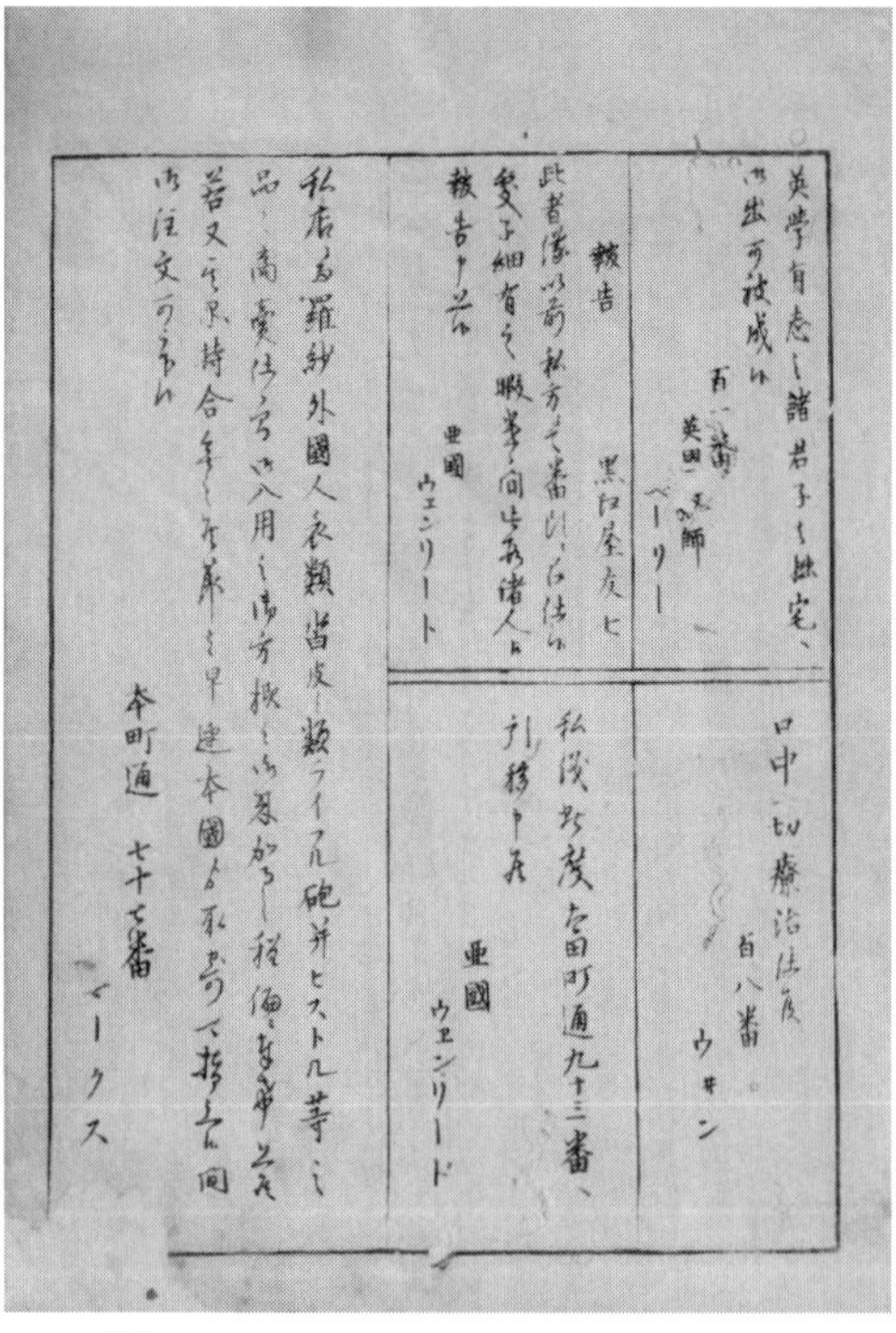

英學有志之諸君子ハ拙宅ヘ
御出可被成候
百二十番
英國人 文師
ベーリー

報告
黒坊屋友七
此者儀以前私方ニ番頭ニ而候得共
委子細有之暇差遣候ニ付諸人ニ
報告申候
亜國
ウエンリート

口中一切療治仕候
百八番
ウヰン

私儀此度本町通九十三番ヘ
引移申候
亜國
ウエンリード

私店ニ羅紗外國人衣類皆皮ニ類ライフル砲并ヒストル等ニ
品ニ商賣仕ニ付入用之御方様ニ御座候ハヽ相應之直段ニ而
若又只今持合無之品ニ早速本國ゟ取寄可申候間
御注文可被下候
本町通　七十七番
マークス

図3　『萬國新聞紙』（東京大学法学部附属明治新聞雑誌文庫所蔵）

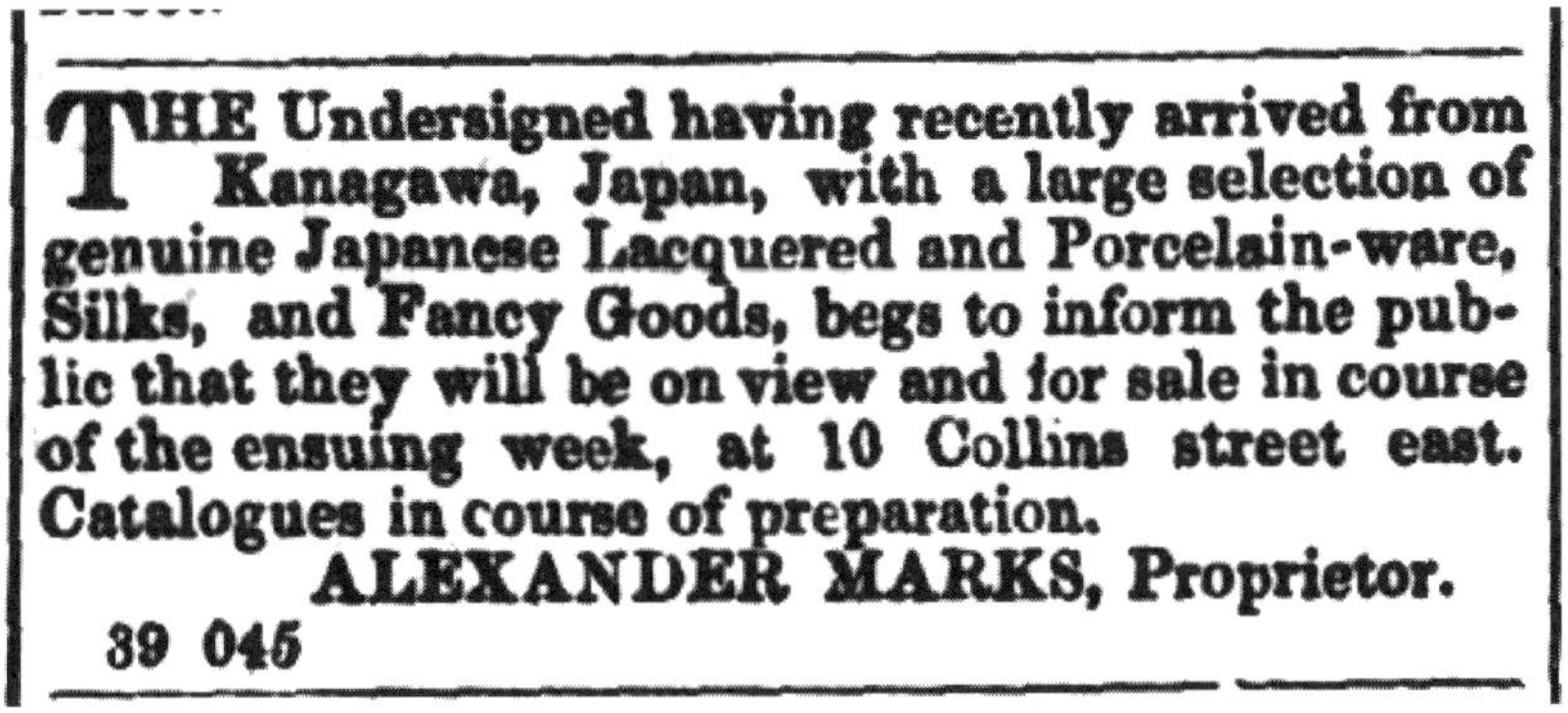

THE Undersigned having recently arrived from Kanagawa, Japan, with a large selection of genuine Japanese Lacquered and Porcelain-ware, Silks, and Fancy Goods, begs to inform the public that they will be on view and for sale in course of the ensuing week, at 10 Collins street east. Catalogues in course of preparation.

ALEXANDER MARKS, Proprietor.

39 045

図4　マークスによる新聞広告（出典：*The Age*, April 1, 1861）

商品としては一五〇〇年前のものとされる象牙の装飾品が紹介されている。他には、目玉商品以外の象牙装飾品、象嵌細工が施されたキャビネット、道具箱、銅製品、盥、カードケース、布に描かれた絵画、鎖、煙草入れ、手袋入れ、宝飾品、一〇〇を超える雑貨、そして、陶磁器等が紹介されており、どれも日本美術らしさを有していると宣伝している。

では、マークス商会が日豪間の貿易伸長に寄与したかと問われれば、「否」と答えざるをえない。角山が、一八六九年から一八七四年までの間にヴィクトリア植民地から日本への輸出総額は九六ポンドで、輸入に至ってはたったの一〇ポンドでしかない(10)と述べているように、金額的にはほぼ無きに等しい状態であった(11)。

マークスは日本政府（当時は江戸幕府）についても述べているが、その中で、江戸幕府の支配下で暮らすことは全く快適ではなく、日本人に生まれなくて感謝していると述べていることから、江戸幕府に対してはかなり否定的な評価をしていたことがわかる。

(10)　角山（一九八一）

(11)　当時の一ポンドを現在の六万五〇〇〇円から八万円ほどと仮定すれば、「九六ポンド」は最大でも七六八万円にしかならない。

日本での生活についてマークスは、それまで世界でも最も物価の低い国の一つとされていたが、一八六六年当時、生活費や家賃が最も高い国の一つになってしまったとも述べていることから、幕末の物価高騰が欧米からの貿易商の生活にも少なからず影響を与えていたことが読み取れる。

3　両兄弟の死、そして、再びメルボルンへ

マークスの日本での生活が一〇年を超えた一八七一年、マークス一家に突然の悲劇が訪れる。一八七〇年の一一月初旬、マークス兄弟が所有する帆船ジュリア号が横浜から出港した。この船には水夫の他にはマークスの兄弟ヘンリーとローレンス、さらに二名の貿易商も乗船していた。この航海の目的はグアムや太平洋諸島との交易であり、船倉は商品でいっぱいであった。出航から約二週間後、ジュリア号は無事サイパンに到着、すぐにグアムに向け再び出港した。その日の夜、台風が発生、その後、翌七一年三月末になってもジュリア号の消息は掴めないままであった。ジュリア号行方不明の一報がマークスに届くと、彼はすぐさま別の帆船を捜索隊として派遣、その結果、台風発生から数日後、遭難したジュリア号の一部と見られる船の破片が北太平洋の島々に漂着していたことが判明した。同年八月末、マークス家は両兄弟の遺体が見つからないまま、ジュリア号は台風によってグアム沖で沈没、ヘンリーとローレンスは死亡したとする告知をメルボルンの新聞に掲載した[12]（図5）。この悲劇の後、マークスは兄弟で切り盛りしてきたマークス商会を閉じ、日本を

（12）　この告知では『ジュリア号』は「The Julie」と記載されている。

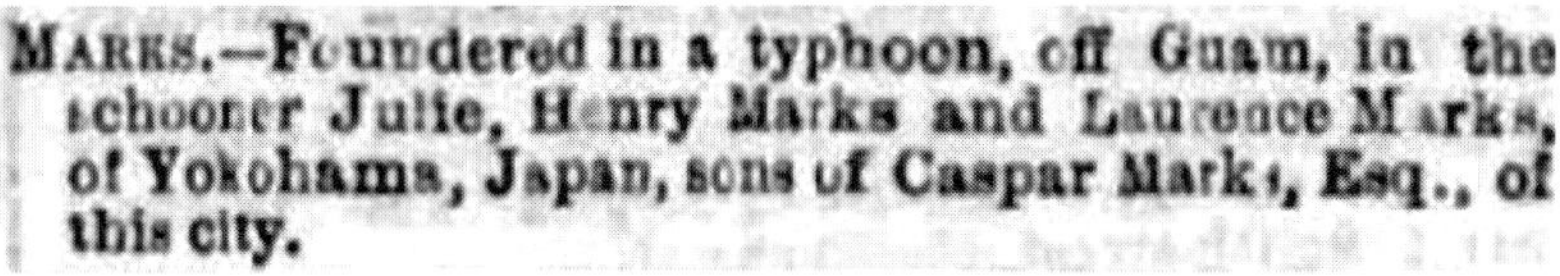

MARKS.—Foundered in a typhoon, off Guam, in the schooner Julie, Henry Marks and Laurence Marks, of Yokohama, Japan, sons of Caspar Marks, Esq., of this city.

図5 ヘンリーとローレンスの死亡告知(出典：*The Argus*, August 28, 1871)

離れメルボルンに戻ることを決意する。

再びメルボルンに戻ったマークスは、両兄弟死亡の悲しい告知を出した一年後の一八七二年八月、ミリアム・コーエンと結婚する。花嫁の父、エドワードは一八六二年から六三年にかけてメルボルン市長を務めるなど、当時オーストラリアでも有数のユダヤ人実業家・政治家であった。

帰豪後のマークスによる一八七〇年代の商業活動は、必ずしも詳らかではない。一八七三年二月のスズ鉱山開発会社の暫定取締役の中にマークスの名前が見え、同年五月の新聞広告では、同会社の大株主の一人として名前が載っている。翌三月にはメルボルンの目抜き通りの一つであるバークストリートにある三階建ビル三棟を一万八五〇〇ポンドで買収したと報道されている。一八七四年一〇月には、義父のエドワードが政界から引退するのを契機に彼の会社が活動を停止、それに替り、マークスがコーエン他一名と共に新しい競売会社を立ち上げるという報道が見られる。このような旺盛な投資活動からも、日本在住中にマークスはかなりの資本を蓄積していたのかもしれない[13]。一八七六年にヴィクトリア植民地にマークスが提出した英国への帰化申請書の職業欄には「無職(nothing)」と書かれている(図6)が、それでも帰化が認められたのは、マークスの保有資産が多いことで有名だったからであろうか。

メルボルンへ戻ったマークスは慈善・社会活動にも積極的に関わり始める。例えば、折に触れユダヤ慈善協会等へ寄付者の一人として彼の名

(13) マークスが横浜で資本を蓄積できたであろう大きな機会としては、「幕末の通貨問題」(日本と諸外国の金銀交換比率が異なったため、日本から大量の金が流出)が想起されるが、彼がこの為替取引に関わったという史料は見あたらない。

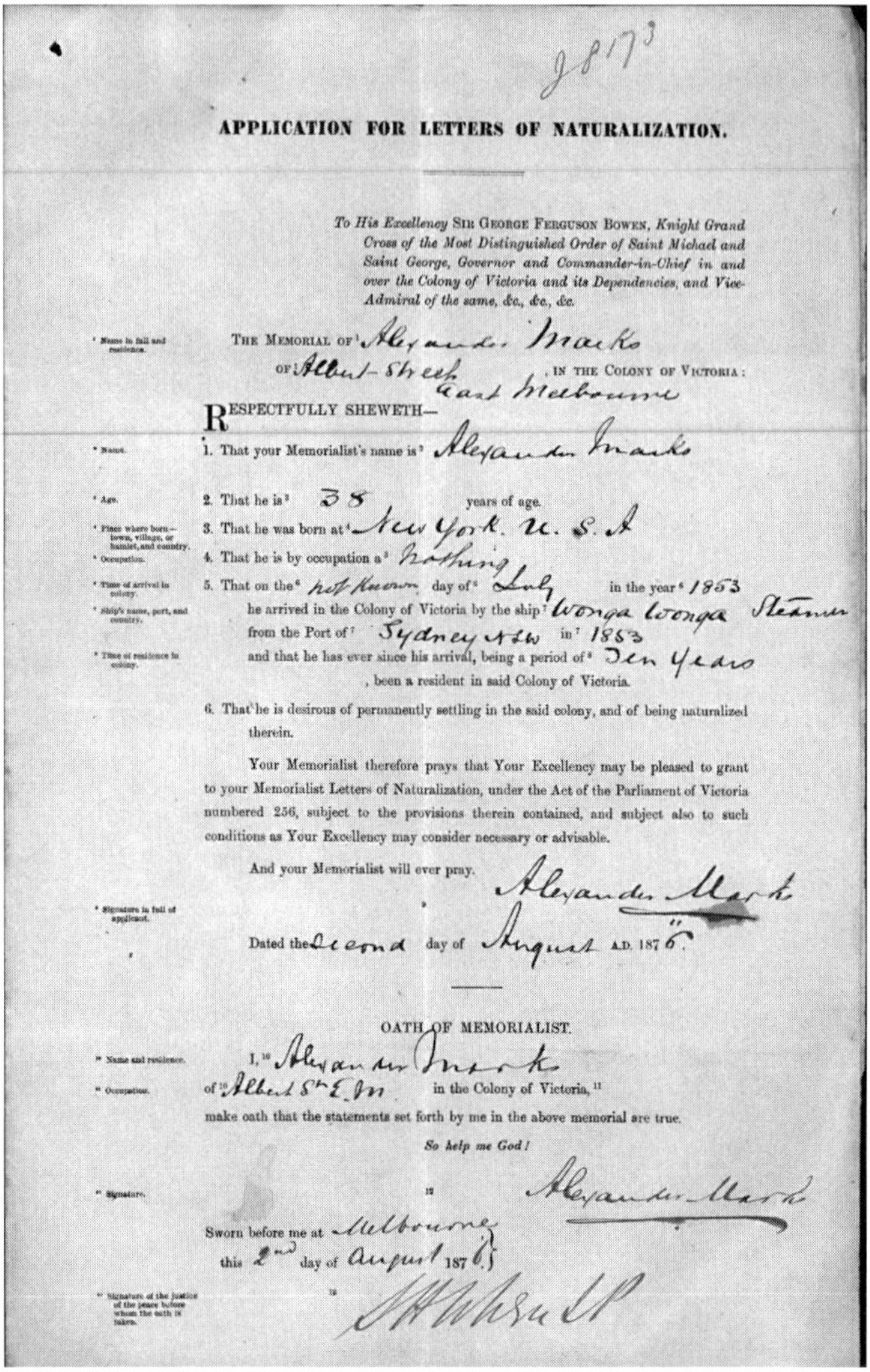

J8173

APPLICATION FOR LETTERS OF NATURALIZATION.

To His Excellency SIR GEORGE FERGUSON BOWEN, Knight Grand Cross of the Most Distinguished Order of Saint Michael and Saint George, Governor and Commander-in-Chief in and over the Colony of Victoria and its Dependencies, and Vice-Admiral of the same, &c., &c., &c.

[1] Name in full and residence.

THE MEMORIAL OF [1] Alexander Marks
OF [1] Albert Street East Melbourne, IN THE COLONY OF VICTORIA:

RESPECTFULLY SHEWETH—

[2] Name. 1. That your Memorialist's name is [2] Alexander Marks

[3] Age. 2. That he is [3] 38 years of age.

[4] Place where born—town, village, or hamlet, and country. 3. That he was born at [4] New York. U. S. A

[5] Occupation. 4. That he is by occupation a [5] Nothing

[6] Time of arrival in colony. 5. That on the [6] not known day of [6] July in the year [6] 1853

[7] Ship's name, port, and country. he arrived in the Colony of Victoria by the ship [7] Wonga Wonga Steamer from the Port of [7] Sydney NSW in [7] 1853

[8] Time of residence in colony. and that he has ever since his arrival, being a period of [8] Ten Years, been a resident in said Colony of Victoria.

6. That he is desirous of permanently settling in the said colony, and of being naturalized therein.

Your Memorialist therefore prays that Your Excellency may be pleased to grant to your Memorialist Letters of Naturalization, under the Act of the Parliament of Victoria numbered 256, subject to the provisions therein contained, and subject also to such conditions as Your Excellency may consider necessary or advisable.

And your Memorialist will ever pray.

[9] Signature in full of applicant. Alexander Marks

Dated the Second day of August A.D. 1876.

OATH OF MEMORIALIST.

[10] Name and residence. I, [10] Alexander Marks
[11] Occupation. of [10] Albert St E. M in the Colony of Victoria, [11]
make oath that the statements set forth by me in the above memorial are true.

So help me God!

[12] Signature. [12] Alexander Marks

Sworn before me at Melbourne
this 2nd day of August 1876

[13] Signature of the justice of the peace before whom the oath is taken. [13] [illegible] JP

図6　マークスの帰化申請書（National Archives of Australia所蔵）

前が挙がっているし、一八七九年七月にマークスはメルボルン市第一校区の教育委員会のメンバーの一人に選ばれている。

4　メルボルン日本領事に就任

一八七九年一二月、マークスは明治政府により「豪斯太利メルボルン府在勤領事」に任命され、翌八〇年オーストラリア大陸初の日本領事館がメルボルンに開設される。

領事に任命される前の一八七八年七月、日本人船員四名が船長から虐待を受けたとしてメルボルンの警察裁判所(14)に訴え出た際、マークスが通訳として呼ばれた。その後、マークスは同年中に明治政府に対して二通の手紙を出している。その中の一通では、ヴィクトリア植民地において日本に住んだことがあり日本語の通訳ができるのは彼一人であること、そして、治安判事(15)の一人として列席していることを挙げ、オーストラリアを訪れる日本人を保護するのは一二年間横浜で日本人の朋友から手厚い待遇を受けた彼の義務であるとして、彼を無給領事に任命するよう明治政府に要望している。また翌一八七九年七月にも再度領事任命の要望を伝える手紙をマークスは明治政府に送っているが、その中で彼が一八八〇年のメルボルン万国博覧会理事会のメンバーであることも伝えている。このような積極的なアピールが功を奏したのであろう、彼は在メルボルン日本領事に任命されるのである。メルボルン領事館設置から当分の間、マークスの肩書は単なる「領事」であったが、一八九〇年の「外交官及領事官官制」制定後は、「名誉領事」と日本の公式資料では記載

(14)　軽犯罪の即決裁判等を行う。

(15)　法律の訓練を受けていない市民ボランティアが任命されるもので、専門職の治安判事と共に治安判事裁判所の判事を務める。

されるようになる。当初、彼の管轄地域はヴィクトリア植民地のみであった。

一八八三年末にクインズランド植民地の木曜島に三七名の日本人労働者（通訳一名含む）が集団で上陸した。彼ら（全員男性）は真珠貝採取業に年季労働者として従事するために渡豪したのである。これを皮切りに北部オーストラリアの真珠貝採取業での日本人労働者が増加、彼らと雇用主の間にトラブルも発生するようになる。翌一八八四年、木曜島の真珠貝採取業で働いている山本なる人物から、同僚の日本人が雇用者とのトラブルで投獄されたため支援してほしいという嘆願書がマークス宛に届き、これを受け明治政府は彼に現地視察を命じた。マークスは同年一二月末にメルボルンを出発、翌一八八五年元旦、ブリズベンに到着、クインズランド植民地首相サミュエル・グリフィスと面会した際、同首相は現地視察への惜しみない協力を申し出ている。同月二二日にマークスは木曜島に上陸、日本人労働者を含む関係者から聞き取り調査を始めた。彼は日本人が居留している地域で「領事官が到着し国民を保護するので訴えがあれば雇主を恐れず申し出るように」という趣旨の日本語文書を配布しながら巡回した。実際、彼は在島中、英語が話せない若い日本人労働者の契約解除に尽力し、それを実現させている。

このようにマークスの管轄外において日本人が増え始めたこともあり、一八八五年五月、明治政府はマークスにクインズランド、ニューサウスウェールズ、ヴィクトリア、そしてタスマニア[16]の四植民地を兼轄させることを決めた[17]。その三年後の八八年五月にはサウスオーストラリアもマークスが兼轄することになり[18]、彼はウェスタンオーストラリアを除く、オーストラリア全土を管轄する日本領事として、在豪日本人保護に尽力する。

（16）タスマニアは当初「ヴァンディーメンズランド（Van Diemen's Land）」と呼ばれ、一八五六年に今の名称となったが、この日本側の史料では旧名のまま表記されている。

（17）一八八五年一〇月から八八年九月までタスマニアはロバート・ビードンが領事を務めたが、彼の辞任後、マークスが再び兼轄した。ビードンは一八七七年から八三年まで明治政府で法律顧問を務めていた。

（18）一八九七年サウスオーストラリアではアデレード名誉領事が任命され、同年クインズランドではタウンズヴィルに、九七年にはシドニーに日本人領事が派遣され、マークスの管轄はヴィクトリアとタスマニアのみとなる。

5　メルボルンへ「越境」する日本人

メルボルン日本領事の存在は日本からメルボルンへ越境する日本人も増やした。例えば、一八八〇年から八一年にかけてのメルボルン万国博覧会（図7）に、起立工商会社の出品付添人として参加した秋山貞次と明治政府派遣事務官として参加した徳田利彦は、両名の名字から一字を組み合わせて命名した秋田商会を一八八一年に設立、翌八二年一月からはメルボルンの競売人に依頼する形で銅器、磁器、薩摩焼、漆器、絹製品、そして、扇子等のオークション販売を始めた（図8）。秋田商会がシドニーではなくメルボルンを拠点に選んだ理由の一つには、マークスの存在があったであろう。残念ながら、秋山が一八八四年一一月にメルボルンで亡くなったことで、翌八五年に秋田商会は閉店の憂き目を見る。一方、秋山が亡くなったのと同じ月に開催されたヴィクトリア植民地入植五〇周年の記念展覧会では、秋田商会が出品した日本の金製品が銀賞を受賞している。

秋田商店が閉店の準備を進めていた頃、その志を引き継ぐかのように横浜で骨董商を営んでいた沼島治郎兵衛[19]が一八八五年七月ごろから雑貨や絹製品等の日本商品の競売をメルボルンで始めている。彼とマークスとの関係は明らかではないが、秋田商会同様、オーストラリアで商売を始める拠点を決める際、在メルボルン領事館の存在は影響を及ぼしたであろう。一八七九年一二月の領事就任以降、マークスは精力的に明治政府宛にオーストラリアの現況について情報を送り続け、それらを日本語に翻訳したものが明治政府刊行の『通

（19）　後に沼島治郎兵衛は「横浜家具」と呼ばれた輸出向けの彫刻家具も扱うようになり、一八九六年六月には自社の家具製造所を設立している。

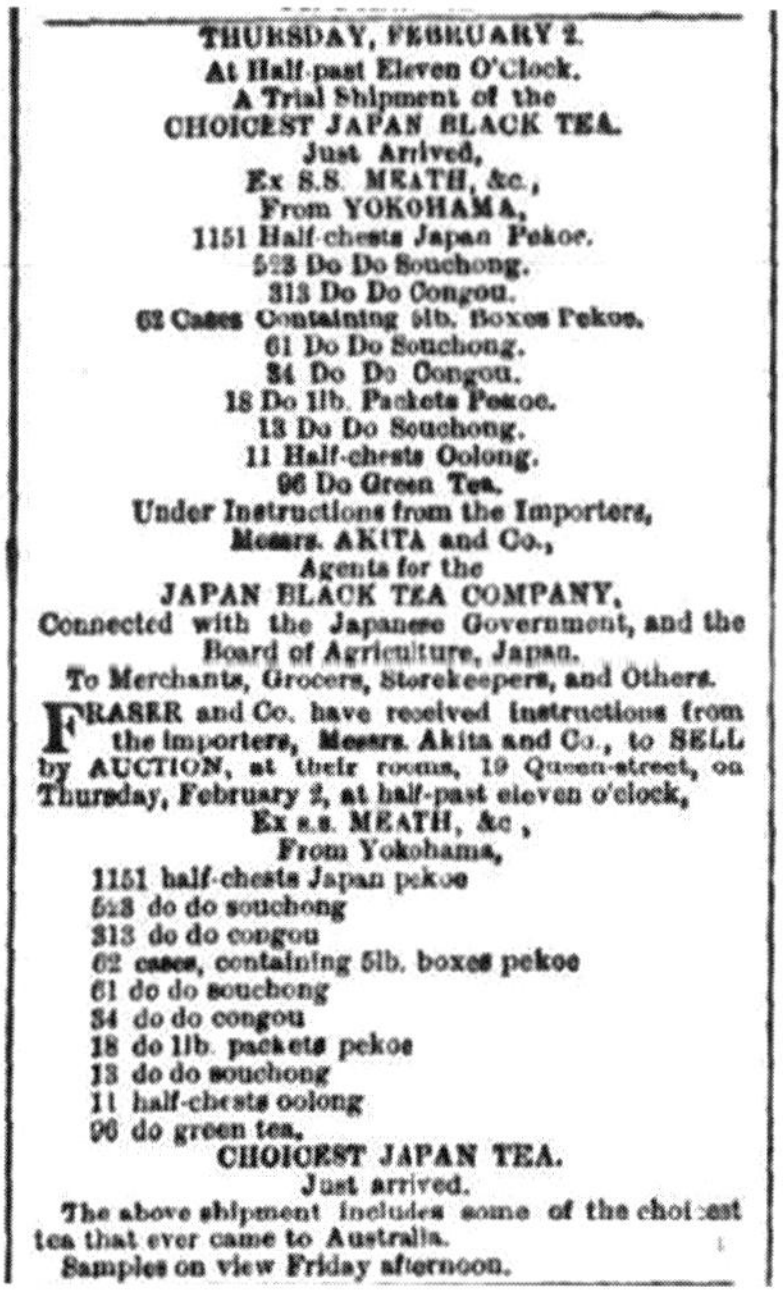

THURSDAY, FEBRUARY 2.
At Half-past Eleven O'Clock.
A Trial Shipment of the
CHOICEST JAPAN BLACK TEA.
Just Arrived,
Ex S.S. MEATH, &c.,
From YOKOHAMA,
1151 Half-chests Japan Pekoe.
523 Do Do Souchong.
313 Do Do Congou.
62 Cases Containing 5lb. Boxes Pekoe.
61 Do Do Souchong.
34 Do Do Congou.
18 Do 1lb. Packets Pekoe.
13 Do Do Souchong.
11 Half-chests Oolong.
96 Do Green Tea.
Under Instructions from the Importers,
Messrs. AKITA and Co.,
Agents for the
JAPAN BLACK TEA COMPANY,
Connected with the Japanese Government, and the Board of Agriculture, Japan.
To Merchants, Grocers, Storekeepers, and Others.

FRASER and Co. have received instructions from the importers, Messrs. Akita and Co., to SELL by AUCTION, at their rooms, 19 Queen-street, on Thursday, February 2, at half-past eleven o'clock,
Ex s.s. MEATH, &c.,
From Yokohama,
1151 half-chests Japan pekoe
523 do do souchong
313 do do congou
62 cases, containing 5lb. boxes pekoe
61 do do souchong
34 do do congou
18 do 1lb. packets pekoe
13 do do souchong
11 half-chests oolong
96 do green tea,
CHOICEST JAPAN TEA.
Just arrived.
The above shipment includes some of the choicest tea that ever came to Australia.
Samples on view Friday afternoon.

図8　秋田商会広告（出典：*The Argus*, January 27, 1882）

図7　1880年メルボルン万国博覧会の日本展示場（Museums Victoria所蔵）

商彙纂』や『通商彙編』（図9）、そして、『官報』に掲載された。当時、簡単には入手できなかったオーストラリア現地の情報を日本でも一般の人々が得られるようになったことも、沼島の決断に影響を与えたであろう。マークスが初期に報告した事例を『通商彙編』から挙げれば、オーストラリアの裁判事情（八一年）、メルボルン港の貿易（八三年）、日本・ヴィクトリア間の貿易（八四年）、日豪諸港間の汽船による直通交通[20]（八四年）などが挙げられる。沼島は遅くとも一八八五年一二月に一度オーストラリアに渡っており、彼の名前での競売広告は九六年三月までメルボルンの新聞に掲載されていることが確認できる。

　一八九〇年代に入ると、名誉領事にも日本から書記生が派遣されるよ

（20）日豪間の定期航路（豪州航路）は一八九六年日本郵船によって開設される。

うになり、在メルボルン領事館の初代書記生として山田敬徳が一八九〇年から九一年にかけて派遣された。(21) 次に赤石定蔵(22)が一八九一年から一八九三年にかけて派遣されている。彼は在任中、母校である青森県弘前市の東奥義塾(23)の同人誌会報『学友通信』に「濠州遠征記事」や「南天のまにまに草紙」というタイトルでメルボルンから文章を送り、連載している。そして一八九三年から一九〇五年には古澤基《はじめ》が書記生を務めている。古澤は一八九五

○麥普尼之部
濠洲植民地裁判施行之事 メルボルン府在留日本領事ヨリ申報　二月廿三日到

濠洲諸植民地ニ於テハ其法律其裁判聽ノ由テ來ル所ハ咸ナ同一ニシテ即チ其根源ハ英國ノ法律ヨリ生シ英國法庭ノ制度ニ摸倣スルカ故ニ植民地全体ヲ通觀スル片ハ其間只纔カニ二三ノ小差異アルモ之レヲ要スルニ其裁判施行ノ方法率子相均シキナリ右植民各州ニ於テ現在擧行スル所ノ法律ハ其基本ニ四派アリ則チ第一ニハ慣習律トス是レ蓋シ所謂英國人民カ當地移住ノ際携帶シタル其本籍ノ權利ニ因テ具有スルモノナリ第二ニハ英政府ノ布令條例ナリ此ハ英國ニ於テ濠洲植民設置ノ時ニ到ル迄古來擧行セシモノニシテ即チ植民事務章程ノ發令以前ニ係ル所ノ布令條例ヲ云フ「新南ウエールス」ノ如キハ一千八百廿八年七月廿五日ヲ以テ此期限ヲ判別ス第三ハ爾來英政府ヨリ布達セル條例是レナリ此條例ハ即チ特ニ植民地ニ關スルカ若クハ其文意必ス此ニ關及スルモノナリ例ヘハ商船規則、旅客條例、歸化入籍ノ事其他植民地外ノ一般利害ニ係ル許多ノ事件ニ付キ發令シタルモノ皆ナ是レナリ第四ニハ植民地方立法院ヨリ布達セル法令ナリトス其中ニ諸官省諸會社ノ細則附例ヲモ含有シ又各州知事カ英國議院ノ職制權限ニ據テ内閣協議ノ上特別ニ設ル所ノ諸規則モ亦其中ニ在ルナリ抑モ斯ノ立法權ヲ知事ニ與ヘ諸規則ヲ布達セシムルノ方法ハ其勢遂ニ該權力ノ擴張ヲ致シ乃チ某州ニ於テハ人民嗷然トシテ此事ヲ愬訴スルニ至レリ然レ𪜈英國内閣參議ハ其職權ヲ正當ナリト看做シ以テ之レヲ贊成セリ固トニ其果シテ得策ナルヤ否ハ今尚ホ士人ノ論抗スル所ナリトス、若シ夫レ慣習律ノ如キ幷ニ英政府ノ布令條例ノ如キ其植民地開設ノ以前ニ係ルモノハ之レヲ當地ニ採用スルニ臨ミ大ニ制限ヲ加ヘ而後チ擧行スルナリ乃チ其之レヲ植民地方ニ應用スルニハ毎ニ法律官ノ解說如何ニ依テ取舍スル所アルヲ致ス故ニ今若シ斯ク大部ナル英國法律ニ就テ其中果シテ幾分ハ現在當地方ニ實行セルヤ如何ヲ顧ル片ハ則チ未タ猝カニ斷言シ難ク蓋シ其其一小部分ニ過キサル可シ之レヲ要スルニ英國議院ノ律令ハ盡ク英國議院ニ適用スヘクシテ海外ナル諸植民地ニ及ハサルヲ以テ常トス尤モ特別適當ナル方案ヲ以テ設立シタル法令ハ之レヲ植民地ニ施及シ得ルハ辯ヲ俟タサルナリ又彼ノ公市賣買律ノ如キハ濠洲地方未タ嘗テ市場ナキノ故ヲ以テ之レヲ此ニ施行セサルナリ其他英國ノ布令條例ニシテ植民地ノ情勢ニ不適應ナルモノ鮮少ナラス抑モ濠洲ヲ通觀スルニ夫ノ法律改正論ニ於テハ各州概子恬然トシテ本國政府ノ歩武ニ隨ヒ英國議院カ其智識ト經驗ニ因リ内國施治ノ爲メニ時々設ケタル法律ノ修正變更ヲ取テ自家ニ施用スルヲ甘ンセリ然レ𪜈爰ニ一派ノ法律アリテ植民地ニ限リ特殊ノ事情アルニ因リ不得已シテ別ニ制定ヲ經タルモノハ即チ不動產讓渡ニ關スル法律是レナリ夫レ英國ニ在テハ不動產相續讓受ノ件ニ於テ毎時紛論累難ヲ生シ時日ヲ遷延シ費用隨テ巨多ナルカ故ニ古來英民ノ苦訴スル所ニシテ今ニ至ル迄

二百三十七

図9　『通商彙編』1（外務省記録局、明治15年、国立国会図書館デジタルコレクション）

(21) 一八八九年、頭本元貞が書記生としてメルボルンに派遣されたが、渡豪途中に「御用」のため日本に呼び戻されている。札幌農学校出身の頭本は英語が堪能で、九七年には『ジャパンタイムズ』紙の主筆になる。

(22) 帰国後、赤石は同郷の陸羯南の日本新聞社に入社、会計責任者と新聞社経営に尽力した。

(23) 現東奥義塾高等学校

年四月にメルボルンで鏡ミニー[24]と結婚、書記生の任務終了後もメルボルンに残り、一九三六年に亡くなるまで同地で暮らしている（コラム1参照）。

マークスが影響を与えた日本人にはメルボルンの聖フランシス・ザビエル・カレッジで四年間学生生活を送った村松治郎もいる。彼はマークスが保証人になる形で英国への帰化申請書をヴィクトリア植民地で提出、一八九九年七月に認められている。この申請前の同年二月、村松はウェスタンオーストラリアのコサックにあった亡父、村松作太郎の商店を引き継いでおり、後年、北部オーストラリアでも有数の商人として同地の人々の生活を支えるとともに、真珠貝採取業者としても多くの日本人を雇用することになる（コラム3参照）。

6　名誉領事退任

一九〇一年一月一日、オーストラリアの六自治植民地[25]はオーストラリア連邦を結成、オーストラリア各地で盛大な記念式典が開催され、ヴィクトリア州ではマークスが明治政府を代表して参列した。以降、一九二七年に連邦政府が現在のキャンベラ首都特別地域に移るまでの間、メルボルンは連邦政府の臨時所在地となる。連邦結成という大きな歴史の節目の式典に参列できたことは、二〇年以上にわたるマークスの領事人生においてひと際感慨深く、最も誇らしい瞬間であったことだろう。

ところが、一九〇二年から〇三年にかけて明治政府は、マークスに名誉領事の職を辞す

（24）鏡ミニー（Minnie）の父、鏡五太夫は幕末から明治にかけて「Godayou」の名で海外で活躍した曲芸師である。詳しくはコラム1「芸人」を参照

（25）ニューサウスウェールズ、ヴィクトリア、クインズランド、ウェスタンオーストラリア、サウスオーストラリア、及び、タスマニアの自治植民地

るよう圧力をかけ始める。マークスを事実上罷免させるという明治政府の意向は、シドニー総領事の永瀧久吉が外務大臣小村寿太郎との協議のうえ、遅くとも一九〇二年九月頃には「内決」していた。同年一一月に永瀧から小村に宛てた書簡の中では、マークスの後任人事候補についてさえ、すでに述べられている。同年一二月、永瀧はマークスへの私信という形で、日本政府が名誉領事の職掌について大幅に変更を計画、それに伴いマークスを解任する意向であることを伝えると同時に、そうなる前にマークスが自ら辞職する方が良いであろうとする助言を書き送った。

このような突然の解雇予告・辞職勧告通知に対し、当然のことながらマークスは猛反発する。永瀧からの私信に対する返答の中でマークスは、「二二年もの間雇ってきた人物に対し、自ら退職すべきという願望をほのめかすようなことをヨーロッパの政府はしない」と述べ、翌一九〇三年二月には日本へ再渡航する予定なので、外務大臣に直談判するまでは返答を保留する旨、永瀧に伝えた。

なぜ明治政府はこの時期にマークスの罷免を画策したのであろうか。現在、筆者の手元にある史料からだけではその理由を断定するのは難しい。しかし、先に挙げた一九〇二年一一月の永瀧から小村宛の書簡の中には、連邦結成直後の一九〇一年一月末からマークスは商用のため日本へ渡航、その後米国に赴き、六か月間オーストラリアから離れていたという記述がある。また、同年九月二〇日付の新聞記事によると、マークスは近々東洋へ向けて出発すると報道されており、翌年一九〇二年一月に彼が帰豪すると、同月二〇日付の新聞記事では彼が商用で日本を訪れていたと報道されている。

マークスが一年の大半をオーストラリアから離れていた一九〇一年は、オーストラリア連邦政府の最重要法案の一つで明治政府が最も注視していた「移住制限法[26]」が連邦議会で審議されていた。最初に連邦議会に提出された政府法案では「英語」による書き取りテストに基づいて、移民を制限するという内容だった。当初、明治政府は、英語によるテストであれば日本人を西洋人から区別していないと評価し、静観していた。ところが、同年九月、初代司法長官（法務大臣に相当）ディーキンの「日本人は優秀であるからこそ、排斥されるべきである」という連邦議会での発言を契機に、「優秀な日本人ならば英語によるテストに受かってしまうかもしれない」という議論に進展した。慌てた明治政府は永瀧には連邦政府や連邦総督に、タウンズヴィル領事の飯島亀太郎には新聞投書によるオーストラリア世論に、そして、英国ではロンドン公使の林董《ただす》に英国政府に対して働きかけをさせ、書き取りテストの言語を「英語」から「ヨーロッパ言語」に変更する法案修正を阻止しようと必死に抵抗した。しかし、そのような働きかけはうまくいかず、同年一二月末には連邦総督の裁可が下り、翌一九〇二年から「移住制限法」は施行されることになった（コラム2参照）。

このような日豪外交関係の大変重要な時期に名誉領事とはいえオーストラリアを離れていたマークスに対し、小村や永瀧を含む、外務省高官らの評価が著しく下がったであろうことは想像に難くない。一九〇二年の帰豪後、マークスはオーストラリアを離れる際に初代首相バートンから政府法案の修正はないことを確認した（だから予定通り日本へ向け出発した）と述べているが、外務省にとっては言い訳にしか聞こえなかったであろうし、この日豪外交大失態の責任を誰かに背負わせたいとも考えたであろう。

一九〇三年二月上旬、永瀧への告知通り、マークスは横浜行きの日本郵船所有熊野丸に

(26) 移民制限法と表記されることもある。

シドニーから乗船、日本へ向かう。日本上陸後、マークスは外務省と協議したようだが、今回の解任劇は永瀧ばかりでなく小村の強い意向であることも確認したようで、手書きの辞職願を同年三月一一日付で提出、事実上の解任を受け入れた。辞任直後の同月二五日、マークスは敬意を表するためとして明治天皇に謁見している。[27] この表敬のための謁見がマークスによる自発的なものだったのか、それとも、彼の怒りを鎮め、二〇年以上にわたる領事の務めを労わるために明治政府が最後の花道として用意したものなのか、今となっては知るすべもない。

(27) マークスは明治政府から一八八七年には旭日双光章（勲五等）を、彼が訪日中の九三年四月には明治天皇に拝謁し旭日小綬章（勲四等）を、一九〇二年の叙勲では旭日中綬章（勲三等）が授与されている。

おわりに

激動の幕末に二〇代で来日、一二年間を横浜で過ごし日本語も修得、その後メルボルン領事になったマークスは、初期日豪間の架け橋となった、最も優秀な越境者の一人であったことは間違いない。そして、商用にしろ、公用にしろ、マークスの存在が日本からオーストラリアへ越境する者たちも引き寄せた。

しかし、日本や日本人に精通していると自負していたマークスでさえも、明治政府という境界を突破することは叶わず、領事辞任に追い込まれた。そこに、今も日豪間に存在しているであろう、異文化コミュニケーションにおける境界の存在と、それを越境する難しさを垣間見ることができよう。

一九一九年五月、マークスはメルボルンで永眠、享年八〇歳であった。

〔参考文献〕
小川平『アラフラ海の真珠―聞書・紀南ダイバー百年史』あゆみ出版、一九七六年
角山榮「日豪通商史の開幕―メルボルン博（一八七五年）とシドニー博（一八七九年）について―」和歌山大学経済学会『経済理論』一八二号、一九八一年七月
中山千代「Japan Directoryの研究（一）―洋服業形成史料として―」文教大学女子短期大学部『研究紀要』第二二集、一九八七年一二月
村上雄一「オーストラリアの移民立法と日本の対応：一八九三年から一九〇一年まで」追手門学院大学オーストラリア研究所『オーストラリア研究紀要』第二二号、一九九六年
Maskell, R.E.. 'Alexander Marks, 1838-1919—Businessman and Japanese Consul', *Australian Jewish Historical Society Journal*, Vo.VIII, Part 3, April 1977.
Smith, James (ed.), *The Cyclopedia of Victoria*, Volume 1, Melbourne, Cyclopedia Co., 1903.

column1

芸人——幕末から明治にかけて活躍した日本人

村上雄一

元号が明治へと改元される直前の一八六七年末、オーストラリアに渡ってきた二つの日本人グループは奇しくも芸人一座であった。

最初に到着したのはタンナケル・ブヒクロサン率いる「ロイヤル大君一座」(Royal Tycoon Troupe of Japanese)の六名であった。一八六七年一一月一四日にスリランカのゲールからメルボルンに渡ってきた同一座は、同月一八日のメルボルンでの初演を皮切りに、シドニー等、オーストラリア各地を巡演、翌一八六八年四月から六月にかけてはニュージーランドに渡った。その後、再びオーストラリアに戻りアデレードで公演、次いでヴィクトリア植民地内で一八六八年一〇月まで巡演を続けている。

当時三〇歳前後だった座長のブヒクロサンは、オランダ人医師と日本人女性の間に長崎で生まれたと「自称」していたが、近年の研究で彼は生粋のオランダ人であったことが判明している。この一座は、開演冒頭、ブヒロクサンが日本の生活や歴史文化などを英語で説明した上で、彼自身も「蝶」の手品という、紙でできた蝶を扇を用いて、あたかも生きて飛んでいるかのように見せる芸を披露した。それ以外のメンバーも曲独楽・綱渡り・軽業等を披露している。

続いて到着したのは「グレート・ドラゴン一座」(Lenton and Smith's Great Dragon Troupe of Japanese)の一行で、「ロイヤル大君一座」同様、一八六七年一二月にメルボルンで初上演している。興行主はレントンという英国人で、江戸で人気のあった芸人一座の中から一二名のメンバーを選んできていた。

彼ら芸人は記録上確認できる最初期の渡豪日本人であった。彼らの成功を受け日本人だけの芸人一座の他に

図1　「日本人村」（出典：*Illustrated Sydney News*, June 15, 1886）

も、オーストラリアや海外のサーカス団の一員としてオーストラリア各地を巡業する日本人芸人が登場する。一八七三年に来豪した一蝶斎一座（Echowski's Troupe）のメンバーに桜川力之助という人物がいたが、彼は同一座が一八七五年に離れたのちもオーストラリアに残留、同年ヴィクトリア植民地でオーストラリアの女性と結婚している。その後、彼は奇術師・軽業師としてオーストラリア各植民地やニュージーランドで活動して回った。桜川は一八八二年クインズランド植民地で英国に帰化し、オーストラリアにおける最初の帰化日本人となり、一八八〇年代から九〇年代にかけて同植民地の農村地域で移動サーカス団を経営した。彼は自身の英語姓として名前の「力之助《りきのすけ》」から変化した「Dicinoski」を用いるようになったが、この姓はクインズランド州に残る彼の子孫の苗字として今でも継承されている。

日本人芸人たちは一八七〇年代から八〇年代にかけてオーストラリア各地でその技を披露し続けた。特に一八八六年から八七年にかけてシドニー・メルボルン・ホバート・ブリズベン等で開催された「日本人村」の芸人は、客の目の前で伝統的工芸品を作り販売する日本人職人共々、大いに人気を博した。メルボルンでは二五週の間に延べ三一万七〇〇〇人が会場を訪れたといわれている（図1）。

このように、日本人と言えば「芸人」や「サーカス」というイメージが、一八九〇年代に入り真珠貝採取ダイバーに取って代わられるまで、多くのオーストラリアの人々の心に深く焼き付いたのである。

GAIETY THEATRE.
The Happy Home of Hilarity,
FULL of GINGER.

Sterling and Startling Success of
FRANK M. CLARK'S LAST SENSATION.
FRANK M. CLARK'S LAST SENSATION.
FRANK M. CLARK'S LAST SENSATION.

A clearance of old stock has been effected and a fresh consignment received, therefore Mr. Clark has every confidence in submitting his present supply to his plethora of patrons.

First appearance in Australia of
GODAYOU'S TALENTED TOKIO TROUPE.
GODAYOU'S TALENTED TOKIO TROUPE.

On Saturday evening the marvellous performances of this troupe were witnessed by a crowded assemblage, who applauded the performers to the echo. European equilibrists, jugglers, and essayists of equitation go down before the mightiness of these monarchs of those arts. The tout ensemble of the scene during the performance of
GODAYOU'S TALENTED TOKIO TROUPE
is one of brightness—no mere meretricious display, but one in which the many hues of the costumes worn please the eye and awake admiration. It is in no ordinary spirit of theatrical puffing that we dwell upon the merits of
GODAYOU'S TALENTED TOKIO TROUPE,
for it is a combination of truly artistic worth, and comprises :—K. S. Godayou, Tommi Kitti, Little Matz, Little Take Godayou, Little Kane, and Miss Minnie Godayou.

図2　五太夫一座出演を知らせる新聞広告（出典：*The Argus*, December 29, 1891）

第1章で述べた在メルボルン領事館書記生の古澤基の妻になった鏡ミニーも日本人大道芸人一家出身である。彼女の父、鏡五太夫は明治維新前の一八六七年に二四歳で米国に渡り、その後、ヨーロッパへ向かい、一八六九年にはドイツ、一八七一年には英国に渡っている。英国ではオモトという日本人芸人女性と一緒になり、一八七三年には先述のブビクロサンが英国で率いていた一座に夫婦で合流、英国内各地で巡演を続け、その間にミニーが一八七四年一月にマンチェスターで生まれている。一八七八年、鏡一家はオランダに渡り、一八八〇年にはフランスのパリ、その後、遅くとも一八七二年にはイタリアへ移り、そこで娘のカメが誕生している。一八九一年鏡夫妻、そして、ミニーとカメ姉妹は南アフリカのケープタウンに向け出発、同年一一月にはオーストラリアに到着した。翌一二月にはクリスマスシーズンで賑わうメルボルンで初公演したのを皮切りに、五太夫一座はシドニーやバララト等、オーストラリア各地で巡演を続け、一八九八年にはニュージーランドへも遠征している（図2）。一八九五年にミニーが古澤と結婚、後に五太夫の孫にあたる娘が二人、ヨシノが一八九六年に、その二年後の一八九八年にスマが生まれている。一九〇〇年、五太夫はメルボルンで、一九一六年にオモトはアデレードでそれぞれ亡くなっている。

「芸は身を助ける」の言葉通り、幕末の開港以降、多くの日本人芸人が国境という「境界」を、身に着けた自身の芸を武器に軽々と「越境」して行った。特に鏡一家は、ほぼ地球を一周するほど自由に越境ができた、当時としては稀有な日本人家族であった。

古澤夫妻と娘たちはメルボルン近郊のセント・キルダ墓地に家族そろって埋葬されている。その墓標には漢字で「古澤」の文字が刻まれ、日本からの越境者とその娘たちが永眠していることを静かに物語っている。

〔参考文献〕
小山騰『ロンドン日本人村を作った男〔謎の興行師タナカー・ブヒクロサン １８３９―９４〕』藤原書店、二〇一五年
村上雄一「戦前までのオーストラリアの日本人労働者」長友淳編『オーストラリアの日本人―過去そして現在―』法律文化社、二〇一六年
Sissons, D.C.S., 'Japanese acrobatic troupes touring Australasia 1867–1900', *Circus in Australia*, 35, 1999.

column2

白豪主義——建国の理念と「境界」

村上雄一

「オーストラリアは多文化主義先進国」というイメージが強い現代日本人にとって、「白豪主義」(White Australia policy)という用語は死語に近いのかもしれない。ある意味、それは現代の日豪両国民の間に大きく対立する政治問題が存在していないことを示す、幸せな状況とも言える。

「白豪主義」とは主に非ヨーロッパ系民族(特にアジア人と太平洋諸島人)のオーストラリア移住を制限しようという政策である。六植民地が連邦化するか否かが広く議論された一八九〇年代、その建国の理念も話し合われた。連邦国家設立に向けて各植民地政府の利害が対立する中、全植民地が初期の段階から一致できた数少ない政策の一つが、オーストラリア全土に跨る共通した有色人移民制限の導入であった。連邦行政に関わる法案以外として、連邦政府が最初期に提出した法案が移住制限法であり、第一回連邦議会開催からわずか一か月後の六月五日のことであった。

白豪主義誕生のきっかけは一八五一年に始まったゴールドラッシュで、その際に中国からの移民が増えたことに起因している。しかし、中国人移民の減少に伴い、五〇年代から六〇年代にかけて各植民地が制定した中国人移住制限法が一度すべて廃止されたように、当時は白豪主義が「連邦国家建国の理念」になると認識されてはいなかった。

「白豪」を理念とした連邦国家結成の動きが活発化するのは、一八八〇年代のことである。当時、欧州でナショナリズム運動が盛んになり、オーストラリアでもナショナリズムが高揚、その一環として連邦国家結成の議論も始まった。この時期、中国人労働者の雇用や中国人移民を乗せた船の入港に対し世論の反発がおきた結果、各植

図1　中国人移民排斥のために植民地の連邦化を主張する風刺画（出典：*Melbourne Punch*, May, 1888）

民地政府は協調して中国人移住制限法を再び導入または改正した。この八〇年代の経験が白豪を理念とするオーストラリア連邦結成へと繋がっていく（図1）。

一八九〇年代には有色人全般の移民制限導入を目論む植民地もあったが、アジアやアフリカなどの植民地で様々な人種や民族を抱えていた大英帝国は、実態はともかく、法律に基づく人種差別を認めなかった。一方、ナタール（現南アフリカ）で一八九六年に導入された「語学書き取りテスト」による移住制限（法律上は人種差別的な表現を用いていないが、その運用で差別を実現）を英国が承認した。これを契機にウェスタンオーストラリアやニューサウスウェールズ、そして、タスマニアでも同様の法律が制定されたが、明治政府は「日本人を侮辱するものではない」として英国に異議を申し入れなかった。

第1章でも述べたように、明治政府はオーストラリア連邦の移住制限自体を否定していたわけではない。明治政府高官たちは日本が欧米諸国により「文明国」（欧米諸国）ではなく「非文明国」（アジア諸国）のカテゴリーに分類されることを最も恐れていた。それは幕末に欧米諸国と締結した、いわゆる不平等条約改正が明治政府の悲願であり、そのためには日本を対等な文明国として欧米諸国に認知してもらう必要があると、明治政府高官たちは考えていたからである。それだけに、当初「英語」による書き取りテストが、日本人の優秀さ（＝危険性）を理由に「ヨーロッパ言語」に変更された事実は、当時の明治政府高官にとっては青天の霹靂であり、到底認めがたいものであった。

この法案修正は西洋諸国の圧力を受けた英国から連邦政府への指示によるものであった。具体的な国名は明示されていないが、当時、英国は独国や露国の伸長に対抗するため特に仏国との関係強化を図っていたこと（後の英仏協商）を考慮すれば、主に仏国からの抗議への配慮だった可能性が高い。

オーストラリア連邦は英国王室を元首とする立憲君主制を取り入れた国家である。そのため、たとえ法案が議会を通過したとしても、英国王室の名代である連邦総督が裁可を与えなければ法律は施行できない。英国政府はこの総督権限を「伝家の宝刀」とすることで、事実上、オーストラリアを含む大英帝国内の自治領支配を堅持していた。

それでは、なぜ、連邦政府は議会の場で英国からの指示を理由に法案修正を正当化しなかったのであろうか。

図2　有色人移民拒否を描いた表紙絵（出典：*The Bulletin*, September, 1901）

その理由を筆者は「ナショナル・アイデンティティの危機」にあったと考える。初代連邦政府は最重要法案であった移住制限法制定によって「建国の理念」（白豪主義）を明確に示し、国民統合を果たそうとしていた。その法案修正の理由を西洋諸国からの圧力だと議会で説明すれば、英国以外の白人国家に対する世論の反発は必至であった。また、連邦建国元年にもかかわらず、英国の言いなりになっていることが議会で明らかになれば、連邦政府の存在意義そのものを否定しかねなかった。それらに代わる理由を探し求めていた連邦政府がたどり着いたのが、「優秀であるがために英語の書き取りテストに通ってしまう危険な日本人」であったと筆者は考える。ちなみに連邦結成の一九〇一年当時、オーストラリアには全土合わせても三六〇〇人ほどの日本人しかおらず、脅威とはほど遠い存在であった（図2）。

オーストラリアは一九五八年に語学書き取りテストを廃止したが、その後もしばらく白豪主義政策自体は続いた。一九七三年にウィットラム労働党政権が多文化主義を新たな国家建設・統合の理念として掲げたことで、有色人の自由越境を拒み続けた白豪主義という強固な境界がようやく消滅、二〇二〇年代に至り、現代日本人の記憶からも消え去りつつある。

［参考文献］

関根政美『マルチカルチュラル・オーストラリア』成文堂、一九八九年
藤川隆男「白豪主義の『神話』—オーストラリアにおける中国人移民—」谷川稔他『規範としての文化—文化統合の近代史』平凡社、一九九〇年
村上雄一「オーストラリアの移民立法と日本の対応—一八九三年から一九〇一年まで」追手門学院大学オーストラリア研究所『オーストラリア研究紀要』第二二号、一九九六年
村上雄一「金が作り上げた世界—ゴールドラッシュ」「アジア系移民の到来と排斥—白豪主義の形成」「アンビバレントな関係—近代の日本とオーストラリア」藤川隆男編『オーストラリアの歴史—多文化社会の歴史の可能性を探る』有斐閣、二〇〇四年

第2章 真珠貝漁と出稼ぎ労働者
——オーストラリアの海に渡った日本人

鎌田真弓

はじめに

オーストラリアでの真珠貝漁について、和歌山県で聞き取り調査をした時のことである。潮岬に立って海を眺めながら、「ここから南へまっすぐ行ったらオーストラリアだ」と、アラフラ海出漁の体験者はこともなげに言った。海の旅を経験したことのない筆者が、海に「道」があることを感じた瞬間だった。日本から五〇〇〇キロメートル以上も離れた海で、かつて、多くの日本人が働いていたのだ。(1)

本章では、明治期から昭和初期にかけて、豪州北部の海で働いた紀南の人たちを取り上げて、どのような経緯で若者たちは出稼ぎに行ったのか、また、彼の地ではどのような仕事や生活をしたのか、残されている記録をもとに描いてみたい。

(1) 日本郵船の操縦士だった丹下福太郎が一九三一年に出漁したのが最初で、その成功に刺激されて、和歌山県からも三〇隻以上が船団を組んで出漁した。一九三七年以降は日本の委任統治下のパラオを根拠地として、より大規模な採貝漁が行われた。公海上での採貝であったが多数の日本船の出現はオーストラリアにとって脅威として認識され、太平洋戦争後の日豪間の重要な外交課題となった〔友信(一九七七)〕。

1　真珠貝漁

まず、「真珠貝漁」について簡単に説明をしておきたい。

真珠貝漁の目的はボタンの材料となる貝殻である。一九六〇年代にプラスチックが登場するまで、貝がボタン素材の主流であった。

豪州での真珠貝漁は、一八五一年にウェスタンオーストラリアのシャーク湾での漁業許可が最初で、その後、南回帰線以北の暖かい水域で白蝶貝の広大な生息地が発見されて、インド洋からティモール海、アラフラ海、珊瑚海にかけての広い海域で漁が行われた。その漁の拠点となったのが、ブルーム、ダーウィン、木曜島である。白蝶貝は二二センチぐらいになる大型の二枚貝で、洗浄された貝殻はヨーロッパやアメリカに輸出され、貝ボタンとして加工された。一九二〇年代には、豪州産が世界の生産量の八五%を占めていた。

図1　ダーウィン港の採貝船（ラガー）1930年代　（今富家所蔵）

採貝船の乗組員は通常、ダイバー、テンダー、ボースン（甲板長）、機関士（エンジンがついた船の場合）、水夫、炊事係など、六～九人で構成される。手動ポンプの時代は、二人がポンプを操作してダイバーに空気を送り、残りは舵をとったり、貝を開けたり、炊事を担当したりした（図2）。

漁は海底に生息する貝を拾い上げるもので、危険を伴う過酷な作業であった。ダイバーは、送気パイプのついたヘルメットを被り、潜水服や潜水ブーツに鉛の錘を着けて歩いて拾う（図3、図8）。水深一〇〜三〇メートルの海域から七〇メートル近くまで達することもあった。海底はでこぼこで、石や砂が堆積して海藻が生えているし、サメやマンタや巨大ハタもいた。空気を送るホースが岩や珊瑚で切れることもあった。潮の流れは漁場や水深や日時によって異なるし、海底は視界が悪い。また、水深が深ければ潜水病の危険が増す。サイクロンが豪北部を襲う夏（一一月から四月）は休漁期となるものの、サイクロンの到来が予測できずに多数の死者を出した海難事故も発生した。オーストラリアの海で、二〇〇〇人近くの日本人が亡くなっている[2]。

図2　ラガー船上の日本人乗組員、コサック近海、1918年　（木下家所蔵）

ダイバーが潜水の際に命を託すのは、船上で命綱を預かるテンダーである。命綱を引いたり振ったり、綱を緩めたり引いたりして、船のスピードや進行方向を変える、貝の入った袋を引き上げる、ダイバー本人を水面に引き揚げるなど、ダイバーはロープ一本で船上のテンダーと交信した。テンダーは、船の航行の責任を持つ船長の役も兼ねていた。

ダイバーの仕事は危険と隣り合わせだから、誰でもなれるわけではない。また採貝船一隻に一〜二名

（2）　久原（一九七八）五八三頁

図3　潜水服を着たダイバー：胸と背に各20キロ、腰に10キロ、靴底に各5キロの鉛をつけて潜水する（写真提供：串本町図書館、春日氏アルバムより、1930年頃、木曜島）

に限られていたので、年少者は水夫として見習いをしながら、年配のテンダーやダイバーに教えられて技術を身につけていった。船の操法や漁場の場所や海底の様子、潜水時間や作業手順など、すべてが体験によって学習される。しかも漁期（ブルームやダーウィンでは四～一〇月、木曜島では三月末～翌年一月）には数週間は陸に上がらず、狭い船の中で寝食を共にする。したがって、乗組員の間で意思疎通や信頼関係があることは、極めて重要であった。

採貝船の乗組員として豪州の真珠貝採取業を支えたのは、初期には南太平洋系の人たちであったが、一八七〇年代の後半からは日本人やマレー人、クパン人(3)などのアジア系契約労働者だ。加えて先住民やニューギニア島南部出身のパプア人も働いていた。特に一九世紀末頃からは、日本からの出稼ぎ労働者が産業を支えたと言っても過言ではない。第一次大戦前の真珠貝採取業のピーク時には、ブルームでは一三〇〇人以上、木曜島では七〇〇〇人近くの日本人が働いていた。規模が小さかったダーウィンでも、一時期は一〇〇人近くの日本人の年季契約労働者がいた(4)。その大半を占めたのが、紀南（和歌山県の東・西牟婁郡）の出身者だった。

それでは、日本からの出稼ぎ者は、どのような経緯で渡豪することになったのだろうか。

（3）　当時の統計に使われているエスニック集団名には厳格な定義があったわけではない。クパン人はティモール島を中心にインドネシア東部の島々の出身者で、マレー人は主に英国植民地のマレー半島の出身者の総称である。ジャワ島で募集された人々を指すジャワ人という集団名も、一時期統計で使われていた。

（4）　鎌田（二〇一六）七〇–七一頁

2 日本人の海外出稼ぎとオーストラリア

明治新政府のもとで日本人の海外渡航が可能になり、外国人に雇われた奉公人や外国船の水夫として海外に出る者が現れた[5]。日本人で最初に採貝船に乗ったのは、島根県出身の野波小次郎で、英国商船の水夫として一八七四年に横浜を出港した。寄港地のシドニーで採貝船の水夫として雇われ、木曜島でダイバーとして好成績をあげて「ジャパニーズ・ノナ」の異名で知られた[6]。

また明治元年には、外国人斡旋業者によって日本人労働者がハワイやグアムへ、翌年にはカリフォルニアへと出発した。しかし多くの移民たちは現地で困窮を極め、死者も出した。日本政府に対して、サウスオーストラリアを含む海外からの移民誘致があったのだが、政府は移民の送り出しに消極的であった[7]。

オーストラリアでの真珠貝漁は、明治政府が初めて公式に認めた海外出稼ぎである。一八八三（明治一六）年に、増田万吉を周旋人として真珠貝採取業支配人のジョン・ミラーに雇い入れられた三七名が、横浜からトレス海峡諸島[8]のプリンス・オブ・ウェールズ島に渡った。翌八四（明治一七）年には、神戸に出張所があった英国のフィーロン・ロー商会に六九名が雇い入れられ、そのうち五四名が木曜島に到着した[9]。この時の周旋人の一人が、コラムで紹介する村松治郎の父、村松作太郎だった。ミラーとの契約の第一陣は神奈川県の出身者が多かったが、神戸出立の第二陣は三〇名が和歌山県の出身者であった[10]。

（5）鈴木（一九九二）一一–一二頁

（6）久原（一九七八）五八七頁

（7）鈴木（一九九二）一三–二六頁。また日本人の海外移民に関しては入江（一九八一）

（8）ニューギニア島とケープヨーク半島の間のトレス海峡にある二七〇余りの島々で、木曜島もその一つである。

（9）Lamb（2015）pp.11–12.

（10）久原（一九七八）五八九–五九〇頁

「出稼ぎ」は、本来の居住地から一定期間離れて働くことだが、半永久的に出稼ぎ先で居住したり、家族を帯同したり、呼び寄せたりすることもある。しかし、年季契約の集団海外出稼ぎの場合は、家族の帯同は許されず、また、現地の政策の変更や経済状況によって契約が打ち切られて帰国を余儀なくされることもある。特にオーストラリアでは、アジア人に対して厳しい入国管理を行なっていて、年季契約労働者は単身の男性で、契約の延長は可能であっても、永住許可や帰化申請や家族の呼び寄せは認められていなかった。また、豪政府の許可なしには、雇用主を変えることも、契約以外の仕事をすることも、自由に居住地を移動することもできなかったのである。

真珠貝漁の契約労働者の場合は、漁期は船が生活の場で、休漁期は特定の居住地で暮らした。洋上での仕事以外は、潜水服・器材の補修や船の清掃と燻蒸、甲板の整備や「カバ擦り」と呼ばれた喫水以下の銅板についた藻やフジツボ類などを掻き落とす作業を行なったが、陸上での貝の選別や梱包、船の修理などの仕事は制限された。これは、安い賃金の契約労働者がオーストラリア人の仕事を奪わないようにするための、豪政府の方針であった。港湾労働組合の力が強かったダーウィンでは特に、厳しい監視の対象となった。

豪州の出稼ぎ先は、真珠貝漁に加えて、クインズランドのサトウキビ農園がある。一八九二年に吉佐移民会社[11]の斡旋で最初の五〇名が到着し、九八年には二三〇〇人の日本人が働いていた。真珠貝労働者と異なり、サトウキビ農園の労働者は広島県の出身者が大半を占めていた[12]。一九〇一年の連邦結成後[13]は、連邦政府の白豪主義政策[14]によってアジア人労働者は契約延長が認められず、帰還することになった。

サトウキビ農園での契約終了と帰還とは異なり、真珠貝漁で出稼ぎが継続したのは、日

(11) 日本最初の移民会社で、一八九一年に設立。同社が翌年一月に仏領ニューカレドニアのニッケル会社に六〇〇名の鉱山及び製鉱労働者を送ったのが、移民会社による最初の移民とされている。その後一九二〇年までの間に延数として五〇社があったが、統廃合によって一九二〇年には海外興行株式会社一社になった〔海外移住事業団（一九七三）六一七頁、および入江（一九八一）下巻五二五-五四二頁〕。

(12) Meaney (1999) p.50.

(13) 一九〇一年にオーストラリア連邦が成立し、憲法のもと移住と出入国管理、国防、関税。郵便・電信、灯台などが連邦の管轄となった。連邦に加盟した六つの植民地は独自の憲法や議会を持つ自治植民地であったため、連邦を構成する州になっても強い権限を維持してきた。

(14) 英国系の「白人」を中心とした社会を建設するために、有色人の排斥や入国に際する厳しい管理を行なった政策で、一九世紀後半の植民地期から一九七〇年代まで続いた（コラム2参照）。

本人ダイバーの採貝量が格段に多かったからである。日本人乗組員なしでは、豪州の真珠貝漁そのものが成り立たなかった。一九世紀末に日本人の割合が最も大きかった木曜島では、島民人口に占める日本人は五一％強で、一六〇名いたダイバーのうち一五〇名が日本人だった[15]。

有能なダイバーが生まれたのは、勤労に励む日本人としての資質があろうが、それにも増して、技術や知識を経験知として継承するシステムを持っていたからである。木曜島では、漁場の水深によって乗組員の出身地による分業体制が作られていた[16]。採貝船の日本人乗組員は、後述するように、紀南出身の特定地域の、しかも親族関係にある人たちが多く、信頼関係が築きやすく経験知の伝達がスムーズに行われて、優秀な職能集団が形成されたのである。

3　紀南から木曜島へ

明治初期に多くの日本人の若者が海外へと渡ったのは、圧倒的な賃金差が理由だった。前述のミラーが提示した賃金は、ダイバー・洋銀[17]五〇ドル、テンダー・同二〇ドル、ポンプ係・同一〇ドルなどで、ダイバーに対しては別途、真珠貝一トン毎に五〇ドルが支払われるというものだった。就業時間は一日一〇時間、食料や衣料品も雇い主から供与され、支度金として二か月分の給料が前払いとされた（図4）。当時の為替レートからするとダイバーの月給は五五円で、日本国内では大工で八円前後、大卒の初任給が一〇円であるか

（15）Sissons（1979）p.17.

（16）松本（二〇一六）一八一―一八三頁

（17）開国とともに海外貿易に使われた海外貨幣で、その大半はメキシコで鋳造されたアメリカの一ドル銀貨。一八七一年発行の一円銀貨は洋銀一ドルとほとんど等価

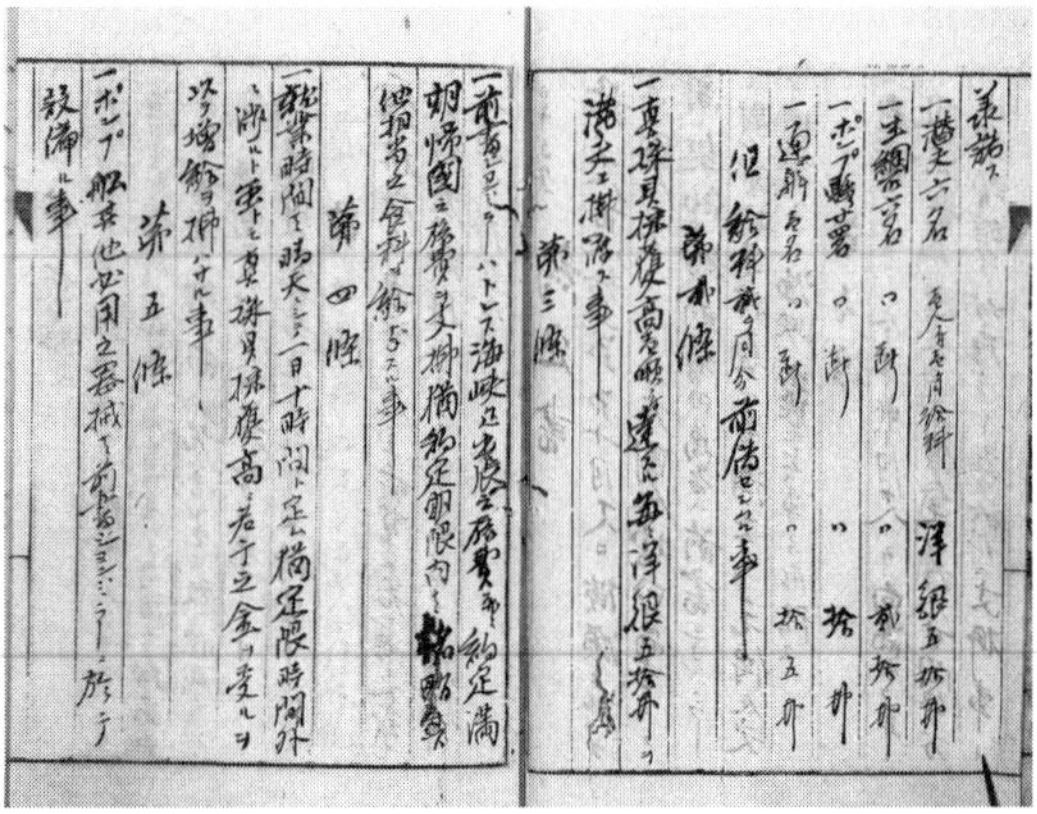

図4　ジョン・ミラーとの契約書の一部（豪国立図書館所蔵）

ら五倍以上の収入である。しかも医療費や往復旅費も雇い主から支払われるとなる[18]と、慣れない環境での過酷な労働だったとしても、破格の条件だった。

　それではなぜ、豪州への真珠貝漁への出稼ぎが紀南の特定地域の出身者に偏っていたのだろうか。和歌山県南部は、豪州だけでなく、北米での農業やハワイやカナダでの漁業労働、南米ブラジルや満州にも移民を送り出している地域である。その中で真珠貝漁への出稼ぎは、潮岬を中心として東牟婁郡と西牟婁郡に集中する。地理学者の岩崎健吉は、一九三〇年代前半に紀南地域での海外出稼ぎ労働者に関する聞き取り調査を行ない、豪州への出稼ぎの動因は、純粋な生活難からではなく、「隣接刺激」と「隣接勧誘」、「習慣性」によると結論し、「心理の出稼現象」と呼んだ。[19]この点をもう少し詳しく説明する。

　明治政府公認での当地からの初渡航者は、前述した第二陣（明治一七年）に神戸を出立した潮岬出身の尾崎喜平である。尾崎は成功して帰国、その後六回木曜島に渡航し、木曜島の日本人会の主要メンバーとなった。また、潮岬と隣村の田並の出身者三名が、一八九〇年のメルボルンカップ[20]の一等賞の賞金として、一人当たり一万五〇〇〇円もの大金を持ち帰った。他にも三年間で二〇〇～五〇〇円の稼ぎを持ち帰った者も多く、こうした成功

(18)　鈴木（一九九二）三一頁

(19)　岩崎（一九三七）

(20)　一八六一年に創設された歴史ある競馬のレースで、毎年一一月の第一火曜日にメルボルンのフレミントン競馬場で開催される。

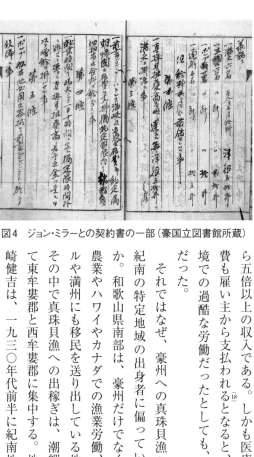

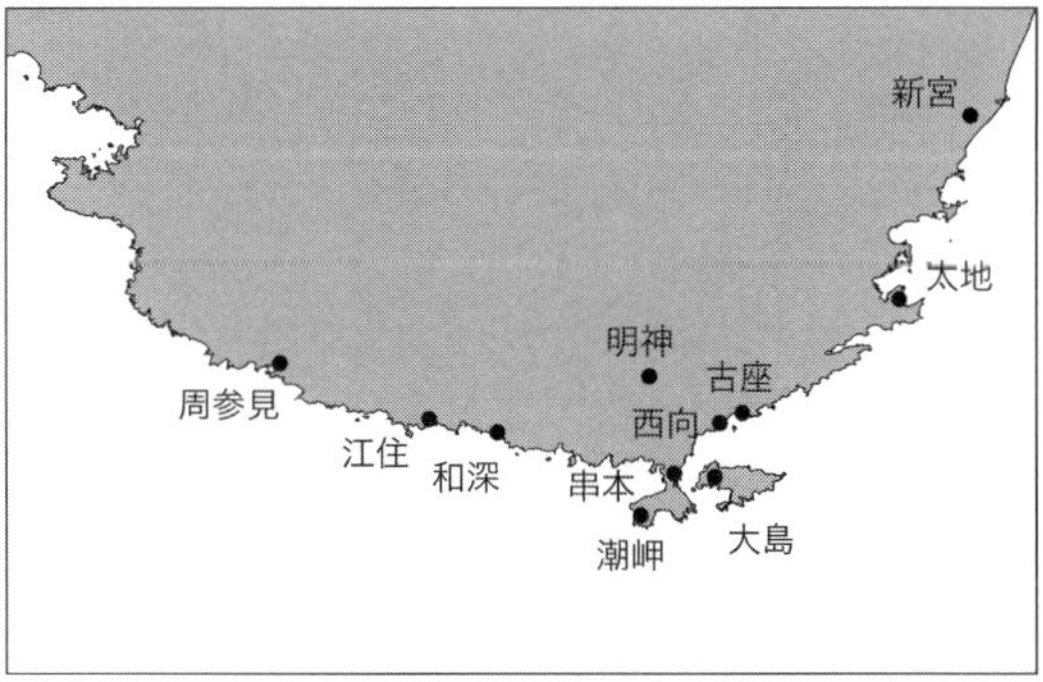

図5　紀南地域

はいわゆる「口コミ」で隣家から隣字、隣村へと伝わり、一八九二年頃より真珠貝漁への出稼ぎ者が急増した。[21]

「隣人や親類が外国で儲けた」「隣村の人が成功して帰ってきた」「大金を儲けて帰った人を見て羨ましく思った」といった心理的な動きによる「隣接刺激」がさらなる出稼ぎの動因となったと、岩崎は指摘する。また「一獲千金」型の動因もあった。出稼ぎ者の成功は、潮岬から串本へ、その後、海岸沿いに東の古座・西向や西の和深・江住へ、古座川沿いの山間部へと伝播した。[22]

このような初期の渡豪熱が収まると、次は、「先輩や友人が呼び寄せてくれた」「先輩や友人に誘われた」といった「隣接勧誘」や、「皆が外国へ働きに行くから」「昔から小学校を卒業すると外国へ行く習慣になっていたから」といった「習慣性」が出稼ぎの動因となっていく。後述する藤田も知り合いから誘われて渡豪している。

外交史料館に残る森島移民商会の一九〇三年の渡豪者記録[23]によれば、二〇名のうち潮岬一五名、西向三名、古座一名、冨二橋一名となっている。また同年の別の契約でも、三五名のうち串本一四名、潮岬六名、西向一名、周参見八名、大島六名となっていて、潮岬から東西の海岸地域の出身者である。同姓の契約者もあるので親類縁者の可能性は高い。年

(21)　久原（一九七八）五九七―六〇一頁

(22)　岩崎（一九三七）および（一九三八）三一三―三一四頁

(23)　「明治三十六年豪州木曜島及ポートダウィン本邦移民出稼一件（森島壽雄取扱）」（豪国立図書館所蔵）

齢は二五才ぐらいまでで一〇代後半が大半である。

大正から昭和期になると、かつてほどの破格の賃金ではなくなったが出稼ぎは続いた。一九二〇年代前半の海外興業株式会社との契約では[24]、病気や死亡の場合の支払いや支給される食料（米・小麦・肉・砂糖・野菜類・調味料など）は細かく定められてはいるものの、最低賃金は月に三ポンド一〇シリング[25]で日本円にして約三一円、職工よりも少ない。ただし、職種によって給料は大差があり、村松商会の場合では、テンダーは月給一一ポンド、ダイバーは出来高によっては年収で四〇〇ポンドを超え、日本の高級官僚をしのぐ額になる[26]。とすれば、給料の安い水夫としての契約から始めて、働きながら年配者から訓練を受け、ダイバーやテンダーを目指すことになる。つまり、大正から昭和初期には、紀南地域の若者にとっては、岩崎が論じたような「習慣性」によって、真珠貝漁への出稼ぎは日本国内での就職と同様に一つの選択肢となっていたといえよう。出稼ぎ先は、木曜島から二〇世紀に入って最大の漁場となったブルームへと広がっていった。

4　採貝船乗組員の仕事と生活――藤田健児の回想記より

真珠貝漁の出稼ぎ者は、現地ではどのような生活だったのだろうか。ここでは筆者たちが公刊した藤田健児氏のスケッチと回想記[27]を元に、現地での仕事や生活を紹介したい。ただし、就労環境や生活環境は、出稼ぎの時期や雇用主や採貝地域によって差異が大きいことを付け加えておく[28]。

（24）「自大正七年至一四年一二月　移民取扱人関係雑件　海外興業会社移民取扱之件　豪州之部」

（25）一ポンド＝二〇シリング＝二四〇ペンス

（26）日本の給料に関しては、「明治・大正・昭和・平成・令和値段史」(https://coin-walk.site/J077.htm)を参照した。

（27）松本他（二〇二一）。藤田スケッチブックは追手門学院大学図書館ウェブサイト上でも公開されている (https://www.i-repository.net/il/meta_pub/G0000145AUSDAFU)。

（28）さらに大正・昭和初期の真珠貝漁出稼ぎに関しては、松本（二〇一六）を参照

図6　神戸館の新聞広告（写真提供：松本博之）

藤田は東牟婁郡古座川町明神の生まれで、二一、二才の時に渡豪、一九三八年までウェスタンオーストラリア州コサックおよびノーザンテリトリーのダーウィンで真珠貝漁に従事した。村松商会[29]の採取貝船で働くことになったのは、村の収入役から声を掛けられたからである。収入役の弟や同郷人たちも既に村松商会の船で働いており、同じ時に四人の知人も渡豪するということで、未知の土地へ行くという気がしなかったという。

藤田たち五人は、串本から紀州航路の船で大阪の天保山に到着、移民宿の神戸館に宿泊して渡航の手続きをする。始めて故郷を出る若者たちにとっては、海外に行くのも大阪や神戸に行くのも同じ感覚だったようだ。

西オーストラリアへは、上海、香港、シンガポール経由で渡った[30]。上海では揚子江の広さにびっくりし、上海から乗船した中国人の一人と漢字を使って筆談を交わし、香港では一緒に店をまわったりして、現代の若者と同じように「異文化交流」を楽しんでいる。シンガポールからはスマトラ、ジャワを経由して、ダーウィン、ウィンダム、ブルーム、フリマントルに到着、そこからまたコサックへと北上した。この船上でも、真珠貝採取に従

(29)　村松商会と村松治郎に関しては、鎌田編（二〇二〇）を参照。なお「村松治郎」の戸籍上の名前は「次郎」である。

(30)　豪州航路は一八九六年に日本郵船によって開設されていて、一九三五年頃は、香港―マニラ―ダバオ―木曜島という二〇日ほどの船旅だった〔松本（二〇一六）一七四頁〕。

図7　村松商会所有のエディタ号　（出典：『藤田健児スケッチブック』2021）

事したことのある、多少日本語がわかるマレー人と会話したり、現地人から購入したマンゴーを食べたり、ブルームの干潮の激しさに驚いたりと、未知の世界へ乗り出す興奮がうかがわれる。

コサック到着後は役人が上陸許可書類を作成し、串本から同行した五人はそれぞれの船に割り当てられて即日漁場に出発した。藤田は、渡豪を勧誘した明神村収入役の弟の木本栄五郎がテンダーを務める船に乗って手ほどきを受け、一年後にテンダーに昇格、その後にダイバーとして働いた。藤田の回想記には、紀南の人たちの名前が出身地区名とともに多数登場する。さらに記録の端々に、一緒に船に乗る先輩や同僚に対する感謝や気遣いを読み取ることができる。

到着当初の藤田は、船上でのパン焼きや米炊き、小舟の漕ぎ方、送気ポンプの回し方、舵取りの仕方、漁場の見極め方など、水夫としての初歩的な技能を教えられた。藤田が乗った船には四名のマレー人も乗っていた。食料や水や薪は船に乗せているが、漁の合間に魚を釣ったり、海亀を捕まえたり、海鳥の卵やハマグリを採ったりして、海の幸を楽しんでいる様子もスケッチに描かれている（図8、図9）。

初歩的な仕事を覚えた後は、藤田はテンダーになるために、マレー語と英語、ポンプの掃除、航行するコース、浅瀬の位置など、先輩たちから「時には喧しい位きつく仕込まれ

図8　亀を捕らえた海中のダイバー　（出典：『藤田健児スケッチブック』2021）

図9　休日の亀捕り　（出典：『藤田健児スケッチブック』2021）

た」と回想している。同郷の木本に加えて、ダイバーの辻増太郎からも漁の方法を教わったり、休日には一緒に亀捕りに出かけたりして信頼関係を築いた。一年後には藤田は、ダイバーの辻によってテンダーに指名された。

村松商会が五隻の船をダーウィンに移籍させた際には、藤田もダイバーに昇格して移動したのだが、ダーウィンは物価高で宿舎の費用も別途必要で[31]「金が残らない」のでコサックに戻る事を希望した[32]。雇い主の村松の同意を得てコサックに戻り、ダイバーの空きが出るまでテンダーを務めた。

藤田は熟練に伴って、年間一三トン余りを採貝している。村松商会の帳簿[33]に記載された藤田の一九三七年一二月の給料は、六か月の基本給三六ポンド、出来高による支払三六八ポンド、真珠玉[34]四ポンドで、計四〇八ポンド、当時の日本円で四〇〇〇円以上になるので、日本の最高位の官僚以上の収入である。その中から日用品や支給品以外の果物・ビスケット・チーズなどの食品、ビールなどの酒類、薬代や医者代、採貝船乗組員の許可証費などを支払う。素麺やぜんざいなど

（31）　日本人出稼ぎ者が多いブルームや木曜島の場合は、出身地毎のボーディングハウスが経営されていたが、コサックでは村松商会の他に事業主も少なかったために、休漁期には無料で宿舎が提供されていた。

（32）　松本他（二〇二一）一二九頁

（33）　筆者が研究代表を務めた科学研究費補助金での共同研究で、日本に持ち帰られ、親族のもとに保管されていた村松商会のコサックでのビジネスの二五〇〇ページ超の帳簿を入手することができた。帳簿はデジタル化した後にウェスタンオーストラリア州立図書館に寄贈した。帳簿はウェブサイト上で閲覧可能である（https://catalogue.slwa.wa.gov.au/record=b1745730~S7）。

（34）　貝の中に真珠玉があることもあり、価値によってダイバーに還元された。出来高によっては全員にボーナスが支給された。

図10　コサックの日本人墓地(筆者撮影、2017年9月)

の日本食も楽しんだ。日本には頻繁に手紙を出していたようで、毎月の切手代に加えて、小包の送料の支払いが記載されている。さらに年に五回ほど送金をしていて、一九三六年の送金額は四〇ポンドである。藤田は身体を悪くして一九三八年に帰国した。「高い山もない広い国から一五年振りの故郷は山が迫ってくるようで、こんなに狭かったのかと疑ったが、息苦しい位だった」と、その時の想いを記している。

藤田の豪州滞在中には、村松商会の船でも三名のダイバーが命を落としている。二人は潜水病で、もう一人は送気パイプが海底の「カラー」(テヅルモヅル)[35]に掛かって亡くなった。三名とも紀南の出身者だった。

太平洋戦争勃発と同時に、オーストラリアにいた日本人は全員大陸南部の収容所に収容された。豪州各地で収容された日本人・日系人は合計一一四一人で、そのうちの約三分の一が採貝労働者だった。[36]

おわりに——出稼ぎ者の越境

明治から昭和にかけて六〇年近く続いた豪北部の真珠貝漁への出稼ぎは、経済的動因に

(35)　海底に群棲していて枝分かれした触手を持ち、触手が送気パイプに触れると固くなる。絡まると取りはずすのが難しい。

(36)　抑留された真珠貝労働者に関しては、城谷勇「捕われの記」(『歴史と民俗　ありだ』第三号〔松本・永田編(二〇一九)所収六二―七七頁〕および永田(二〇一六)を参照

よる渡豪熱から、紀南の若者の職業選択の一つへと変化した。出稼ぎ者にとっては、同郷の人たちが行き来した場所は未知の世界ではなかったし、彼らから技能を習得できるという安心感があった。同時に、信頼関係を元に経験知が伝承されることによって、有能な職能集団が形成されていた。特に紀南出身の採貝労働者は、近隣の村の人びととの地縁が保たれていた。日本社会の餞別の習慣や、帰国者に土産物や仕送りの金を託すという習慣も、そうした地縁や血縁を維持する役割を担ったといえる。したがって彼らの海外出稼ぎの選択は、一〇〇年以上も前のこととは思えないほど、軽々と国境を越えるものだった。

ここで指摘しておかなければならないことは、日本人契約労働者にとっては多額の収入であったが、オーストラリア人の賃金に比べれば低く抑えられていたことである。国家間の経済格差といえばそれまでだが、出稼ぎ労働者が提供した過酷な労働と高度な知識は、オーストラリア人のそれとは等価ではなかった。

太平洋戦争期の強制収容と戦後の強制送還を経て、豪北部の海で働いた日本人の姿は「波間に消えて[37]」いった。戦後は真珠貝の需要の激減とともに、日本人ダイバーへの需要もアラフラ海出漁も終息した。真珠貝を巡る日豪関係は、豪北部の海での日本企業による真珠養殖の開始と、真珠養殖のための母貝の採取によって新たなページが開かれることになった[38]。

(37) 松本(二〇一六)

(38) 田村(二〇一六)

[参考文献]
入江寅次『邦人海外発展史 上・下』原書房、一九八一年(覆刻原本 昭和一七年刊)
岩崎健吉「紀伊半島南海岸に於ける海外出稼移民の研究(第1報)」『地理学評論』一二巻第七号、一九三六年

岩崎健吉「紀伊半島南海岸に於ける海外出稼移民の研究（第2報）」『地理学評論』一三巻第三号、一九三七年

岩崎健吉「紀伊半島南海岸に於ける海外出稼移民の研究（第3報）」『地理学評論』一四巻第四号、一九三八年

海外移住事業団『海外移住事業団十年史』海外移住事業団、一九七三年

鎌田真弓「アラフラ海の日本人ダイバーたち」村井吉敬・内海愛子・飯笹佐代子編著『海堺を越える人びと—真珠とナマコとアラフラ海』コモンズ、二〇一六年

鎌田真弓編『村松治郎（1878–1943）—オーストラリアに生きた日本人ビジネスマン』二〇二〇年（https://www.nucba.ac.jp/en/university/library/discussion-paper/NUCB-K-22101.html）

久原脩司「アラフラ海へ出漁した日本漁民」藪内芳彦編著『漁撈文化人類学の基本的文献資料とその補説的研究』風間書房、一九七八年

鈴木譲二『日本人出稼ぎ移民』平凡社、一九九二年

田村恵子「ボタンから宝石へ—オーストラリアの南洋真珠養殖の始まり」前掲書『海境を越える人びと』二〇一六年

友信孝『アラフラ海と私』日宝真珠株式会社、一九七七年

永田由利子「捕虜になったダイバーたち—日本とオーストラリアの狭間で」前掲書『海境を越える人びと』二〇一六年

松本博之「波間に消える真珠貝漁業」および「コラム　真珠貝漁業の住と食」前掲書『海境を越える人びと』二〇一六年

松本博之他編『藤田健児スケッチブック—西豪州・コサック追想（大正一四年~昭和一三年）』（第二版）二〇二一年（https://www.nucba.ac.jp/university/library/discussion-paper/NUCB-K-21102.html）

松本博之・永田由利子編『太平洋戦争におけるオーストラリアの日本人・日系人強制収容所記録』二〇一九年

Lamb, John, *Silent Pearls: old Japanese graves in Darwin and the history of pearling*, John Lamb, 2015.

Meaney, Neville, *Towards a New Vision: Australia and Japan through 100 Years*, East Roseville, NSW, Kangaroo Press, 1999.

Sissons, D.C.S., 'The Japanese in the Australian Pearling Industry', *Queensland Heritage*, Vol.3, Issue 10, 1979.

column3

村松治郎——英国臣民として生きた日本人企業家

鎌田真弓

企業家への夢

村松治郎[1]（一八七八—一九四三）は一五歳の時に父に連れられて渡豪、ウェスタンオーストラリアのコサックという町を拠点として商店経営と真珠貝採取業で成功した人物である。

治郎の父、村松作太郎は明治政府公認の海外出稼ぎの第二陣（一八八四年）の周旋人で、八八年に渡豪しコサックで商店経営を始めた。明治初期からシンガポールやインドネシアなど南方へと多くの小商人が渡っていたが、作太郎もその一人であった。当時のコサックは豪州北西部の主要港で、真珠貝漁や金鉱開発でブームを迎えていて既に複数の日本人が居住していた。

写真１　コサックの日本人墓地にある村松作太郎の墓の前に立つ村上安之助と村松すみ子、1922年（木下家蔵）

治郎は、一八九四年にコサックに到着、その後一年余りしてメルボルンの名門男子校ザビエル・カレッジに入学した。オーストラリアでのビジネス拡大を望む父の期待を背負いつつ、治郎はカレッジ在学中に英語に習熟するとともに、簿記を習得し優秀賞を受賞している。さらに、校友の名家の子弟だけでなく日本の大企業の駐在員や外交官とも交遊して、企業家としての成功を夢見たに違いない。

カレッジ在学中に作太郎が急逝、治郎は遺産手続きを開始し、日本に一時帰国する直前に帰化申請を行った[2]。カレッジでの優秀な成績に加えて、A・マークス日本名誉領事（第1章参照）の強力な後ろ盾もあって、一八九九年にヴィクトリアで英国臣民としての帰化[3]が認められた。この時期の帰化申請は、オーストラリアで企業家として生きていく決意の表れで、連邦結成の動きの中で、アジア人の帰化や活動が制限されることも察知していたに違いない。

白豪主義の壁に立ち向かう

父の事業を継承した治郎は、村松商会（J & T Muramats）を立ち上げた。J&Tは治郎と兄の常太郎[4]の頭文字をとったものだが、Jが先頭に置かれているように、当初から治郎が主に経営を担うことを意図していた。治郎は父の時代からの貸倒債権をリストアップすると同時に、極めて精緻な帳簿をつけて日々の取引や財務状況を管理した。さらに、内陸部の牧場や鉱山の経営者や労働者にも顧客層を広げるとともに、真珠貝採取業に乗り出し、後には古金属や銅やアスベストの輸出を手がけるなど、多角経営を行った。

写真2　ダーウィンの自宅前の村松治郎とハツ、1931年（木下家蔵）

商店経営は掛取引が主で、郵便での受注や販売を行い、決済は単年毎ではなく数年に及んだ。掛売損のリスクを負いながらも、長期的な取引関係を保って顧客の信頼を獲得したのだ。さらに資金繰りに窮した事業主から船を買い取り、一〇隻の採貝船を所有する大事業主となった。加えて、白人船主の船を預かったり、あるいは抵当権を持つ採貝船を運用したりして、実質的には所有船以上の船団を運営したのである。一九世紀後半から衰退期を迎えたコサックにおいて、地域経済を支えたのは村松商会であった。

事業拡大とともに村松は白豪主義（コラム2参照）の壁に直面することになる。帰化英国臣民だったために、西豪州が禁じた「有色外国人」の採貝船所有に抵触しなかったし、アジア系住民の真珠貝採取業を禁じた「真珠貝漁法」の成立（一九一二年）前に一〇隻の採貝船を所有していた。前述のいわゆる船の「名義貸し」は、アジア系の事業主を規制するために当局が禁止したものだが、利率や収支が記録された正当な商行為で、かつコサックの経済活動を支えたために、地元の役人は見逃したようだ。ところが漁場の枯渇に伴い、一九二〇年代に村松がダーウィンでの事業拡大を図った際には、所有船隻数に加えてアジア系乗組員の雇用許可が制限され、事業計画の見直しを余儀なくされた。親交があったH・G・ネルソン連邦下院議員宛の手紙には、英国臣民であってもアジア人であるが故にビジネスすら制限される理不尽に対する怒りが滲む。

さらに村松は、「アジア系」であるが故に連邦選挙人登録ができないことを不服として[5]、一九二三年に最高裁判所に訴えた。結果は敗訴であったが、連邦の選挙法に基づく選挙権の行使を訴えて最高裁判所の法廷に持ち込まれた初めてのケースであった。

英国臣民としての自負を持った村松だったが、日本との絆も大切にした。真珠貝漁の日本人出稼ぎ労働者を手配する上で有利な立場にあり、彼らへの気配りを忘れなかった。契約通りの賃金や支給品やボーナスに加えて、クリスマスや年末年始など祝日には酒類や贈り物を手配した。郵便為替や銀行手形を使って出稼ぎ者の日本への送金も代行した。第2章で紹介した藤田の回想記からも、村松に対する信頼と尊敬の念がうかがえる。作太郎の時代からの旧知に対しても、商取引や貸付などでも便宜を図っている[6]。日本の親族との緊密な関係も保ち続けた。ダーウィン転居後は、ティモール海・アラフラ海で真珠貝漁を展開し、村松の名声はアラフラ海出漁やダーウィンを訪れた日本人の間でも知られた。日本から最初にアラフラ海に出漁した丹下福太郎の船の送気用コンプレッサーが故障した折には、村松が貸与して助けているし、アーネムランド沖で日本漁船が拿捕された折にも、ダーウィンの日本人会とともにその解放に向けて奔走した。一九三六年に文部省航海練習船海王丸が予期せずしてダーウィンに入港した時には、乗船していた教官や職員や実習生に対して、真珠玉や真珠貝に加えて一頭分の牛肉を贈っている。

強制収容

太平洋戦争の勃発とともに、村松はヴィクトリア州のタツラ強制収容所に収容され、一九四三年に没した。強制収容での個人調書には当初「英国臣民」と記されていたが、後日「日本人」と書き直されている。[7]オーストラリアで生涯をかけて築いた事業が瓦解しただけでなく、敵性外国人として収容されたことは、彼の生きる力を失わせたであろう。英語が堪能で企業家として成功していた村松ならば、収容所生活でもリーダーとして適任だったが、収容所では目立たないようひっそりと暮らしていたと伝えられている。人生の最期で村松は、オーストラリア国内に居ながらにして国境から閉め出されたのである。

［注］

（1）戸籍名は「村松次郎」と確認されているが、本人の署名などは全て「治郎」と記載されているので、明らかに本人は「治郎」の表記を好んだと思われる。これまで筆者が公表してきた研究成果と同様に、本稿でも「村松治郎」と記述する。

（2）遺言が無かったために、遺産相続手続きには相続人全員の署名が必要で、治郎は一旦帰国する。治郎はオーストラリアの作太郎の資産を相続するとともに、日本の家族には多額の送金を約束した。

（3）当時はまだ英国植民地の時代だが、連邦結成後も「オーストラリア国籍法」が成立する一九四八年まで、オーストラリア国籍は存在しなかった。また国籍法成立後も一九八四年まで「英国臣民（British subject）」の地位は維持された。

（4）一八六九年生まれ。治郎の渡豪に先立って出立、ブルームで商店経営に携わった後にコサックに移動したが、その後間もなくして神戸に戻っている。遺産相続に際しては、一旦渡豪し、J & T Muramatsを立ち上げてから帰国した。

(5) 一九九二年のウェスタンオーストラリア州選挙のために選挙人登録を行うとともに、連邦政府選挙の選挙人登録の申請をした。しかしこの申請が却下されたために、最高裁判所に訴えたのである。敗訴とともに、ウェスタンオーストラリア州の選挙人登録からも登録が削除された〔Oliver (2008)〕。

(6) 村松の旧知に対する気遣いは、一九二〇年に帰国した折の覚書に記された行動から読み取ることができる。この記録に関しては、松本博之「1920(大正9)年の帰国—村松治郎の私生活と個性—」鎌田編『村松治郎(1878–1943)』所収論文を参照されたい。さらに残された帳簿には、日本人名を冠した人名勘定も多く含まれており、村松を取り巻く日本人の生活を読み取ることができる。帳簿に関しては、〔Kamada (2022)〕参照。

(7) 村松の強制収容に関しては、永田由利子「強制収容と村松治郎」鎌田編『村松治郎(1878–1943)』所収論文を参照されたい。

〔参考文献〕

ジョーンズ、ノーリン(北條正司訳)『第二の故郷—豪州に渡った日本人先駆者たちの物語』創風社出版、二〇〇三年(Jones, Noreen, *Number 2 Home: A Story of Japanese Pioneers in Australia*, Fremantle, Fremantle Arts Centre Press, 2002.)

鎌田真弓編『村松治郎(1878–1943):オーストラリアに生きた日本人ビジネスマン』二〇二〇年(https://www.nucba.ac.jp/en/university/library/discussion-paper/NUCB-K-22101.html)

鎌田真弓編『村松治郎とそのファミリー—日豪を繋いだ家族の肖像』二〇二四年(https://www.nucba.ac.jp/archives/189/202401/NUCB-K-23101.pdf)

Kamada, Mayumi, 'An Ethnographic Study of the J & T Muramats Account Books: Its Trading and Pearling Business in Cossack, Western Australia,' *NUCB Journal of Economics, Management and Humanities*, Vol.67, 2022.

Oliver, Pam, *Empty North: the Japanese presence and Australian reactions 1860s to 1942*, Darwin, Charles Darwin University, 2006.

Oliver, Pam, 'Citizens without certificates or enemy aliens? Japanese residents before 1947', in Joan Beaumont et al. (eds.), *Under Suspicion: Citizenship and Internment in Australia during the Second World War*, Canberra, National Museum of Australia Press, 2008.

第3章　トレス海峡をめぐる境界と移動

松本博之

1　トレス海峡諸島

トレス海峡諸島はオーストラリアの北東端、ニューギニア島との間に位置している（図1）。シドニー、キャンベラ、メルボルンなど大陸南東部の政治・経済の中心地から見ると、トレス海峡諸島はまさにオーストラリアの「地の果て」のように映る。日本地図を思い浮かべると、方向は異なるが、地理的および地政学的には沖縄最南端の波照間島や与那国島など八重山列島をイメージしてもらうと良いかもしれない。そこは一七の島々に人が住み[(1)]、大小のサンゴ礁が発達する熱帯の海域であり、八重山列島と同じように、一九七五年に独立したパプアニューギニアに隣接する国境地帯でもある。それゆえに、国境問題・防衛問題も絡み、政治的には遠く離れた州政府や連邦政府の中心地に最も近接する場所とも言えよう。

それに加えて、トレス海峡諸島は元々北側のニューギニアから張り出したメラネシア文化圏の一角であった。海峡内の島々と海峡北部のパプア南西岸の村々が緩やかな婚姻関係

（1）　人口規模は全く異なり、トレス海峡諸島の人口はヨーロッパ系二〇〇〇人弱、先住民系六〇〇〇人ほどである。

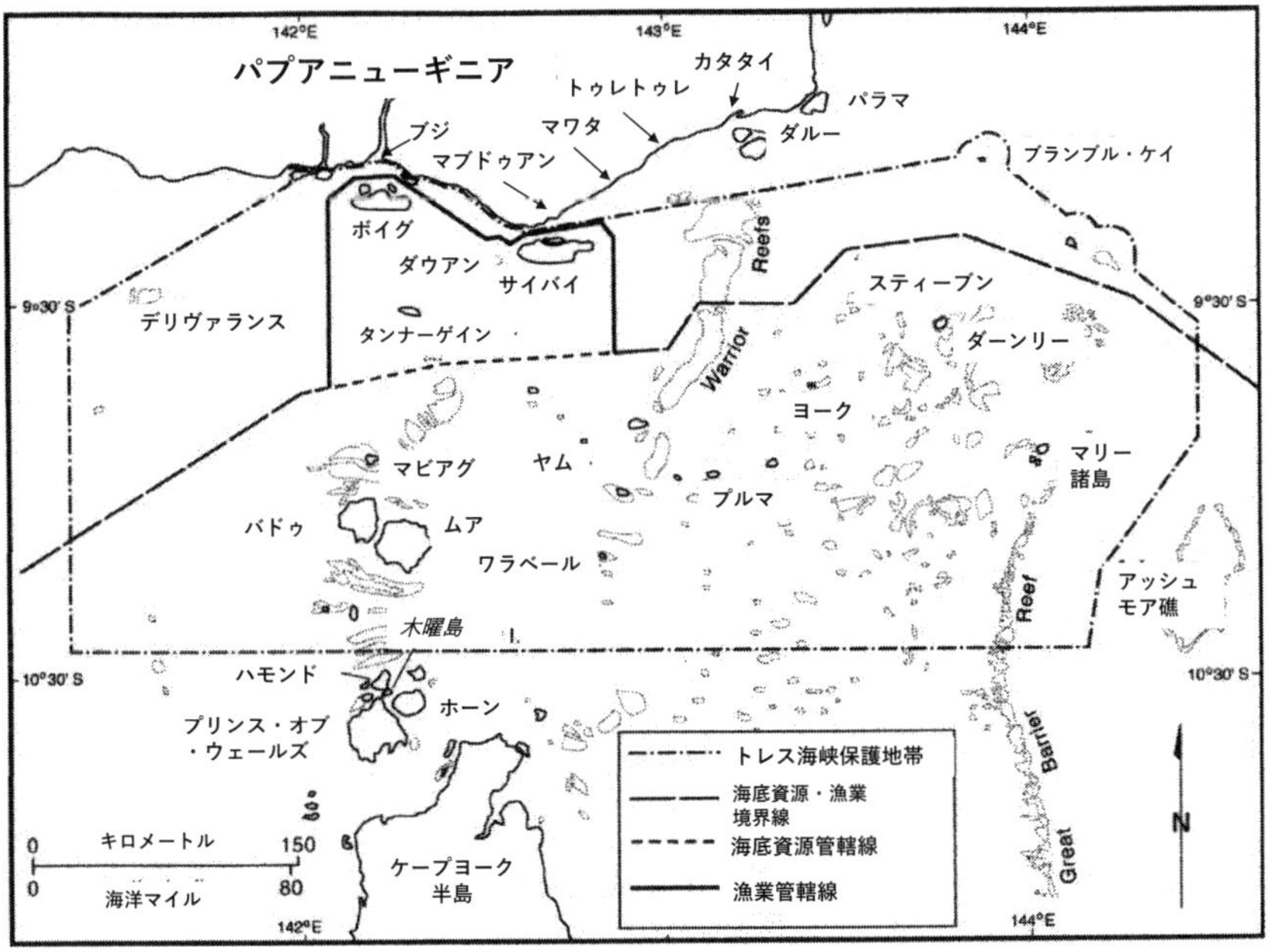

図1 トレス海峡諸島とトレス海峡条約(1985年)による国境等の境界

や交易システムで結ばれ、島と村、島と島の間で連鎖的に人や物の移動が見られる地域社会を形成していた。だが、一九世紀後半、ヨーロッパ諸国による植民地争奪の過程で、英国のオーストラリア・クインズランド植民地に組み込まれた。メラネシア系の人びとがオーストラリアの少数民族として白人の主流社会に巻き込まれることになったのである。

こうしたヨーロッパ諸国による植民地化の過程で在地の人びとの頭越しに境界が設定された地域はアフリカをはじめ世界の各地に存在する。ここでは、トレス海峡を事例として、植民地化以後の一五〇年近く、オーストラリアの国家形成過程で、境界が設定され、人および物の移動がどのように変容してきたのか、その輪郭を描いてみる。

2　植民地化による地域社会へのくさび

先にも述べたように、この海峡からニューギニアの海岸および内陸部にかけては、元々明確な「境界」はなかった。ただ、小規模な言語集団が割拠しており、一種の社会的境界はあったものの、互いに無関係であったわけではない。それぞれの言語集団は言葉の違いによる区別と並んで、〈海の人〉、〈海岸の人〉、〈内陸の人〉といった自称・他称を合わせ持っていた。そうした生態的環境に基づく区別は農耕、漁労、狩猟、採集といった複合的な生業活動において力点の違いを反映しており、社会的境界を越えて、それぞれの特産物を相互に補完する南北に鎖状に結ぶ複数の交易ルートが形づくられていたのである。(2)

とくに注目されるのは海峡の島々の生活で海上交通やサンゴ礁域での狩猟・漁労活動に使われたアウトリガーカヌーである（図2）。熱帯性サバナ気候

図2　親族の訪問と生産物の販売のために、パプア海岸のマブドゥアン村から海峡北部のボイグ島にやってきたアウトリガーカヌー（筆者撮影、1979年）

（2）Lawrence (1994) pp. 262–289. パプア側からはカヌー以外に、歌謡・ダンス用楽器のドラム、弓矢、鳥の羽、パンダナスの葉、サゴ・バナナなど、一方海峡の島々からは貝製道具、貝製の腕輪・胸飾りの装飾品、石製の棍棒、ジュゴン、ウミガメ猟用の銛柄などが主要な交易品であった。とくに真珠貝の胸飾りはこの海域を起点に、希少財として遠くニューギニア高地にまで至った。

の海峡の島々では、カヌーに適した大木が育たず、ニューギニア（パプア）の海岸部を仲立ちにして内陸部や東のフライ河口の村々からの供給に頼らざるを得なかった。だから、海峡諸島は北部のパプア側への依存性が強く、その結びつきが生命線だったのである。[3]

一八六〇年代に入ると、そうしたメラネシア的世界にくさびが打ち込まれはじめる。海峡がよそ者による植民地産業のナマコ・真珠貝採取業、キリスト教の布教、植民地行政の舞台になったからである。[4] 最寄りのクインズランド植民地政府はアジアと結ぶ海上航路の確保と真珠貝採取業の管理のために一八七八年沿岸島嶼法を制定し、翌年住民の頭越しに海峡北東部のダルー島とボボ島を除く海峡全域を植民地内に併合した。そのため、クインズランド植民地政府はニューギニア島の海岸線からわずか数キロメートルの位置に境界線を引くことになった。その後、パプア側は英国の保護領となり、一九〇一年のオーストラリア連邦結成後ほどなく、英領ニューギニアはオーストラリア連邦に移管された。[5] だから、白人の主流社会側から見れば、クインズランド州とパプア保護領との境界はさほど問題にならなかったが、海峡における真珠貝採取業や植民地行政の展開過程で、在地の住民の間では一種の境界性が形成されることになった。

まず、真珠貝採取業の展開である。海峡側では真珠貝採取の労働者としてメラネシア島嶼部・ポリネシアからの南太平洋系やマレー、フィリピン、日本などアジア系の出稼ぎ者を雇用し、島の人びととの混血が進行して新たな形質的特徴が形成され、後にパプア側の〈ニューギニー〉と区別される「トレス海峡諸島民（アイランダーズ）」という法制度上の新たな〈民族〉が生み出された。それと並んで、真珠貝採取業による貨幣経済の浸透に伴い、アイランダーズの間では海域での生業活動による自給生産の傍ら部分的に賃金労働者

（３） Beckett (1987) pp.25–26を参照

（４） これら三つのエージェントが三つ巴となって植民地体制を築く点については松本（二〇〇〇）を参照のこと。真珠貝採取業はその後一世紀にわたって海峡の基幹産業になった。

（５） 英領ニューギニア（パプア保護領）がオーストラリア連邦政府に移管されるまで、英領ニューギニアとクインズランド植民地の間では、その境界線に関して変更の議論はあった。Fisk and Tait (1974) pp.1–24を参照

図3　海峡側マビアグ島の近代的な小学校（筆者撮影、1975年）現在は1983年州政府の教育制度改革により、別の場所に一層整備された施設として改築されている。

図4　パプア側の複式学級の小学校、複数村に1校。遠方の小学生は学校近くの親族の家か学校敷地内の寄宿舎に逗留していた（筆者撮影、1979年）

化が進行した。アイランダーズは真珠貝採取業の日本人、その他のアジア系、南太平洋系という職階制の中で、雑役という最下級の職種を割り当てられた。一部のパプア系の人びと（ニューギニー）も雇用されたが、州政府の最低賃金制の枠外に置かれ、彼らの勤勉さにもかかわらず、アイランダーズより低賃金で雇用された。そうした真珠貝採取業の展開と植民地行政がこの地にエスニック・カーストの眼差しを芽生えさせ、アイランダーズの間にパプア人およびパプアの地に対する差別観を生み出すことになったのである。

もう一つ、海峡側はオーストラリア本土から流入する商品経済に組み込まれ、かつての交易によるモノの移動に変化をもたらした。小麦粉などの食料、衣類、斧・鍬などの道具類と並んで、二〇世紀への変わり目ごろから、海上での移動手段もアウトリガーカヌーから真珠貝採取船[6]や小型の木製ボートに置き換わった。教会の祝祭日などパプア側からの交易船が島々を訪れ島の友人たちに農作物も運んでいたが、ダンス用の楽器、鳥の羽、マット類を除いて、

（6）一九〇四年、ロンドン宣教協会の牧師F.W. Walker氏が海峡のアイランダーズのために、パプア産業会社を設立し、簡易な真珠貝採取船を建造して各島に貸し付け、漁獲売上から返済する方式を取り、海峡の島々に真珠貝船が普及した。Beckett (1987) pp.49-50を参照

アイランダーズのパプア側への需要は低下し、アイランダーズの目はしだいに南のオーストラリアの方へ向かうことになる。それでも、海峡域の島々の大半は一九一〇年代から第二次世界大戦までクインズランド州政府により〈原住民〉として社会的境界を設けられた「居留地（Reserves）」に指定され、島間の移動や白人の行政中心地木曜島での滞在も制限されていた。しかも労働による賃金は政府の保護官によって管理され[7]、消費物資の購入も島の政府経営の小さな店舗で通帳によるものであったから、食料・衣類を中心とした特定の消費物資の流入と小学校・教会の近代的な建築を別にすれば、海峡側とパプア側では生活の質は大きく隔たるものではなかった。

しかし、戦後は大きく様変わりした。クインズランド植民地併合後一世紀近く経った一九六七年、アイランダーズがようやくオーストラリアの国民的地位を認められたからである。その結果、オーストラリア本土でのプランテーションや鉄道建設、それに日系の真珠養殖場といった出稼ぎ労働への道が開かれ、また主流社会の国民と同じように、老齢年金・寡婦年金・子供の扶養手当といった社会福祉金を受け取れるようになった。一九七〇年代中頃から失業対策事業の開始や真珠貝採取業に代わるロブスター（ニシキエビ）漁のための小規模開発事業資金など政府の社会資本が投下された。さらには二一世紀にもまたがって、世界的な少数民族政策に対する批判の高まりとともに、小売ストア・通信施設の充実、住宅供給政策や水道施設・電力供給のパワーステーション・小規模飛行場といったインフラ整備も各島で進行した。そのために、アイランダーズの生活はオーストラリア本土からの移入物資にますます頼ることになり、見かけ上の生活環境は一変したのである。

（7） アイランダーズの賃金の二〇％は「島基金」の名目で天引きされていた。その天引き率は当時の白人労働者の税率を遥かに超えるものであった。Beckett (1987) p.49

3　パプアとの地域格差

一方、パプア側はオーストラリアの保護領、その後準州（Territory of Papua）としての治政下にあった。一部の地域ではコーヒー栽培や鉱山開発などが進展していたが、海峡北側の西部地区はフライ河の築いた低湿地をふくむ広大なデルタ地帯であり、目下のところ近代産業に見合う資源が見当たらない。低湿地のために道路網の整備もむずかしく、内陸部は獣道を徒歩で移動するか、小河川を利用したカヌーによる交通が一般的である。そのために、パプアの中でも最も開発が進んでおらず、海岸部の村々で脆弱な海洋資源であるナマコやバラマンディ（鱸の一種）を対象に一時的に産業化されることはあるものの、持続性がなく、都市部への人口流出と出稼ぎ者も多い地域であった。また、社会保障や社会資本の投下もなく、独立後の一九七九年に調査で訪れたマワタやマシンガラの村長は「パプアニューギニア政府は都市にばかり目を向けていて、われわれの村には農業機械一台さえよこそうとしない。これからは都市へ行って暮らす方がいいのか村で暮らして行けばいいのか、どうだろうね」と相談を持ち掛けていた。

因みに、表1は当時の〈海岸の人〉と〈内陸の人〉が西部地区の町場ダルー島の公設市場で販売していた商品である。村々の生態的環境から得られる農産物か狩猟・漁獲物および工芸品ばかりである。農作物をはじめとした食料品は町場に住む村々からの移住者と公務員に向けたものである。町場には白人経営のスーパーマーケットもあったが、町場の住

表1　パプア南西部の海岸および内陸の村々からダルーの市場に持ち込まれる商品

種族名（海岸民・内陸民）	農作物	獣肉・魚介類	工芸品・その他
オモロ・ハアルビ（海岸民）	タロイモ・ヤムイモ・サツマイモ・バナナ・ココヤシ・パパイヤ・マンダリン	ウミガメ・ワタリガニ・ニシキエビ・魚介類	狩猟用銛柄・銛頭・ウチワ・サディ（毒漁用ツル草）
フライ・キワイ（海岸民）	ココヤシ・サゴ	魚介類	アウトリガーカヌー
ビネアモ・ハアルビ(内陸民)	タロイモ・ヤムイモ・サツマイモ・コケア・スイカ・トマト・キャベツ・マンダリン	野ブタ・ワラビー・シカ・鳥類肉	籐イス・木彫り細工・バスケット・バッグ・ドラム（楽器）・ウチワ・ニッパヤシ（壁材）・蜜蝋・水蛇の皮・サディ（毒漁のツル草）
ギデラ・ハアルビ（内陸民）	タロイモ・ヤムイモ・サツマイモ・バナナ・ココヤシ・サゴ	野ブタ・ワラビー・シカ・鳥類肉	ヘッドドレス（ダンス用頭飾り）・木彫り細工・ドラム（楽器）・水蛇の皮・蜜蝋・鳥類の羽
ギズラ・ハアルビ（内陸民）	タロイモ・ヤムイモ・サツマイモ・ココヤシ・バナナ	野ブタ	ヘッドドレス（ダンス用頭飾り）・クンディドラム（手下げドラム）
アゴブ・ハアルビ（内陸民）	タロイモ・ヤムイモ・スイカ	野ブタ・ガチョウ	マット・バッグ・バスケット・ホウキ・ウチワ・弓矢・ヤシ油・サディ（毒漁用ツル草）
バムー（キワイ河口部）	サゴ・バナナ・ココヤシ		アウトリガーカヌー

＊　種族名は言語を基準にした名称であり、オロモ・ハアルビ（海岸の人）のマワタ村での聞き取りによる

民の日常生活の食材はこうした村々からの供給と並び、村からの移住者の老年世代が町場の家近くで手掛ける農産物と青壮年男性による漁獲物、スーパーから購入する高価格の小麦粉・米・紅茶と各種の調味料で成り立っていた。それらの商品の中には海峡側とのかつての交易品（工芸品）も見られ、パプアの海岸部や内陸部では旧来からの生業活動の色彩を多く留めていたのである（図4、図5）。

こうした生産物は同時にニューギニアに近い北部の島々へも持ち込まれる。背景に親族をはじめとした社会関係があるが、それはかつての交易と言える形式のものではない。パプア側のマブドゥアン村やそのはる

図5　ボイグ島の対岸、パプア側のブジの集落。家屋は在地で入手可能な材料ばかりである（筆者撮影、1979年）

図6　対岸のブジ村からボイグ島に持ち込まれる販売品〔出典：Lawrence (1994) p.380〕

か西のブジ村は公設市場のあるダルー島から五〇キロメートル以上も離れており、低馬力の船外機を装備したアウトリガーカヌーでは往復に長時間かかり、対岸数キロメートルの位置にある海峡側のサイバイ島やボイグ島に親族訪問も兼ね境界を越えてやってくるのだ。タロイモやサツマイモなどの農産物、マングローブ蟹、森の獣肉、マットや工芸品のカゴ類、弓矢、ヤシ油、鳥類の羽、注文があれば内陸の人びとが製作する楽器のドラムなども運んでくる（図6）。パプア側からの売り手はアイランダーズへの販売で現金を手にするが、それを村に持ち帰るわけではない。もっぱら島々の小売ストアで小麦粉・米・紅茶などの食料品、塩・砂糖・ソースの調味料や日用品、それに時には衣類などの商品を購入する。一方海峡側からは渇水期に飲料水の購入に出かけるのが唯一の機会であった。このように、真珠貝採取業に伴った賃金格差や戦後の生活環境の違いが、一方ではアイランダーズは友人（Kapuigalaig）だと言いながら、心根にはパプア側の人びとへの差別視も見え隠れするのである[8]。

（8）　たとえば、パプア側のブジ村では、「われわれはアイランダーズの言葉を理解しなければならないけど、彼らはわれわれの言葉を一向に理解しようとはしない」と苦笑しながら語っていた。

4 パプアニューギニアの独立とトレス海峡条約

こうした境界を越える生産物販売と並んで、パプア側の人びとが旧来の交易で関係の深かった海峡北部の島々や一部中部の島にも一家で長期滞在し、島に残った老人の世話、家事、庭の草刈り、ペンキ塗りや畑仕事など便利屋として雑用に従事し、わずかな賃金を得ている人たちもいた。また一九七〇年代後半以降海峡側で主要な現金収入源となったロブスター漁や海峡内の日系真珠養殖場に出稼ぎ者として従事するケースもあった。そしてパプアの海岸部の人びとはウミガメ猟や漁業のために、旧来からの漁場である海峡中東部のサンゴ礁ワッパやワリアにもカヌーで出かけていたのである。

そうした境界を越えたパプア側からの人や物の移動と海洋資源利用が持続している状況下にあって、この海峡に新たな境界問題が生じた。一九七五年のパプアニューギニアの独立である。国境の策定に当たり、さまざまな問題点が生じた。一八七〇年代末クインズランド植民地政府によって設定された当時の境界は一九五八年・六〇年のジュネーブ国連海洋法会議の条約に照らしても、異常なものであった。当初パプアニューギニア側は当然のことながら、海峡の南北中軸線の国境を主張した。オーストラリア連邦政府も南緯一〇度の中軸線案を了承しようとしたが、トレス海峡諸島のアイランダーズは〈独立〉に心惹かれるものの、国境の変更は目下オーストラリアの福祉政策のもとで享受している各種の社会保障や社会資本の投下を諦めざるを得ない。それゆえ、アイランダーズは国境の変更に反対し、

図7　筆者たちが海峡北部の島サイバイを訪れた時、未だ条約締結以前であり、国境変更への反対運動が展開されていた（筆者撮影、1975年）

クインズランド州政府も当時対立していたオーストラリア連邦政府に反発して国境変更反対のキャンペーンを張ったのである(9)（図7）。連邦政府は独立以前から調査委員会を設け、問題点を洗い出し、オーストラリアとパプアニューギニア両政府による協議を経て、独立から一〇年後、国際条約である「トレス海峡条約」が批准・施行されたのである。

それは「開かれた国境」とよばれる特異なものであった(10)。要点は国際海洋法の規定と当時の海峡をめぐる人の移動や資源利用を考慮しなければならなかったということである。条約の前文に掲げられた「トレス海峡諸島とパプア南西岸の伝統的住民による短期間の親族訪問や交易のための自由往来、伝統的活動の実行、伝統的な慣習的権利の行使(11)」を考慮した特異な国境が策定された。領土に関する主権、漁業資源の管轄線、海底資源の管轄線が個別に線引きされ、なおかつ海峡の中央部に、それらの線引きの両側にまたがる「トレス海峡保護地帯」の領域を設定したのである（図1）。

領土の主権としては旧来のクインズランド州管轄域にあったパプア南西岸に隣接する北部の三島とその三カイリの領海を飛び地としてオーストラリアの管轄下に置き、帰属の変更を避けた。ただし、海底資源の境界は当初パプア側が提案した南北中軸線を考慮して、中軸線のやや北寄りに設定されたが、漁業管轄線は海底資源の線引きとは一部異なり、北

(9)　パプア側の村で滞在調査した折、村長は一応名目的に独立したこともあり、収入の多くを社会福祉金に頼っている現状を知ってか、「海峡の島人らは、島という囲いの中で白人に飼われているブタと一緒じゃないのかね」と皮肉を言っていた。

(10)　詳しくは松本（二〇〇二）を参照

(11)　Department of Foreign Affairs (1985) p.1.

部三島の「トップハット（山高帽）」（図1の実線部）を加えた境界が設定された。そのため、海底資源と並んで、漁業管轄域では、旧来の境界線を変更し、パプア側からの従来のサンゴ礁利用を考慮したわけであるが、国際的国境としてはパプア側に不利なものであった。そこで、トレス海峡条約の柱である「伝統的住民の伝統的な生活様式と生計を保護すること」のために設定された「保護地帯」内では、国境両側の伝統的住民の自由往来と伝統的生業活動での漁業管轄線を越えた相互入漁を許容し、それぞれの管轄領域総漁獲量の上限二五％までの捕獲を認めたのである。しかし、そこには自家消費に向けた「伝統的漁業」という制約があった。そして、保護地帯内での伝統的活動のための移動は住民の便宜を図り、外務省や税関の手を経ず、それぞれの村長の許可証があれば、通行可能としたのである。

5　トレス海峡条約以後

条約締結以降、この海峡は一方では国境地帯として監視が強化されたのであるが、他方では「開かれた国境」ゆえの問題性も見られ、最後にその点に少し触れておこう。

二〇〇〇年に海峡諸島を訪れると、それまで一度も経験したことはなかったが、海峡側の町場である木曜島の税関吏や警察官から職務質問を受けた。「木曜島の代理店で海図を購入しなかったか」と。その頃、オーストラリアではボートピープルの密入国が増えていたからである（第8章、第9章参照）。それは主としてオーストラリア北西部のインドネシアからであったが、トレス海峡も、その「開かれた国境」ゆえに、政府機関の監視が強化された。税関の職員によって頻繁に島々の巡回が行なわれ、木曜島の軍事施設も整備されたのである(12)(図8)。

併せて、条約締結以降最も顕著なのは農業州であるクインズランドの「検疫」体制である。パプア住民による農産物や陸上生物およびその肉類の持ち込みが禁止され、海産物かドラム、マット、弓矢などの工芸品だけが許可された。海峡側の島々の前浜には、図9のように、検疫局の看板が高々と掲げられ、アイランダーのモニター用員も常住する。さらに、海峡から本土へのゲイトウエイであるケアンズ空港では、より一層厳しく検疫犬によ

図8　木曜島の主要桟橋に横付けされた税関の最新装備の巡視船とスピードボートの監視船(筆者撮影、2007年)

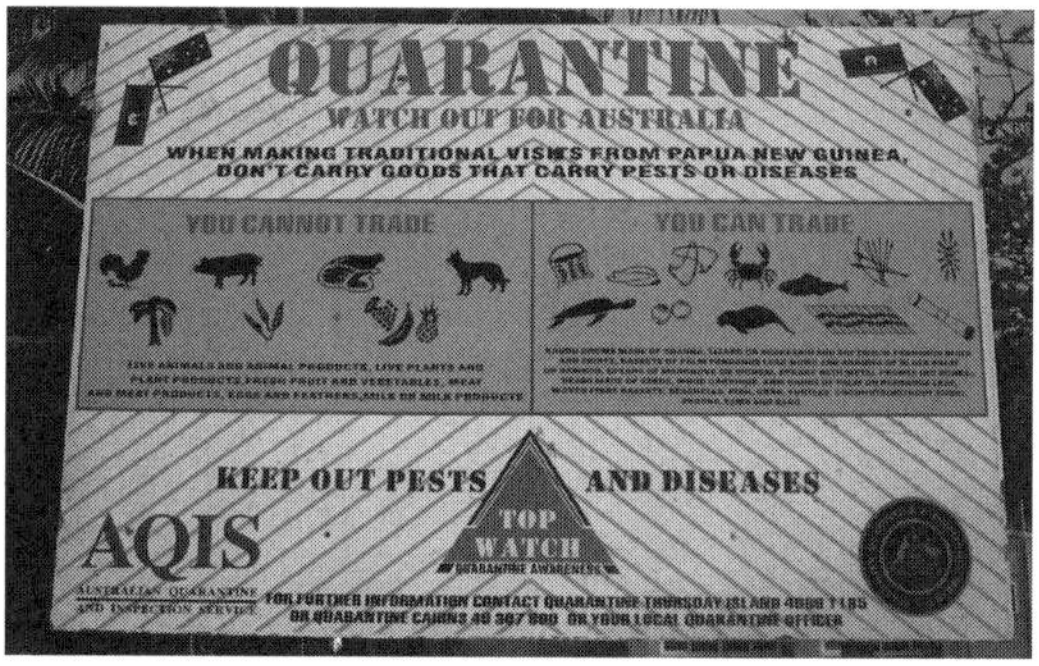

図9　トレス海峡の島々に建てられた交易品に関する警告(筆者撮影、2003年、マビアグ島)

(12) それと並んで、国境・国防問題としては、海峡側から銃器、パプア側からの大麻の密輸も懸案事項である。またパプアニューギニアに近いソロモン諸島やフィジー諸島の政変、それに近年の中国によるオセアニア世界への接近もあり、「開かれた国境」(オープン・ボーダー)がオーストラリアの主流社会から見ると、国家の「裏口」としての弱点と考えられている。

る検査も実施され、アイランダーズやアジア系の人間に関してはとくに厳しい眼差しを向けており、そこにも社会的境界は明確である。だから、アイランダーズには「「保護地帯」の設定によって当初われわれを守ってくれるものと思っていたが、一体誰を守っているのか」といった疑心暗鬼もある。(13)

一方、条約の施行とともに、それまでパプア側から来住していた人びととの選別が行なわれた。故郷に帰るか島にそのまま留まるかの選択を迫られたのである。長年の居住実績があり、島の評議会の承認を得たものには帰化証明書を発行してオーストラリアの国籍が与えられた。(14) 帰った人びとには短期の訪問のみが許された。また、条約締結以降、パプア側ではダルー島に干しナマコの仲買業者や水産加工業者が現れ、漁業管轄線を越えた商業漁業としての〈密漁〉も出現した。だが、資源は脆弱であり、仲買業者に持続性がなく、買上げ価格も安い。(15) 一方トレス海峡側では脆弱な資源量のために好不漁の波を伴いながらもロブスター漁が基幹漁業になった。高馬力の船外機を装備した合金製ディンギーの生産手段(図10)と流通網の整備により安定的に取引されるため、パプア側の青壮年者が短期間の親族訪問を理由に、小規模企業家や帰化したパプア系の親族に雇われた出稼ぎ労働者としてかなりの期間滞在しているケースも見られるよう

図10　ロブスター漁に従事するパプアからの出稼ぎ者。浜辺に停泊するのが高馬力船外機装備のディンギー(筆者撮影、2003年、マビアグ島)

(13) Lui (1994) pp.71-72.

(14) 彼らの中には、トレス海峡よりもオーストラリア本土が魅力的であり、機会を得れば、南へ移動してしまうのである。海峡北部の島々では「ニュー・サイバイアン」や「ニュー・ボイグ・ピープル」と呼ばれ、第二村民として、同等の地位を与えられていない。

(15) 田和(一九九五)二一一-二一四頁。海峡の産業育成にとって、最大の問題点は植民地産業の開始以来、流通が主流社会の仲買業者に委ねられていることである。買上げ価格は彼らの指し値である。

図11　海峡側の島々に整備された簡易診療所（筆者撮影、2007年、マビアグ島）

になった。出稼ぎで得た金は島のストアで入手可能な商品の購入に充てられ、故郷の村へ送るか、当人が持ち帰るわけである。アイランダーズは自分たちに支障が生じないかぎり、出稼ぎ労働を容認している。

さらに、国境両側のインフラ整備の違いが次の点にも現れる。医療設備の問題である。海峡域の島々には、簡易な医療診療所が設けられている（図11）。とくに、パプア南西岸に近いボイグやサイバイの島々では、隣接するパプア南西岸の村びとにとって、五〇キロメートル以上離れた西部州の中心地ダルーの病院へ出かけるよりもほんの数キロメートルの海峡の島々のほうが接近しやすい。だから、親族訪問や、とくに緊急の際や重病の場合には島々の診療所で受診する。そこで手に負えない場合は海峡側の町場木曜島の病院へ空路で運ばれることもある。そうした緊急措置に対してはともかく、島の診療所での常備品は島の人口に見合った量しか用意されていない。そのため、ときには薬剤など、パプア側の需要が高く、アイランダーズを困らせる事態も生じている。条約で短期の親族訪問が認められ、村長による証明書で移動が可能であるから、パプアからの訪問は条約以前に比べると年によっては一桁違うほどにまで上ることもある。しかし、人命にかかわる問題だからと、オーストラリアの健康・高齢者省の官僚の中には、これもトレス海峡条約の「伝統的住民」の海峡の島々への訪問、あるいはオーストラリアからの海外援助の一環といった解釈をする者もいるのである。

このようにトレス海峡をめぐる旧来の伝統的な互酬的地域社会が植民地化と市場経済化の過程でくさびを打ち込まれ、オーストラリアの国家政策によって境界の両側に地域格差を生み出してきた。そして今日、北から南への人の移動が一〇〇％に近く、アイランダーズの間ではその地域格差を植民地化以後もたらされた社会進化論的な眼差しで評価する傾向もある。オーストラリアの多文化主義政策の過程で、アイランダーズにはアイラン・カスタム（Ailan Kastom　俺たちのやり方）という自覚が生まれた。それは、社会的境界のある白人の主流社会とパプアの〈ニューギニー〉を鏡として映し出されているのである。(16)

［参考文献］

田和正孝『変わりゆくパプアニューギニア』丸善ブックス、一九九五年
松本博之「トレス海峡諸島の地域社会—植民地システムと住民」熊谷圭知・西川大二郎編『第三世界の地誌を描く—ローカルからグローバルへ』古今書院、二〇〇〇年
松本博之「「トレス海峡条約」と先住の人びと」小山修三・窪田幸子編『多文化国家の先住民—オーストラリア・アボリジニの現在』世界思想社、二〇〇二年
Beckett, Jeremy, *Torres Strait Islanders: Custom and Colonialism*, Cambridge, Cambridge University Press. 1987.
Department of Foreign Affairs, *The Treaty between Australia and the Independent State of Papua New Guinea*, Canberra, Commonwealth Australia, 1985.
Fisk, E. K et al. (eds.), *Torres Strait Islanders, Vol.V, The border and associated Problems*, Canberra, Research School of Pacific Studies, Department of Economics, Australian National University, 1974.
Lawrence. David, 'Customary Exchange across Torres Strait,' *Memoirs of the Queensland Museum*, Volume 34, part 2, 1994.
Lui, G. Jnr, 'Background to Torres Strait Regional Government', in P. Jull et al. (eds.), *Surviving Columbus: Indigenous People, Political Reform and Environmental Management in North Australia*, Darwin, NARU, Australian National University, 1994.

(16) ただ、この章で述べたことは海峡のアイランダーズの眼差しやオーストラリア側から捉えられている。しかし、境界の向こう側に立つと、そこからの眼差しには違った光景が展開しているはずである。私がかつて境界の向こう側に立ったとき、最も衝撃を受けたのは境界を挟む両側から見えている人びと自身の眼差しの違いであった。

column4

アラフラ海の偽装船

松本博之

トレス海峡といえば、日本人には何よりも木曜島である。今日でも中学や高校の地図帳に漢字で記されている。明治一〇年代から太平洋戦争まで真珠貝採取業への出稼ぎ者として多くの日本人が渡豪したからである。ここでは、それと関連したアラフラ海における太平洋戦争勃発時のエピソードを一つ紹介する。この内容は戦後実際の経験者が厚生省援護局に申請した書類に基づいている。

アラフラ海出漁

アラフラ海は高級貝ボタンの素材白蝶貝（大型の真珠貝）採取漁場の一つであった（図1）。オーストラリアへの日本人出稼ぎ者と並んで、一九三一年以降アラフラ海の公海で日本人が直接出漁するようになる。一九三七年には当時委任統治領であった南洋群島のパラオを基地として一二〇隻あまり出漁し、世界漁獲高の半ば以上を産出した。太平洋戦争直前の一九四一年には四二隻が出漁したが、英・米の外地資産凍結令によりアメリカへの販路が断たれ、出漁船は八月・九月にパラオへ引き上げたのである。

その時、パラオの海軍軍令部の将校が採貝船を管理する日本真珠会社の幹部を呼び出し、「軍より一定の金額を会社に支給する。そ

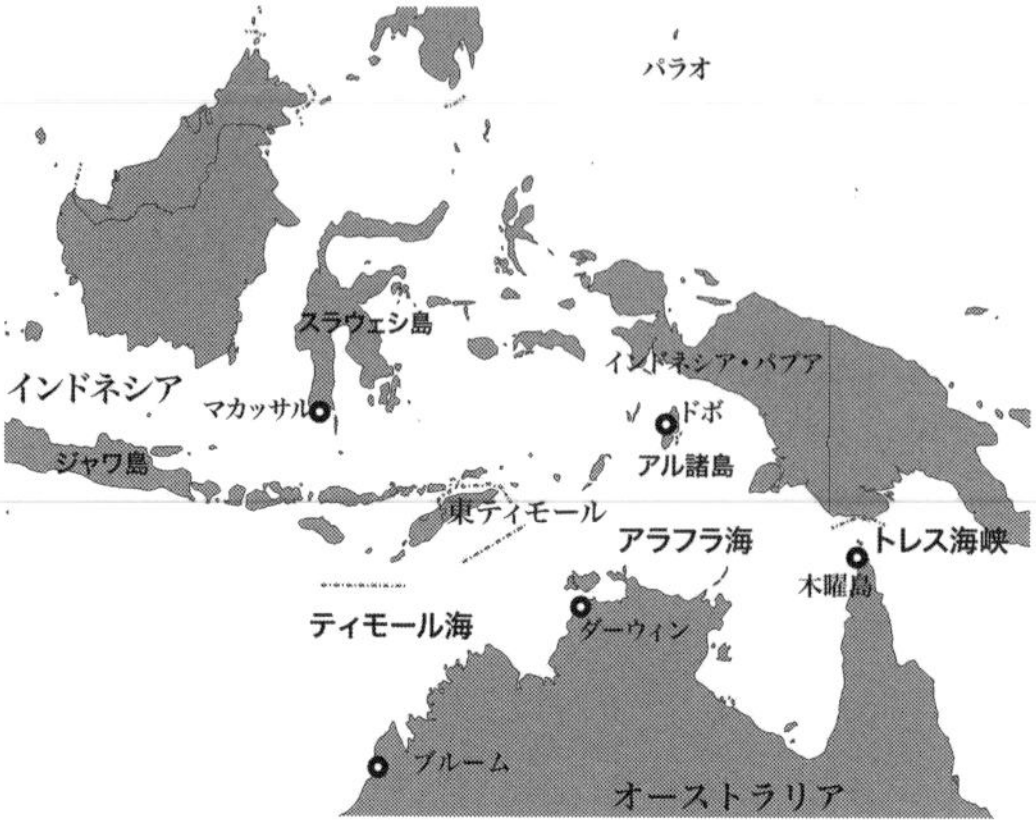

図1　アラフラ海およびその周辺

の代償として運搬船二隻と採貝船数隻で再びアラフラ海へ出漁すること」を指示した。運搬船皇国丸（一六一トン）とニューギニア丸（一三一トン、図2）の二隻には軍人も乗り込み、指揮にあたった。各運搬船は真珠貝船四、五隻と船団を組み、前者がダーウィン近海を、後者がトレス海峡からポートモレスビー周辺の情報収集を行ったらしい。記録の著者は皇国丸船団の第三セレベス丸に乗船していた。

偽装船の準備と木曜島操業船との遭遇

現地徴用の乗組員たちは部隊に配属され、わずか一〇日間の急ごしらえの手旗信号、モールス信号、天測、気象などの特殊教育を受けた。指揮船皇国丸とともに小型無線機を装備した第三セレベス丸で九月二五日パラオ・マラカル港を出発、一〇月五日に真珠貝採取漁場の一つ「ダーウィン沖」に到着。偽装潜水をしながら、軍港でもあるダーウィン出入港の艦艇および商船などの動静を皇国丸に暗号連絡したのであった。

当時木曜島の出稼ぎ者であった城谷勇氏によると、トレス海峡で情報収集を行っていたニューギニア丸船団の高千穂丸が海峡で偶然木曜島からの採貝船に遭遇した。偽装船の乗組員から、「近々戦争が始まるかもしれないとの極秘情報があり、われわれも近くアル諸島に集結し、パラオ島に帰るように命令を受けている。もし日本へ帰りたいなら、一緒に帰国しないか」との誘いがあったらしい。周辺で操業していた数十名の日本人出稼ぎ者はその情報に驚いたが、相談の結果、木曜島在住の日本人と出稼ぎ者に迷惑をかけるからと同行を断念したようだ。ほどなく戦争が勃発し、木曜島の出稼ぎ者三〇〇名余りは逮捕され、その後オーストラリア南部のヘイ収容所に戦争終結の翌年ま

図2　1937年に進水したニューギニア丸〔出典：友信（1977）、口絵〕

で丸四年隔離収容されたのである。

偽装船の悲惨

一方、第三セレベス丸は一二月五日「国際情勢悪化のため、直ちにパラオへ帰還せよ」との命令を受信。全速力でダーウィン沖からパラオへ航走。真珠湾攻撃の一二月八日一六時頃敵機来襲。蘭印のオランダ空軍による激しい機銃掃討を受けた。夕刻まで攻撃が繰り返され、機関室・甲板・喫水線に弾丸が食い込み、海水をかきだす作業を続行。九日の夜明け、ニューギニア西南端を航行中、黒煙を上げる皇国丸を発見。海面すれすれに飛ぶ敵機の来襲。爆音と機銃掃討音が一瞬のうちに過ぎ、二回目の攻撃音がない。身を潜めた船倉から甲板に上がると、皇国丸が敵機の集中攻撃にさらされ、中央から火柱が上り、黒煙が船体を包んでいた。敵機が引き返したあと、皇国丸からボートを下ろし、船員が脱出。ボートに向け航走。六人を救助したが、一〇人が戦死したらしい。

第三セレベス丸は九日、一〇日の攻撃で燃料タンクにも穴が開き、それを木栓で塞ぐが、振動のため木栓はすぐに緩む。夜半に燃料を別のタンクに移し、死に物狂いで一一日午前八時三〇分ごろ南洋群島最南端の軍の常駐するトコベ島にたどり着く。全速力で突進し、トコベのサンゴ礁に乗り上げたという。乗組員一一人のうち、機長・潜水夫・甲板員の五人が沖縄県出身者であった。パラオでは、南洋興発のサトウキビ栽培と南興水産のカツオ漁の従事者の大半が沖縄出身者であったことはよく知られているが、アラフラ海出漁の真珠貝船にも乗っていたことはほとんど知られていない。それはともかく、アラフラ海出漁の運搬船・真珠貝船は戦時中軍に徴用され、乗組員の一部は軍属として従事するが、その後どのような運命をたどったかはこの出来事が予告しているだろう。

［参考文献］
友信孝『アラフラ海と私』（非売品）日宝真珠株式会社、一九七七年

第4章　海のフロンティアと越境移動
——マカッサンがオーストラリアに向かうまで

長津一史

1　マカッサル市博物館

二〇二三年三月、インドネシアのスラウェシ島周辺に住む海民バジャウ人の移動史を調べるために、同島南部の中心都市マカッサル市に立ち寄った。このとき、市内にあるいくつかの博物館を訪れた。

インドネシアの地方都市の博物館で刺激に満ちた展示に出会うことは、これまであまりなかった。この国では、一九九〇年代末までの約三〇年間、開発独裁と評されるスハルト大統領の政治体制が続いた。その時代に標準化された文化表象のあり方——民族衣装や伝統家屋、民具等の目録的な羅列——が、地方の博物館では展示のひな形であり続けているからである。

しかし、今回訪れた博物館のひとつ、「マカッサル市博物館」では、そうした従来のイメージが覆された。[1]この博物館では、常設展の一部で、一九世紀以前のインドネシア（尼）・オーストラリア（豪）関係に焦点をおき、スラウェシ島の海民とオーストラリアの先住民アボ

(1)　マカッサル市博物館は、二〇〇〇年にオランダ植民地期の旧市庁舎を使用して開設された比較的、新しい博物館である。他に、マカッサル市には、オランダ東インド会社が築いたロッテルダム要塞内に設置されたラ・ガリゴ博物館や、ゴワ・タロ連合王国の要塞ソンバ・オプ地区に建てられたパッティガッロアン博物館などがある。ラ・ガリゴは南スラウェシに伝わる神話的叙事詩を指す。パッティガッロアンは、ゴワ・タロ連合王国で一七世紀初頭に宰相を務めた人物の名である。

図1　マカッサル市博物館（筆者撮影、2023年3月）
オランダ植民地期の旧市庁舎を使用している。インドネシア・マカッサル市

リジニとのナマコ漁を媒介とする交流を跡づけていた。地元出身の若き学芸員は、その交流史とそこでのスラウェシ海民の役割、アボリジニへの文化的影響について流れるように説明した。一九世紀以前に豪尼の在地住民どうしが交流を持っていたこと自体は、一九七〇年代から世界的に知られるようになっている。歴史的事実にではなく、その歴史と深く関わるマカッサル市の博物館が、首都ジャカルタを介さずに地元の視点で豪尼間の越境（国際）交流に着目していたことに、良い意味で驚いたのである。

インドネシア諸島民とオーストラリア北岸のアボリジニとの接触は、遅くとも一八世紀前半、おそらくは一七世紀中に、つまりイギリス人がオーストラリアに到達した一八世紀後半よりずっと早い時代に始まった。オーストラリアの歴史研究者たちは、一九八〇年代以降、この交流史を手がかりにヨーロッパからの移民を中心に定位してきた自国史の描き方を見直すようになった[2]。

他方、インドネシアの研究者らは、こうした交流史に——それを単発的なテーマとして取りあげることはあっても——あまり強い関心を寄せてこなかった。マカッサル市にあるいくつかの博物館でも、在地の漁民たちが拓き紡いできた南の隣人との交流史は長らく関心の外にあった。

（2）　Clark and May eds. (2013)

しかし、ここ一〇年強ほどのあいだに、おそらくオーストラリアの研究者や学芸員の呼びかけに応じるかたちで、少なからぬインドネシア人研究者がその歴史に注目するようになり、近年では博物館もその歴史に目を向け始めた。それでも、インドネシアでナマコ漁を介した豪尼関係を常設展の一部に据えたのは、マカッサル市博物館がはじめてだろう。学芸員氏によれば、ここに右記の常設展がおかれたのは二〇一五年のことである（それ以前も一時的な特別展はあった）。

植民地化以前の豪尼関係を手がかりに、かつて公然と白豪主義を称していた自らの歴史を脱構築しようとするオーストラリアの知的潮流は、インドネシアにも伝わり、研究者のほか、両国の学芸員やアーティストが国境を越えた歴史とアイデンティティを再構築する共同作業に取り組むまでになりつつある（コラム5参照）。

さて、こうした一九世紀以前の豪尼交流史のなかで、インドネシア側の主要アクターだったのがマカッサンと呼ばれた海民たちである。この章では、マカッサンの一集団であるバジャウ人がオーストラリア北岸に至るまでの移動の歴史を辿り、それが植民地勢力の東南アジア進出を含む様々な政治経済的文脈のもとに展開したかれらのフロンティア拡大の歴史であったことを簡潔にまとめてみたい。

2　マカッサンとバジャウ人

スラウェシ島南部を拠点とする海民集団マカッサンは、一七世紀ないし一八世紀前半から、プラウと呼ばれる木造帆船の船団を組織し、毎年一二月頃に始まる北西モンスーンにのってオーストラリア北岸まで航海した。かれらは目的地でナマコ、べッコウ、シロチョウ貝などの海産物を採捕し、三~四月の南東モンスーンとともにスラウェシ島に戻ってきた。オーストラリア北岸の漁場は、アーネムランドや北西岸のキンバリー周辺に広がっていた。マカッサンは前者をマレゲ、後者をカユ・ジャワ(「ジャワの木」の意味)と呼んでいた(図2参照)。

一八世紀以降、この出漁航海で特に重要な産物になっていたのが熱帯産ナマコである。マカッサンはサンゴ礁の浅瀬で手や銛、あるいは帆を利用した底引き網でこれを採捕し、乾燥・燻製し、スラウェシ島のマカッサル港に持ち帰った。ナマコをはじめとする海産物はマカッサルで華人商人に売却され、ジャンク船で中国に輸出された[3]。

オーストラリア北岸への出漁時、マカッサンはカヌーや鉄製の斧、釣り具などの物質文化をアーネムランドなどに住むアボリジニに伝えた。アボリジニはそれらの物資を報酬として受け取り、ナマコの採捕ないし加工に従事していたと考えられている。両者のあいだには通婚関係も紡がれた。アボリジニのあいだでは、岩絵や樹皮画、口頭伝承のなかにマカッサンの記憶が残されている[4]。

植民地史料にマカッサンの名で記録された人びととは、マカッサル、ブギス、ブトン、マンダル、バジャウ(バジョ)など、スラウェシ島南部を拠点とする多様な民族集団で混成されていた。これらの集団のなかでも、特にナマコをはじめとする海産物の採捕に長けており、マカッサンの南方への漁場拡大に主導的な役割を果たしたのがバジャウ人である[5]。

各国の二〇〇〇年国勢調査によれば、フィリピン、マレーシア(ただしサバ州のみ)、イ

(3) Macknight (1976)

(4) Macknight (1976), Chaloupka (1996)

(5) バジャウとは植民地史料や研究者のあいだで一般化した民族名称で、もともとはフィリピンやマレーシア・サバ州で周辺の他民族がかれらを呼ぶ際に用いた他称である。インドネシアではバジョという呼称が広く使われている。かれら自身は自らを「サマ」と呼ぶ[長津(二〇一二)]。

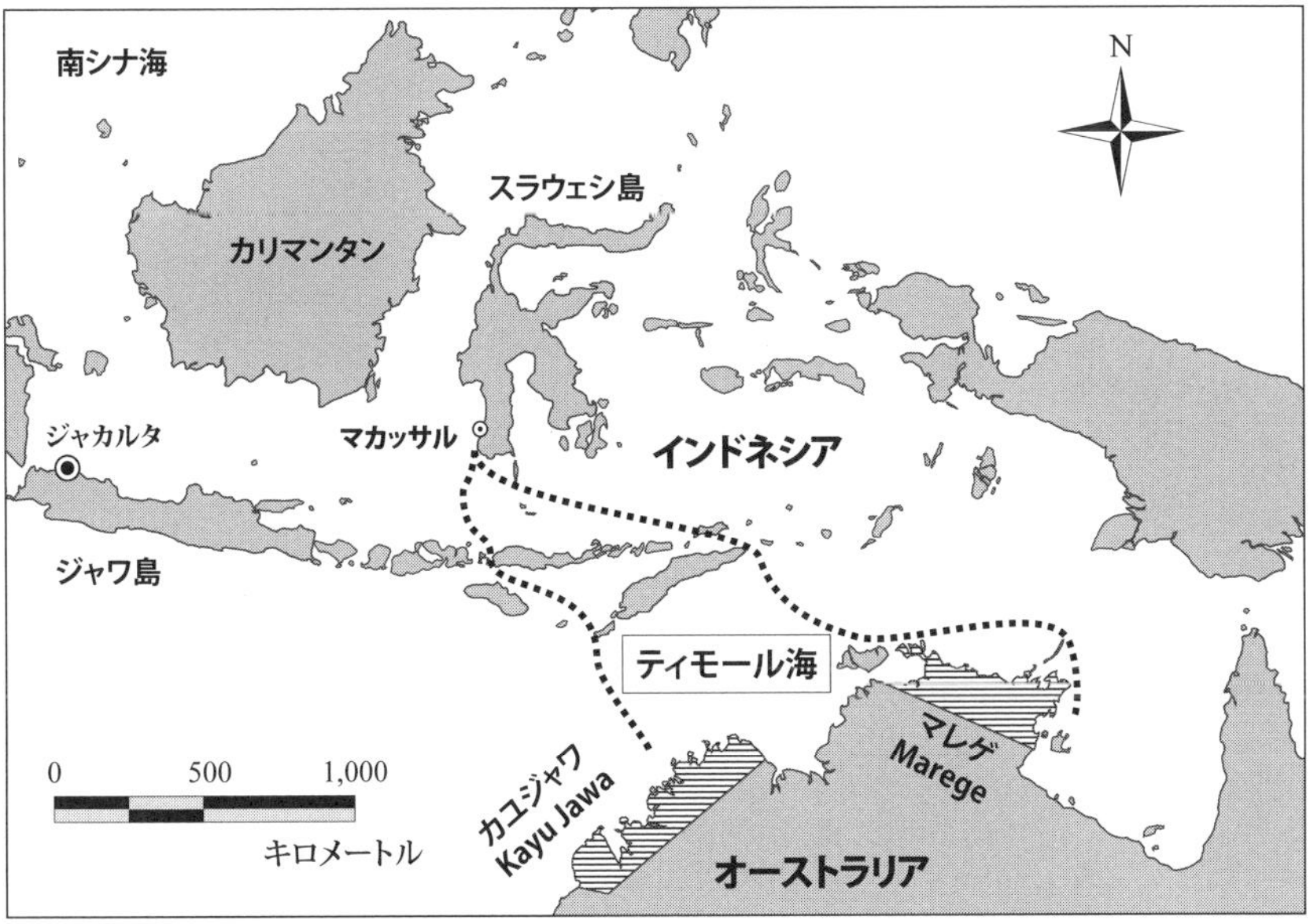

図2　マカッサンの交易・航海ルートとナマコ採捕地域(18-19世紀)
〔出典：Blair and Hall (2013) より筆者作成〕

図3　18世紀初頭のアボリジニとマカッサンによるナマコ加工の様子
(出典：National Museum of Australia)

図4　バジャウ人の海上村（筆者撮影、2023年3月）
インドネシア・中スラウェシ州・バンガイ諸島

ンドネシアの三か国全体でのバジャウ人の人口は約一一〇万人（図5）。かれらの集落は、南北ではインドネシアのロテ島からフィリピンのミンダナオ島南西端までの約二〇〇〇キロメートルの間に、東西では東ジャワ州沖合のカンゲアン諸島からマルク諸島までの約一三〇〇キロメートルの間に点在する。人口約一〇〇万人程度の民族の集落がこれほど広域に拡散している例は、島嶼部東南アジアでは他にない[6]。

バジャウ人の故地は明らかではない。歴史資料から確実にわかるのは、一七世紀までにかれらが現在のフィリピン南部からスラウェシ島、マルク諸島にいたる広い海域をすでに生活圏としていたことである。かれらは海をわたる移動を繰り返し、その過程で島嶼部東南アジアの広大な海域に生活圏を広げ、一八世紀までにオーストラリア北部に到達したと考えて良い。

植民地支配が島嶼部東南アジアのほぼ全域に及ぶようになる一九世紀末、バジャウ人の居住地も植民地の国境線で囲い込まれた。しかし、かれらの国境を越える移動・移住は、それ以降も、またフィリピン、インドネシアが独立し、イギリス領北ボルネオがサバ州としてマレーシア連邦に加盟した二〇世紀半ば以降も続いた。

（6）長津（二〇一二）

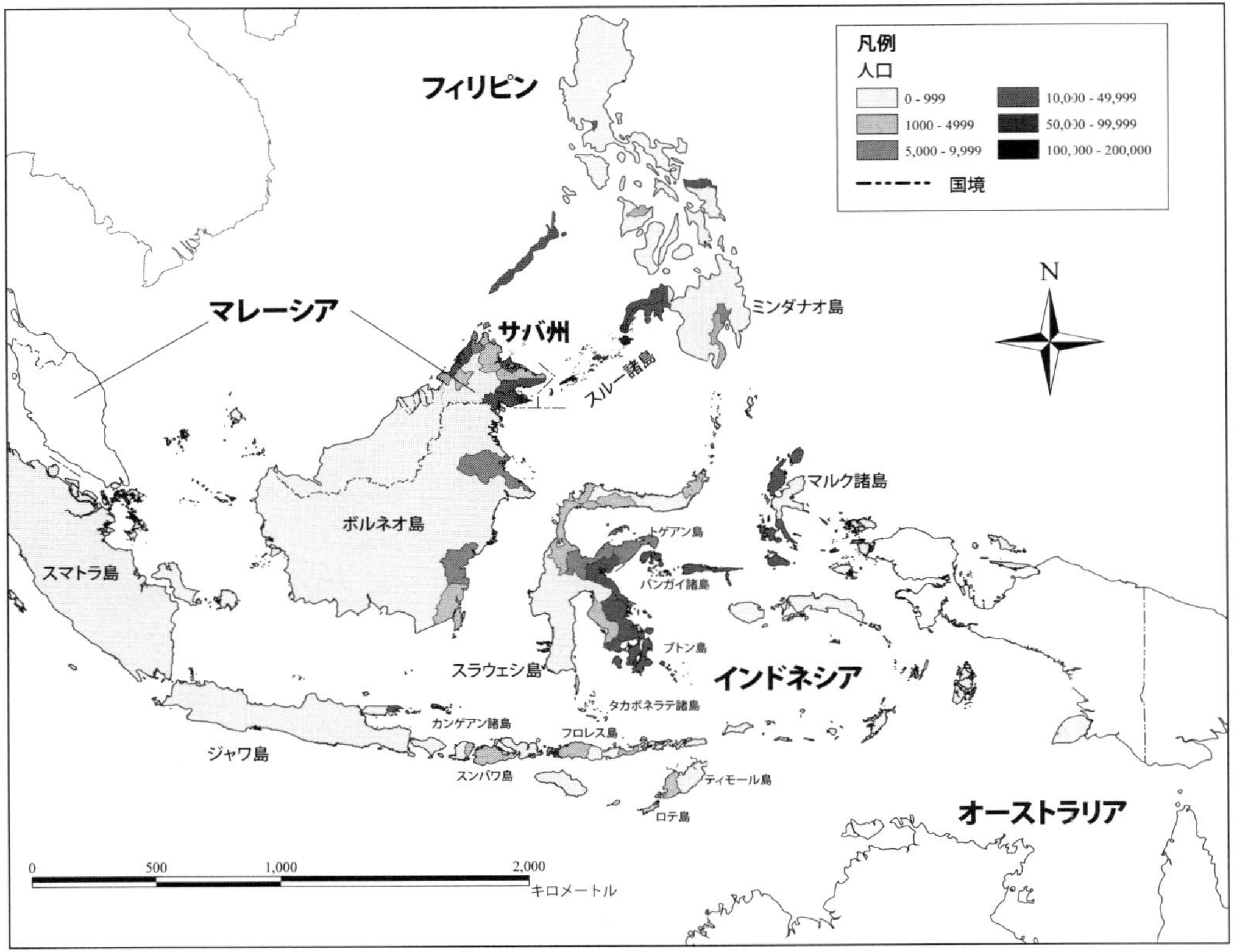

図5　島嶼部東南アジアにおけるサマ人の人口分布（2000年）

注：フィリピンは州（province）、マレーシア・サバ州は郡（daerah）、インドネシアは県（kabupaten）を単位とする

〔出典：長津（2012）〕

3　バジャウ人のディアスポラ

バジャウ人の移動には様々なパターンがある。ここでは、かれらに特徴的な移動のパターンとして、①海産物の採捕、②掠奪航海、③政治的逃避、④商業利益の獲得の四点をあげておく。①は、ナマコやサメ、タイマイ（甲羅がベッコウになる）、シロチョウ貝、タカセ貝（サラサバテイ）などの稀少海産物を探し、採捕するための移動である。②は、主に人間の掠奪を目的とする航海を指す。掠われた人間は奴隷として売られるか、あるいは航海や海産物採捕の労働力にされた。その航海は、単に財産の掠奪を目的とすることもあった。植民地勢力は、自らの支配を受け入れずにそうした掠奪航海を行っていた人たちを「海賊」と呼んだ。③は、在地の支配者や植民地、独立国家の行政組織の統治が、漁業や交易、航海の自由を奪うような抑圧的なものであったとき、その支配が及ばない別の島・海岸に逃げるようなパターンを指す。④は、モノを動かすことによって利益を得る商業的な移動のパターンを指す。国境にまたがって拡散居住するバジャウ人の場合、国境を利用した商売、すなわち政府当局からは「密貿易」とみなされる商取引を目的とする移動が顕著にみられる。(7)

かつてわたしは、フィリピン、マレーシア、インドネシアの三か国にまたがる西セレベス海域で、一九世紀末から二〇世紀半ば、バジャウ人が①から④までのパターンで意図的に国境を越える移動を繰り返していたことを指摘した。(8)ここでは、一八世紀以降のスラウェ

（7）　長津（二〇〇四）

（8）　長津（二〇〇四）

シ島南部からオーストラリア北岸への出漁航海につながるバジャウ人の一連の移動をみてみよう。

東南アジアの歴史研究を率いる学者のひとりアンソニー・リードは、一五世紀半ばから一七世紀後半までの東南アジアの歴史時間を「商業の時代」と呼んだ。この時期、東南アジアはアジア各地を結ぶ交易で隆盛をきわめ、その拠点になった港市国家ではコスモポリタンな都市文化が発展した。商業の時代、インドネシア諸島の東部、マルク諸島で産出される香料（香薬）、チョウジやナツメグはもっとも重要な商品であった。スラウェシ島南部のマカッサルは、そのマルク諸島とマラカ海峡やジャワ島を結ぶ交易路の要衝として繁栄した。[9]

(9) Reid (2015)

図6　熱帯産ナマコ（筆者撮影、2010年8月）
天日で乾燥させたものを中国に輸出する。インドネシア・東ヌサトゥンガラ州ラブアンバジョ沖

図7　タイマイ（ウミガメ）とベッコウ（筆者撮影、2010年9月）
紀元前以来、東南アジア海域の主要な輸出海産物であり続けている。インドネシア・マルク州・アル諸島

図8　天日で乾燥される丁字（チョウジ）（筆者撮影、2010年9月）
「商業の時代」には東南アジアで最も重要な輸出産物であった。インドネシア・マルク州・アンボン島

マカッサルが繁栄したのは、同地の港を支配下においていたゴワ・タロ連合王国が自由主義的な交易政策を堅持していたからでもあった。一七世紀初頭、ジャワ島のバタヴィア（現在のジャカルタ）を拠点に東インドネシアの各地に支配を広げつつあったオランダ東インド会社（ＶＯＣ）は、他のヨーロッパ勢力を排除して、同社が香料貿易の権利を独占することを認めるよう、ゴワ・タロ連合王国に要求した。これに対しゴワのスルタン・アラーウッディンは、一六一五年、「海は万人のものでその航海を妨げるものはなにもない」と述べ、オランダ東インド会社の要求を拒否した。[10]

こうした自由主義的な交易政策がバジャウ人ら海民を惹きつけ、かれらが採捕するベッコウ等（この時代、まだナマコは主要産物ではなかった）の海産物をマカッサルに集積させた。またかれらの海軍力も王国の勢力拡大に役立った。一七世紀後半、ＶＯＣのオランダ人総督は次のようにバジャウ人を評価している。

（10）Reid（2015）

マカッサルの戦争以前、ここ〔マカッサル沖〕には多数のバジョ人が住んでいた。…かれらは遠洋航海者である。目的は、マカッサルのラジャ〔王〕に貢納するベッコウを集めることである。かれらはラジャの命令があればいつでも航海に出ることができるよう準備をしておかねばならない。また利益が得られる航海には、いつでも出ることができる。かれらはラジャのしもべとして知られる。たいへん有用な人びとである。[11]

しかし、一六六七〜六九年、VOCとボネ王国の連合軍が戦争でゴワ・タロ連合王国を破り、VOCがマカッサル港の交易を独占するようになると、バジャウ人はマカッサル沖を離れ南や東に拡散逃避した。ボネ王国はスラウェシ島南西半島の東岸を拠点とするブギス人の王国である。バジャウ人の一部はボネ王国の支配下に移り、他は南のスンバワ島やフロレス島などの小スンダ列島、スラウェシ島南東のブトン島周辺、さらに北のサラバンカ諸島、トゲアン諸島などに移住していった（図5参照）。これらの土地には、ゴワ・タロ連合王国が勢力を拡大した時代に、すでにバジャウ人やブギス人が海産物採捕や交易のための拠点を築いていた。そこに、オランダによる支配と交易独占を

図9　ゴワ・タロ連合王国の拠点、ソンバ・オプ（Somba Opu）要塞の遺跡（筆者撮影、2023年3月）
ポルトガルの建築技術を取り入れて16世紀前半に建設された。インドネシア・マカッサル市近郊

（11）　Villiers（1990）pp.145–146.

きらったバジャウ人らが移動していったのである。

一八世紀、清朝統治下の中国では、政治的な安定を背景に商工業が発展し、人口も増大した。同国の経済成長にともなって、ナマコやフカヒレ、ツバメノスなど東南アジアで産出される自然食材への需要が拡大、また多様化した[12]。こうして生じた海産物ブームも、スラウェシ海域のバジャウ人が生活圏をさらに東や南に拡大する契機になった。かれらの一部は、マカッサンとしてオーストラリア北岸にも出漁を繰り返すようになった。

一九世紀はじめ、イギリス人航海者マシュー・フリンダースは、オーストラリア北部カーペンタリア湾の北西端でマカッサンに遭遇した。その時の航海録は、マカッサンのナマコ漁に関する貴重な情報を伝えてくれる。要点となる箇所を引用しておこう。

一八〇三年二月一七日…。〔マカッサルから来た船団の長である〕ポバッソーによれば、ボネの王（ラジャ）に属する六〇隻の船が一〇〇〇人の船員を乗せ、二ヶ月前、北西モンスーンにのってこの沿岸に向け出航した。…航海の目的はトレパン〔マレー語で「ナマコ」を指す〕と呼ばれる海の生物〔を採捕すること〕である。…彼らは三～八尋の深さの海に潜りナマコを採捕する。多いときには八～一〇匹のナマコを一度に掴みあげる。…一〇〇〇匹のナマコで約六〇キログラムになる。約六二〇〇キログラムが一隻の船で運べるナマコの量である。それらのナマコは〔オランダ領東インドの〕ティモール島に運ばれ、そこで中国人に売られる。全ての船がティモール島に集まると、船団はマカッサルに戻っていく[13]。

（12）赤嶺（二〇〇〇）

（13）Flinders（1814）pp.229-231.

4 資源と権力――フロンティアに向かう移動の文脈

西セレベス海の事例[14]と同様に、スラウェシ島南部のバジャウ人は海産物だけを探して闇雲に放浪していたわけではない。かれらは、在地の権力や植民地との関係を見通し、また利用しながら、スラウェシ島から東や南に拡散移動していた。

バジャウ人は在地の王や貴族の庇護を受け、漁をおこないながら住処を移動させていた。移動先の海では、王や貴族の庇護にあることが、かれらの操業や滞在にお墨つきを与えた。他方、バジャウ人は王や貴族の要請に応じて軍船の漕ぎ手や海上での情報伝達等の海事サービスを担った。ナマコを始めとする輸出用海産物は、ブギス人やマカッサル人の商人に売り渡された。それは結果として王や貴族のもとでの交易を繁栄させた。

このようにバジャウ人と王や貴族は、いわゆるパトロン・クライアント関係にあった[15]。ただしそのことは、バジャウ人が王や貴族に従属していたことをかならずしも意味しない。両者の関係はより流動的であり、容易に解消、変更された。

一八世紀以降にバジャウ人の移住が集中した海域、スラウェシ島東岸の例をみてみよう。この海域は、スラウェシ島南西半島の東岸を拠点とするボネ王国と、マルク諸島のテルナテ島を拠点とするテルナテ王国のはざまに位置していた。そうした海域でバジャウ人はボネのラジャ（王）との長期にわたる政治的結びつきを維持しつつ、同時に、日常的に利用する漁場を版図とするテルナテのスルタン（王）の権威も承認していた。ボネのラジャが

(14) 長津（二〇〇四）

(15) 長津（二〇一七）

横暴になれば、テルナテや他の小王国に庇護を求めて逃避した[16]。

かれらはまた、オランダの植民地支配を拒否する口実として、テルナテのスルタンへの名目上の忠誠を利用した。一九〇八年、スラウェシ島東岸バンガイ諸島のバジャウ人は、オランダ領東インド政庁の地方官吏に対し、テルナテのスルタンとボネのラジャ双方からの同官吏への統治委任状を示すまで、命令（税金の支払い）に従わないと平然と主張していた[17]。

（16）長津（二〇一七）

（17）Goedhart（1908）p.493.

5　おわりに

スラウェシ島からオーストラリア北岸に至る海域でバジャウ人が航海先を決めるとき、重要だったのは、そこに豊富な海産資源が残っていることと、同時にそこが政治的な「空白」ないし「はざま」になっていることであった。そうした空間であるがゆえに、かれらは権力者の介入を受けずに自然資源や商業機会を比較的自由に開拓することができた。つまりかれらの移動は、未利用資源の存在と権力のはざまという二つの意味でのフロンティアを目指していたといえる。

スラウェシ島南部からオーストラリア北岸へのマカッサンの出漁は、オーストラリアが出入国管理を厳格化した一九世紀後半には衰退した。しかし、バジャウ人らは、第二次世界大戦後、インドネシアの国内情勢が安定した一九六〇年代後半頃から再び、オーストラリア北岸に出漁するようになる。

一九七四年、豪尼両政府は「オーストラリア漁業水域と大陸棚におけるインドネシアの伝統的漁民に関するオーストラリア・インドネシア覚書（ＭｏＵ）」を締結した（第13章参照）。オーストラリア政府は、この覚書で定められた区画内での「伝統的かつ自給的な」操業のみをインドネシアの漁民に認めた。バジャウ人の一部はそれにしたがったが、多くは覚書区域の直前でエンジンを外すなど様々な手段を用い、ナマコ、フカヒレ、タカセ貝など、そのときどきで利益の大きな海産資源を求め、覚書区域やさらには他のオーストラリア領海に出漁した。一九九〇年代末からは、アフガニスタンなどの難民のオーストラリアへの移送も商売のひとつに加わった。かれらにとってそれは、「なじみの海で人を運ぶ商売」にすぎなかった[18]。

図10　豪尼国境海域に向かうバジャウ人のランボ船（筆者撮影、2015年8月）
インドネシア・東ヌサトゥンガラ州ロテ島

新型コロナ禍が収まりをみせた昨年（二〇二二年）八月、わたしはスラウェシ島南部のタカボネラテ諸島を訪れた。ある島のバジャウ人漁師は、インドネシアから中国への海産物輸出が再開されたことをうけ、さっそくマルク諸島南西のＳ島を中継点とするオーストラ

（18）長津・間瀬（二〇二一）

図11　豪尼国境海域での漁について筆者に説明するバジャウ人漁師（筆者撮影、2011年1月）
インドネシア・南東スラウェシ州・ワンギワンギ島

リア領海でのサメ漁に向かう準備をしていた。S島経由のルートは、他のルート（ティモール島西側を経由するルート等）に比して、比較的「安全」、すなわちオーストラリアの国境警備隊にみつかりづらいとのことであった。それはおそらく、マカッサンがマレゲを目指した航海ルートに近いと推測される。

豪尼間の国境に広がる広大な海域は、在地の漁民にとっては先に述べた二つの意味でフロンティアであり続けている。国境も領海の枠組みも、バジャウ人にとっては、近代国家が持ち込んだ外部者の線引きにすぎない。

とはいえ、国境線の存在とその意味を、かれらが知らないわけではない。スラウェシ島南西ワンギワンギ島のバジャウ人は、地図を使って覚書区画の位置をわたしに説明した。彼は、海上ではGPSでその位置を知る。覚書区画の線引きを越えるときには、エンジンを外して隠し、操業が「伝統的」であることを装う。あるいは、オーストラリアの警備艇が現れたらインドネシア領海に素早く逃げる準備をしながら線引きの近くで操業する。このように、豪尼間の海を強引に区切るその線は、かれらの生活や行動を心理的に拘束する境界線にはなっていない。それは、「上手く越えるべき」外来者の縄張りの一端でしかないのである。この海域が先に記したようなフロンティアである限り、マカッサンの子孫たちはオーストラリア北部に向かう航海をこれからも続けていくだろう。

[参考文献]

赤嶺淳「熱帯産ナマコ資源利用の多様化—フロンティア空間における特殊海産物利用の一事例」国立民族学博物館研究報告二五（一）、二〇〇〇年

鎌田真弓「豪北部地域における「脅威」と境界管理—「不法化」されるインドネシア漁民」『オーストラリア研究』三〇、二〇一七年

長津一史「越境移動の構図—西セレベス海におけるサマ人と国家」関根政美・山本信人（編著）『海域アジア』（叢書現代東アジアと日本4）慶應義塾大学出版会、二〇〇四年

長津一史「異種混淆性のジェネオロジー—スラウェシ周辺海域におけるサマ人の生成過程とその文脈」鏡味治也（編著）『民族大国インドネシア—文化継承とアイデンティティ』、木犀社、二〇一二年

長津一史「境域」山本信人（編著）『〈シリーズ 東南アジア地域研究〉政治』、慶應義塾大学出版会、二〇一七年

長津一史・間瀬朋子「アジアとオーストラリアを繋ぐ人びと—海域世界の視座から」鎌田真弓編『大学的オーストラリアガイド—こだわりの歩き方』昭和堂、二〇二一年

Chaloupka G., 'Praus in Marege: Makassan Subjects in Aboriginal Rock Art of Arnhem Land, Northern Territory, Australia', *Anthropologie*, 34 (1–2), 1996.

Clark, Marshall and Sally K. May (eds.), *Macassan History and Heritage Journeys, Encounters and Influences*, Canberra, ANU E Press, 2013.

Flinders, Matthew, *A Voyage to Terra Australis: Undertaken for the Purpose of Completing the Discovery of that Vast Country, and Prosecuted in the Years 1801, 1802, and 1803, in His Majesty's Ship the Investigator*, Vol 2, London, G. and W. Nicol, 1884.

Goedhart, O. H., 'Drie Landschappen in Celebes', *Tijdschrift voor Indische Taal-, Land- en Volkenkunde*, No. 50, 1908.

Macknight, C. C., *The Voyage to Marege: Macassan Trepangers in Northern Australia*, Melbourne, Melbourne University Press, 1976.

Reid, Anthony, *A History of Southeast Asia: Critical Crossroads*, Chichester, Wiley-Blackwell, 2015.

Villiers, John, 'Makassar: The Rise and Fall of an East Indonesian Maritime Trading State, 1512–1669', in J. Kathirithamby-Wells and J. Villiers (eds.), *The Southeast Asian Port and Polity, Rise and Demise*, Singapore, Singapore University Press, 1990.

column5

マカッサン・アボリジニ交流史をめぐる表象と実践

長津一史

第4章でも述べたとおり、一九七〇年代半ば、オーストラリアの歴史研究者マックナイトは著書『マレゲへの航海—北オーストラリアのマカッサン・ナマコ漁民』で、インドネシア（尼）東部とオーストラリア（豪）北岸との間、ティモール海域に、二〇〇年以上にわたる在地住民の交流があったことを明らかにした。(1) マックナイトとそれ以降の研究は、豪尼両国の歴史表象に大きな影響を与えた。このコラムでは、インドネシア・スラウェシ島南部の海民マカッサンとオーストラリア北部のアボリジニとの交流をめぐる博物館等での歴史表象を、オーストラリア、インドネシア、二国間連携の三つの場面にわけて紹介したい。

オーストラリア

オーストラリアにおけるマカッサンとアボリジニの交流史に関する研究は、上記マックナイトの著作を端緒として進展した。一九九四年には、ジョン・ダーリングが『風下にて（Below the Wind）』と題する映像作品をオーストラリアのテレビ局ABCで公開した。『風下にて』は、上記の交流史を辿る一方、オーストラリア政府がその海の経路上に位置する自国領海内でインドネシア人漁師（スラウェシ島のバジャウ人）を「密漁者・密航者」として取り締まり、かれらの船を拿捕・焼却していることを告発した。

一九九〇年代後半以降、オーストラリア連邦政府は難民受け入れを大幅に制限するようになった。同時に、豪尼国境海域では、インドネシア人の「密漁者」や難民運搬者を対象とする沿岸警備が強化された。こうした政治的動向に対して、イギリス人の入植以前に始まる豪尼間の移動交流史に対する関心はむしろ高まり、アボリジニ研究、歴史・考古学、芸術研究等、様々な分野の研究者がその歴史過程を実証していった。二〇一三年にオーストラリア国立大学から出版された『マカッサンの歴史と遺産―旅、出会い、影響』[2]はその集大成といえる。

　オーストラリア各地の博物館や美術館の展示でも、上記研究の蓄積をふまえて、マカッサンとアボリジニの交流史を取りあげるようになった。二〇一〇―一一年には、キャンベラのオーストラリア国立博物館で、ノーザンテリトリー・アーネムランドの先住民とマカッサンとの出会いを紹介する「ヤランバラ―ジャンカウの芸術」が開催された。ヤランバラは、北東アーネムランドの「人間と文化の始原の地」と考えられている。その「最初の祖先」がジャンカウ一家である。一九三〇年代以降の樹皮画や版画などからなる作品群は、このジャンカウの旅物語で構成される。その旅物語のなかに、海辺でナマコを煮炊き加工するマカッサンとの出会いも描かれる。[3]

　その他、現在、ウェブサイトで確認できる豪尼交流史に関する展示としては、たとえば次のものがある。

図1　アーネムランドのアボリジニ作家によるマカッサンの帆船とナマコ加工を描いた樹皮画（オーストラリア国立ギャラリー。筆者撮影、2019年8月）

・オーストラリア国立博物館「トップエンド[4]の交易。一七〇〇年―北オーストラリア・アボリジニの人々とスラウェシ島マカサルが出会う交易の輪のはじまり[5]」
・オーストラリア国立海洋博物館「南空の下で―オーストラリア周辺における航法と航海に関する新たなギャラリー[6]」
・オーストラリア・イスラーム博物館「境界なき平原。オーストラリア・ムスリムの歴史に触れよう――二万キロにおよぶ知られざる物語、出会い、遺産をたどる」[7]

インドネシア

インドネシアでも、二〇〇〇年以降、マックナイトの研究や東部海域の海民に関する研究の世界的な展開を背景に、ジャワ島の王権史を中心に記されがちだった自国史を、海を介したグローバルな関係から見直そうとする研究が進展した。[8] その流れは中学や高校の歴史教科書にも反映された。[9]

二〇一〇年前後からは、オーストラリアの博物館員やアボリジナル芸術家が南スラウェシのマカッサル市などインドネシアのマカッサン関連地域を積極的に訪問し、豪尼交流史に焦点をおくワークショップや企画展をおこなうようになった。たとえば二〇一五年には、アボリジナル芸術家のロナルド・ナウラプ・ウヌンムッラ氏が「オーストラリア国立アボリジナル・トレス海峡諸島民の日実行委員」（NAIDOC）ウィークの記念事業の一環として、木造漁船用に使われているマカッサルのパオテレ港、ゴア王国の拠点だったソンバオプ要塞などを訪問し、またマカッサル市内で「芸術と先住民」をテーマとする対話集会を開催した。[10]

二〇一九年には、オーストラリア・イスラーム博物館がジャカルタの歴史博物館で「境界なき平原――オーストラリアのムスリム・コネクション」と題する写真展を開催した。写真展では、アボリジニとマカッサンの交流の軌跡を示す写真が展示された。[11] こうした過程で、二〇一五年からマカッサル市博物館では、マカッサンとアボリジニの交流史に着目して地域の歴史を捉え直す常設展示が拡充整理された（第4章参照）。

二国間の連携

二〇一七年、ユネスコがブギス人の木造帆船「ピニシ」の造船技術を世界無形文化遺産に認定した。その前後から、ジャカルタやマカッサルでも、ブギス人（マカッサンに含まれる）らの海洋交易史がアカデミアで再評価されるようになった。こうした状況を背景に、二〇二一年、オーストラリアとインドネシアの博物館・美術館の学芸員と研究者らは、両国の歴史を架橋して展示・表象する「豪尼博物館（AIM）プロジェクト」[12]に着手した。二〇二二年には、活動の成果としてオンラインで「隣人展示—国境を越えるヒト、場所、モノ」を開催した。展示を構成する物語のひとつ「海を渡る（Sea Crossings）」は、マカッサンとアボリジニの交流史を取りあげている[13]。AIMの活動は過去三年間、新型コロナ禍で大きな制約を受けていたが、二〇二三年度以降は、両国の現場で実践され、活発化していくことが期待される。

［注］

（1）Macknight, C. C., *The Voyage to Marege: Macassan Trepangers in Northern Australia*, Melbourne, Melbourne University Press, 1976.

（2）Blair, Sandy and Nicholas Hall, 'Travelling the "Malay Road": Recognising the Heritage Significance of the Macassan Maritime Trade Route', in Marshall Clark and Sally K. May (eds.), *Macassan History and Heritage Journeys, Encounters and Influences*, Canberra, ANU ePress, 2013.

（3）https://www.nma.gov.au/exhibitions/yalangbara

（4）ノーザンテリトリーの北方を指す。

（5）https://digital-classroom.nma.gov.au/defining-moments/trade-makasar

（6）https://www.sea.museum/whats-on/exhibitions/under-southern-skies

（7）https://www.islamicmuseum.org.au/boundless-plains/

（8）Lapian, Adrian B., *Orang Laut, Bajak Laut, Raja Laut: Sejarah Kawasan Laut Sulawesi abad XIX*, Komunitas Bambu, 2009.

（9）Agus Suwignyo, 'Indonesian National History Textbooks after the New Order: What's New under the Sun?', *Bijdragen tot de Taal-, Land- en Volkenkunde* 170 (1), 2014.

（10）https://indonesia.embassy.gov.au/jakt/MR15_012.html

（11）https://indonesia.embassy.gov.au/jakt/MR19_012.html

（12）https://www.aim-project.org/

（13）https://tetanggaexhibition.com/en/node/50

第2部

境界の多層性——移住者たちと見えない境界

ワーキングホリデーの行き先として世界中の若者を惹きつけるオーストラリアでは、人手不足の農牧場で働く外国人も少なくない。（写真提供：GillianVann, shutterstock）

第5章　日本人戦争花嫁たちの越境と定住

田村恵子

はじめに

今から約七〇年前の一九五二年七月、メルボルン郊外の空港に一人の日本人女性が降り立った。彼女の名前はチェリー・パーカー。豪州に日本人戦争花嫁第一号として到着したのだ。チェリーという名は、彼女の本名の桜元信子の桜にちなんだ愛称だった。終戦後まもなく、広島県呉市に置かれた英連邦占領軍基地で、チェリーは豪陸軍看護兵のゴードン・パーカーと出会い、恋に落ちた。やがて娘が二人誕生したが、家族として豪入国許可を得るのは容易ではなかった。当時、日本人の入国を豪政府が禁止していたからである。ようやく夫や娘たちと、夫の実家があるメルボルンに到着したチェリーは、待ち構えていた新聞記者たちに "This is my home"、つまり「私のホームはここです」と語り、それが新聞記事の見出しとなった。[1]チェリーはようやく自分のホーム、つまり居場所を見つけたと思ったのだろう。同時にそれはこの国で暮らし、ここを自分の居場所にするのだ、との強い決意の表現だったとも言える。

（1）*The Argus*, July 11, 1952

本章では、戦後の国際結婚のパイオニアである日本人戦争花嫁たちが、日本から豪州へ移住するにあたって、直面したいろいろな問題を振り返ると共に、移住後にどのように彼女たちが居場所を確保していったかをたどってみたい。戦争花嫁の結婚と移住は、今から半世紀以上前に起こった出来事ではあるが、彼女たちの体験は、海外への移動が増え、国際結婚も珍しくなくなった現代の日本人、特に女性にとって示唆を与えると考える。

戦争花嫁という名称になじみのない読者も多いだろう。この言葉には「昭和」のにおいがするように感じる。昭和、さらに二〇世紀は戦争の時代と呼ばれるが、第一次及び第二次世界大戦では、各国の兵士が本国から海外へと大規模派遣され、派遣先で現地の女性と出合う機会があった。それが真剣な関係に発展し、結婚のために夫となる兵士の母国に渡った女性を、英語でウォーブライド（war bride）、つまり戦争花嫁と呼んだ。日本では一般的に、太平洋戦争終了時から一九六〇年頃までに、日本に駐留した連合軍軍人と結婚をして、夫の国に移住した女性たちを戦争花嫁と呼んでいる。五万人近い日本人女性が渡米した。渡航先は米国が最も多く、約六五〇人が戦争花嫁として渡ったのだった。そして豪州にも約六五〇人が戦争花嫁として渡ったのだった。本章では豪州に渡った戦争花嫁たちを中心に論をすすめたい。

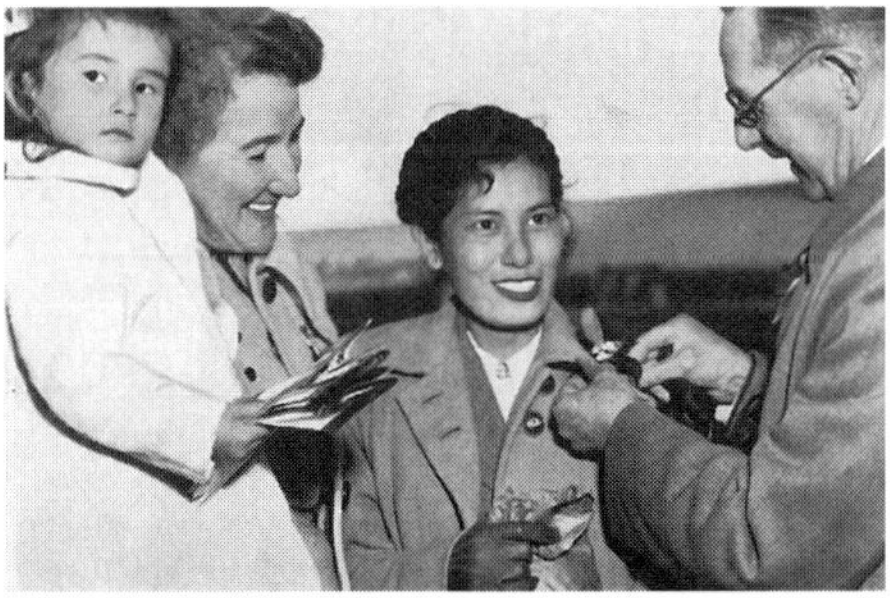

図1　メルボルン到着後に家族の出迎えを受けるチェリー・パーカー〔出典：Carter（1965）〕

1　太平洋戦争と豪軍の日本駐留

一般的に日本では、太平洋戦争は真珠湾攻撃で始まり広島と長崎への原爆投下で終わったと語られるため、対米戦争のイメージが強く、日本と豪州が敵同士として戦った史実を知る人は少ない。一方豪州では、太平洋戦争は対日戦争だったと明確に認識されている。このように、日豪には太平洋戦争に関する記憶の非対称が顕著に存在する。

豪州は、第二次世界大戦にかつての宗主国であった英国と共に一九三九年九月の開戦時から参戦して、中東やギリシャ方面に軍隊を派遣していた。しかし一九四一年一二月の真珠湾攻撃の結果、対日宣戦布告をし、太平洋を南へ急進撃する日本軍から豪本土を防衛しようとした。日豪両軍は主にニューギニアとその周辺の島々を中心にして戦闘を繰り広げ、終戦まで過酷なジャングル戦を戦った。さらに日本軍はダーウィンやシドニーへの豪本土直接攻撃を実行した。一方、日本軍の東南アジア方面への進攻の結果、シンガポールやスマトラで約二万二〇〇〇人の豪兵が日本軍の捕虜となった。豪軍捕虜たちは他の連合軍捕虜たちと同様に、食料や医療品が極端に不足する状況で強制労働に駆り出され、終戦までにその三分の一が死亡するという悲惨な結果となった（第11章参照）。日本軍による連合軍捕虜の問題は、戦後にB級C級戦争裁判において捕虜虐待として裁かれたが、同時に豪市民の日本への反感を高め、戦後しばらくは日本人の豪入国が禁止されていたのだった。

終戦とともに、日本は連合軍の占領下におかれた。豪州は総数三万人余りの英連邦占領軍（英・豪・印・ニュージーランドの軍で構成）の主要軍として、一九四六年二月以降兵士を派遣し、広島県呉市に司令部と基地を設置して、中国・四国地方の占領管理を担当した。一九五〇年に朝鮮戦争が勃発すると豪軍は国連軍として参戦して駐留を継続した。最終的に、豪軍の日本駐留は、一九四六年から一九五六年の完全撤退までの一〇年余り続いたのだった。

豪軍は日本占領にあたり反宥和政策、つまり豪軍人は日本人住民と親しくしてはいけないとの方針、を長く維持した。この政策は、豪国内の強い反日感情を反映していたが、実際に兵士と日本人との接触を制限するのはむずかしかった。基地機能を維持するためには多くの日本人を雇う必要があり、さらに若い豪軍兵士たちは、日本での未知の冒険を求めて基地の外に足を延ばした。豪軍兵士と日本人女性が出会い、交際が始まるのは自然だった。きっかけは、女性の基地や軍宿舎での勤務や友人の紹介だった。戦争で多くの若い男性が戦死した結果、結婚適齢期の女性が男性よりも多いという現象も見られた。多くの日豪カップルが誕生して、やがて真剣に結婚を考え始めたのだった。

一方豪軍は、占領開始当初から、自軍兵士と日本人女性の結婚を警戒していた。その対策として反宥和政策が施行され、加えて豪軍通達により、豪兵が日本で結婚するには司令官の許可が必要とし、無許可で結婚した場合は罰則に加えて扶養家族手当は支給されず、日本人妻の豪入国も許可しないとした。つまり、結婚許可が下りる可能性はほとんどなく、あえて強行しても、妻や子供を日本で養うことも、共に帰国することもできないとしたのだった。

2 豪州入国に向けて

それでも結婚許可を求める兵士が現れ始めたが、豪政府の反応は厳しかった。当時のアーサー・コーウェル移民大臣は、「日本との戦争で多大な被害を受けた豪国民がいる限り、日本人妻の豪入国を禁止する」と公言した。本章冒頭で紹介したゴードン・パーカーはその渦中で、妻チェリーと子供の入国許可運動を展開したのだった。

豪政府が姿勢を変えたのは、サンフランシスコ平和条約が締結されて、日本占領の終了間際の一九五二年だった。ロバート・メンジース首相の保守政権が、厳しかった対日姿勢を転換したのだ。第二次世界大戦後、豪州は国力を高めるために積極的な移民奨励を進める一方、日本人の入国を厳しく制限していたのだが、日豪貿易の将来的発展を予測して、豪政府は日本人入国を認める方向へと進んだ。その先駆けとして一九五二年三月に戦争花嫁の入国が許されたのだった。

図2　渡豪前のミチ・ローと子供たち〔出典：田村（2022）〕

ようやく入国が可能になったものの、渡豪の実現は容易ではなかった。駐留軍兵士との結婚に対して、女性の家族が強く反対したのだ。娘が遠くへ嫁ぐ心配もあっただろうが、駐留兵との出会いが「まっとう」な状況ではなかったと周囲から勘ぐられるのを心配したのだった。つまり知り合ったきっかけが、女性が酒場で働いたのではとか、極端な場合は売春をしていたのではと噂になるのを家族は恐れたのだ。豪軍兵士の家族が懸念を示す場合もあった。結婚申請と渡航手続きのために多くの書類を整える必要に加えて、豪軍は女性の身元調査を徹底的に行い、健康診断や職歴や家族の評判だけでなく、共産主義との関係も調べた。書類審査をパスすると、基地内で豪軍将校が花嫁と面談して、渡豪後の生活の大変さや反日感情の存在を警告した。渡豪許可はすべての手続きが完了した場合のみに出たので、途中で挫折する場合もしばしばあった。一九五三年に二人の子供と渡豪したミチ・ローは、「必ず呼び寄せる」と約束して日本を離れた兵士が、音信不通になってしまう場合があると何度も聞かされたと記憶している。呉港から帰還船に乗り込んだ夫に、ミチは徳島の実家の住所を書いて手渡したが、彼がその紙切れを船から海に投げ捨てたら、それで二人の縁は永遠に切れてしまうのだと思うと心細かったと語った。それゆえに、呼び寄せ手続きを始めたとの手紙を受け取った時には、飛びあがるほどうれしくて、「私は見捨てられなかったのだ」とその手紙を皆に見せたと言う。最終的に、約六五〇人の日本人花嫁が渡豪した。

3　渡豪体験

戦争花嫁たちは、豪軍船で豪州へ向かった。呉港での家族との別れは悲しく、いつ再会できるのかは予想できなかった。同時に、夫と豪州で始める新生活への期待も大きかった。

前述のミチは、見送りに来た母親が着物のたもとが濡れてしまうほどの涙を流していた一方、本心は出発がうれしくて仕方がなかったと語った。

ようやく豪州に到着した戦争花嫁たちは、夫や家族に迎えられて新生活を始めた。ミチは、夫の実家に向かう車中で、最初の英語の言葉を教えられた。カタカナ発音で「アイライキ　オーストラリア」(I like Australia. 私はオーストラリアが好きです) と会う人ごとに言うようにと、夫が言い含めたのだ。車から降りて出迎えた義理の母に向かって、習ったばかりの言葉を発すると、「英語はまったくわからないと聞いていたけれど、話せるじゃないの」と喜んだと言う。戦争花嫁たちは、一日も早く嫁ぎ先の生活に慣れようと努力を始めた。

戦争花嫁たちが到着した当時の豪州の移民政策は、白豪主義だった。白豪主義とは、白人が人種的に優越であるとして、有色人種 (アジア・アフリカ出身者など) を永住者として受け入れないとするものだった。移民の主流は元来英国からだったが、第二次世界大戦後に豪州政府が展開した積極的な移民奨励政策は、ヨーロッパ諸国からの移民も受け入れた。一方、アジア人移民の受け入れは制限され、その数は一九七〇年代になって、ベトナム難民の受け入れが始まるまで非常に少なかった。戦争花嫁たちは主に有色人種出身者に課された言語書き取りテストは免除されたものの、一時滞在ビザ (五年間のみ有効) を交付されたため、永住できる保証はなかった。

日本人戦争花嫁の到着は、豪国内で注目され、特に第一号のチェリー・パーカーのメルボルン到着は全国ニュースとして好意的に報道された。後続の花嫁の到着も、各地元紙が写真入りでそれを伝えた。一般的な新聞論調は、日本への反感ではなく、花嫁たちが夢と希望を持って新生活を築いていこうとしていると報じた。しばしば「静かで内気な恥ずかしがり屋」と花嫁たちは形容され、周囲の反対を押し切って渡豪を決心した独立心のある一面は伝わってこない。到着したばかりで、英語がほとんど話せないためそのような印象を与えたのであろうが、日本人女性に対する先入観に影響されたとも考えられる。

4　定住に向けて

当時の豪州は同化政策に基づいて、新しい移民は、豪州の主流文化への速やかな適応を期待された。つまり英語を話し、英国風の考え方や生活習慣を受け入れるのである。移民たちは、家庭内でもなるべく母国語を使わず英語で話すようにと指導され、ともすると出身地独特の食生活も異端であるとみなされた。例えばイタリア出身の子供がサラミ入りのサンドイッチをお弁当に持参すると、「臭い」とからかわれたという。戦争花嫁の場合は、豪州人と結婚したので、夫と夫の家族の庇護下にすみやかに豪文化を身につけるであろうと考えられた。彼女たちはアジア人で、元敵国の日本出身であったため、同化へのプレッシャーがより強かったと考えられる。チェリー・パーカーのように、覚えやすい英語名を名乗る花嫁も多くいた。それは日本の出自の手がかりを、名前から消し去ることを意味していた。

入国後しばらくすると、戦争花嫁に与えられた滞在資格が問題になった。ヨーロッパ出身者は到着時に永住権を得たのに対して、花嫁たちは五年間の一時滞在者でしかなく、児

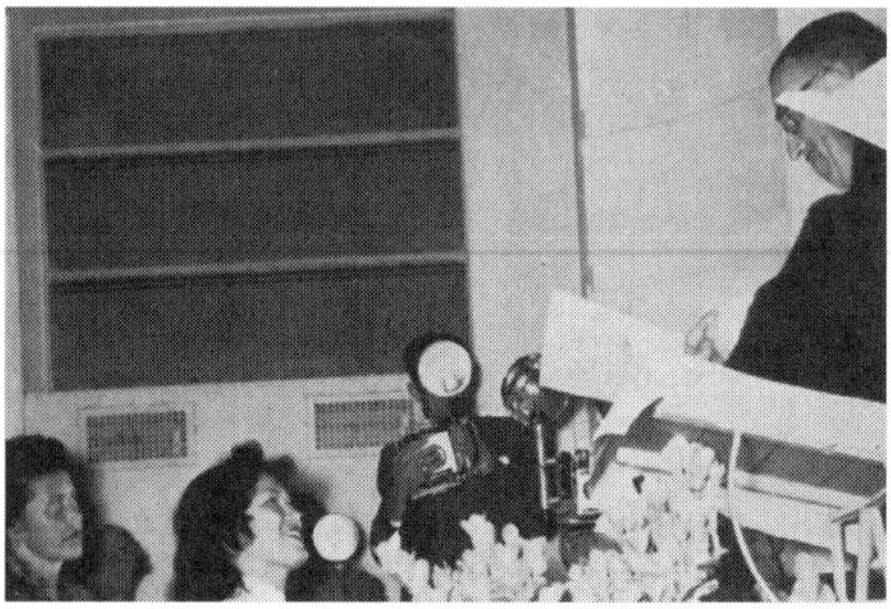

図3　豪国籍取得式でのチェリー・パーカー〔出典：Carter (1965)〕

童手当などの政府補助の受給資格がなかったのだ。この状況の改善を政府に働きかけたのが、保守的な団体として知られていた退役軍人会や地方女性協会[2]だったのは意外だった。これらの団体は、日本人移民の定住促進を支援するというよりも、夫が豪軍人であった点を重視した。つまり、国を守るために貢献した軍人の結婚相手の法的身分を安定させるために動いたのである。一九五六年八月に、豪市民と結婚した非ヨーロッパ系の配偶者も国籍を得る権利を得て、ようやく戦争花嫁に豪州定住の道が開けたのだった。

　豪州への帰化を希望して、多くの花嫁が国籍取得の申請をした。冒頭で紹介したチェリー・パーカーもその一人で、翌年一月二四日に地元市役所で行われた国籍授与式で正式に豪国籍を得た。式を司ったのは、当時の市長で義父であったハリー・パーカーで、その様子は写真入りで大きく報道された。ようやく戦争花嫁たちの豪州永住が可能になり、彼女たちの移住過程が完了したように見えた。しかしそれは豪国籍取得で完了したのだろうか。帰化申請を、花嫁の帰属感が日本から豪州に移った結果の行動と解釈できるのだろうか。

　花嫁たちの素早い国籍申請に関しては、インタビューを通していくつかの動機が浮かび上がってきた。豪州人と結婚したのだから、夫や子供と同じ国籍になるのは当然だと考えた要素も多かった。加えて、戦争の記憶が鮮明に残っていたため、再び日豪が戦争をした

（2）Country Women's Association

場合、日本の国籍では、家族から引き離されて強制収容されるかもしれないと恐れた人もいた。実際、太平洋戦争勃発後、豪州在住の日本人は敵国人として収容所に送られたのだった。さらに、夫が軍隊勤務の場合、妻が日本国籍であると、秘密保持の信頼性を疑われて昇進が遅れる可能性もあると考えられた。このように、豪国籍取得で豪州への帰属過程の完了とは見なせない場合も多かったのである。

5　帰還不能点を越えるとき

その後の戦争花嫁たちの定住過程はどうだったのだろうか。到着後の年月は、新しい言葉と生活習慣に慣れ、育児に追われる一方、夫婦間に問題が発生して、結婚生活を続けていくかどうかを不安に思うケースもあった。「もし豪州と日本が地続きだったら、子供を連れて歩いてでも帰ったかもしれない」と何人かは語ったが、間に横たわる海がそれを物理的にも心理的にも妨げたのだった。

一方、もしもの時には親を頼って日本に戻ればよいと考えていた女性たちも、ある時期になると気持ちに変化が起こった。その境目を私は“point of no return”、つまり帰還不能点と呼びたい(3)。帰還不能点とは、航空機やヘリコプターなどで遠くの目的地へ移動する際に、それ以上進むと出発点に戻るのが不可能になる地点を意味する。特に南極など隔絶した場所での移動では、途中で臨時着陸できないため、この地点を越えると目的地到着を目指すしかない。花嫁にとっての帰還不能地点通過は、子供たちの帰属感を認識した時だっ

(3)　田村(二〇〇三)一〇四－一〇七頁

た。

母親が日本に戻ると決心したら、子供が幼い時期は一緒に連れて帰るのが当然だと考えていた。しかし、子供が成長して自身の考えを持つようになると、話は複雑になる。酒と浮気が絶えない夫に嫌気がさしたミチは、日本生まれの長女が一〇歳くらいの時に、思い切って日本に帰ろうかと持ち出した。しかし長女は、「日本へ遊びに行くならお母さんについていくけれど、日本でずっと住むのは嫌だ」とはっきり答えたという。別の花嫁のトシコは、東京で豪大使館勤務だった夫と知り合ったが、父親に強く反対されて、駆け落ち同然で家を出て一九歳で長男を産んだ。日本語が堪能な夫は、東京では家庭内でも日本語を使っていたが、息子を豪州人として育てるために帰国をすると決めた。豪到着後は日本語を一切使わず、英語のみの生活になった。そして次々と子供が誕生すると、しだいに日本との距離が遠のくような気がしたという。日本を出発する際に両親が、「帰ってきたければ、旅費くらいは送ってあげる」と申し出たため、豪州での生活が嫌になればいつでも東京に戻れると思っていた。しかし長男も豪州生まれの下の子供たちも、日本語は話せず、豪州人として育っていくのを見るうちに、「私はもう日本に戻って暮らすことはできないとつくづく思いました。もし戻るならば子供をこちらに残していくことになります。そんなことは決してできなかったのです」と語った。

このように、日本に戻って暮らす選択肢はもはやないとしだいに気付いた花嫁たちだったが、望郷の念を断ち切ったわけではなかった。親兄弟への愛着や、生まれ育った言語や生活習慣を懐かしむ気持ちは強かった。しかし、彼女たちにとって自分が所属する場所、つまりホームは、家族が住む場所であったのだ。それゆえ自身の帰属感を、育った国である日本から、子供が育ち愛着を持つ場所である豪州に移していったのではないだろうか。

多くの花嫁たちは、家庭内で子育てを中心とする生活を築いていったが、子供が就学年齢になると、補助収入を求めて職につく場合もあった。さらに豪国内の大学で日本研究が始まった時期には、当時少なかった日本語のネイティブスピーカーとして、日本語教育の重要な一端を担った場合もあった。一九八〇年代になり、日豪関係が緊密になると日本関連の仕事がより多く現れ始めた。戦後しばらく厳しかった日本への視線が和らぎ、親日感が豪州社会にしだいに広がってきた時代である。その頃、留学生としてキャンベラに到着した筆者は、豪州を訪れる日本人団体ツアーの観光ガイドのアルバイトをしていたが、ベテランガイドとして活躍していたのが、戦争花嫁たちだった。当時五〇歳代で、まだまだ元気だった彼女たちが、張り切って観光案内をしていたのを懐かしく思い出す。

戦争花嫁同士のつながりは、定住の常に大切なプロセスで非常に重要な要素であった。近くに住む花嫁たちが日本食を持ち寄って集まり、台所で心置きなくおしゃべりをする機会を楽しんだのだ。移民に対する同化主義が強く、反日感情が残っていた時代には、バスの中で友人同士で日本語で話をしていると、「英語で話せ」と他の乗客から非難されたこともあったという。周囲の目を気にせずに母国語で語り合い、故国の食べ物を味わえる場所と時は貴重だった（ネットワークの形成及び発展に関してはコラム6参照）。

おわりに

本章では戦争花嫁たちの越境と定住過程を振り返ったが、彼女たちの帰属感は日本からオーストラリアへと時間と共に徐々に移行したわけではない。筆者が調査を開始した頃に、同年代の「日本のおばあちゃん」とは、ヘアスタイルや服装だけではなく、ジェスチャーやしゃべり方も違う彼女たちに対して、どのように接するのかに戸惑ったのを覚えている。彼女たちは豪州人なのか、日本人なのか疑問に思った。やがて彼女たちの語りから、日本と豪州の間を揺らぐ帰属感がうかがえた。同時に彼女たちも、帰属感を意図的に使い分けて表現していたと考えられる。つまり、豪州人に対しては「この国に到着して五〇年近くになるのだから、私はすっかりこの国に慣れて、豪州人の一員ですよ」と語り、相手を安心させる一方、日本人に対しては次のように語るのだった。「半世紀にわたってこちらに住んでいても、やっぱり私は日本人ですよ。日本が大好きだし、日本人としての誇りを持ってこちらで暮らしています」と。

定住とは、移住先で落ち着く場所が定まるだけではなく、その場所を自身の中にどう内在化するかである。戦争花嫁たちは、夫一人を頼って渡豪し、そこで暮らすことを選択した。その後、帰属感が生まれ育った国である日本から、長年暮らした豪州にしだいに移行したものの、日本への帰属感を捨て去ったわけではない。その移行には、豪国籍取得などの公的な滞在資格の自主的獲得だけではなく、子供の持つ帰属感など多様な要素が絡み合っていたと考えられる。このようにして花嫁たちは、ホーム、つまり自分の居場所を移住先に獲得していったのである。

昨今の日本では、国際結婚がめずらしくなってきた。多くの女性が日本を離れて夫の国に移り、その地で新しい生活を築き、子供を育てる経験をすることになるであろう。子供たちが成長していく過程で、その土地の言葉や考え方をどんどんと身につけていくのを見守るのは、驚きであると同時に、不安に思う場合がある。七〇年前に船で到着した戦争花嫁たちのも、今の時代の女性たちのもよく似た体験であり、花嫁たちの定住過程から現代の国際結婚体験者たちが学ぶ部分は多いであろう。

［参考文献］
遠藤雅子『チェリーパーカーの熱い冬』新潮社、一九八九年
島田法子編『写真花嫁・戦争花嫁のたどった道』明石書店、二〇〇九年
田村恵子「Point of No Returnを越える時―日本人戦争花嫁のオーストラリア定着過程」『オーストラリア研究』一五、二〇〇三年
田村恵子『戦争花嫁ミチ』梨の木舎、二〇二二年
林かおり・田村恵子・高津文美子『戦争花嫁―国境を越えた女たちの半世紀』芙蓉書房出版、二〇〇二年
Carter, Isobel Ray, *Alien Blossom: A Japanese-Australian Love Story*, Melbourne, Lansdowner Press, 1965.
Crawford, Miki Ward and others, *Japanese War Brides in America: An Oral History*, Santa Barbara, Praeger, 2010.
Jones, Paul and Vera Mackie, *Relationships: Japan and Australia 1870s–1950s*, Park Ville, The History Department, University of Melbourne, 2001.
Tamura, Keiko, *Michi's Memories: The Story of a Japanese War Bride*, Canberra, ANU Press, 2011.

column6

戦争花嫁ネットワークの発展——台所から国際大会へ

田村恵子

戦争花嫁たちは、一九九四年五月にハワイのワイキキで最初の国際大会を開催した。大会には、地元ハワイを含む北米各地、豪州、英国などから一〇〇名近くが集まった。参加者の年齢は、六〇歳後半から七〇歳以上がほとんどで、孫を持つおばあちゃんたちだ。コツコツと貯めた貯金から参加費を捻出して、はるばるやってきたのだ。大会は多彩なプログラムを三日間にわたって繰り広げ、大成功に終わった。それ以降の約一〇年間、戦争花嫁たちは日本（会津若松と別府）、アメリカ（ロサンゼルス）、豪州（キャンベラ）で開催された国際大会に出席するために海外へ飛んだのだった。大会参加者たちは帰国後も、戦争花嫁の団体である国際結婚親睦会が定期的に発行するニュースレターを媒体に連絡を取り合い、友情を深めていった。このおばあちゃんたちの国際ネットワークはどのように始まり、目的は何だったのだろうか。

女性の海外移住は、従来家族の枠組みの中で語られてきた。つまり夫や両親と共に海外へ移動し、到着後は家族単位で生計を立てながら、同国人コミュニティを中心に生活するというパターンである。女性たちの移住先での文化適応は、本国から一緒に動いた家族の一員としての体験だったのである。一方、戦争花嫁の結婚相手は駐留軍兵士で、夫の本国に渡り、日本人が周りにいない環境で、夫や彼の家族と生活をした。日本人と知り合っても、軍人特有の頻繁な配置転換のため、交流関係を維持するのは難しかった。このような環境で、戦争花嫁は自身が新しい言葉や習慣に適応するだけでなく、子供たちを「豪州人」として育てることを期待されたのだった。

日本から花嫁たちが到着した一九五〇年代後半の豪州社会は、白豪主義を擁護し、第二次世界大戦後の積極的な移民奨励政策によって到着した移民に対しては、同化主義をもって接していた。加えて当時の豪州社会には、

戦争花嫁来豪40周年記念大会（筆者提供、1993年4月、メルボルン）

太平洋戦争後の厳しい反日感情が残っていた。それゆえ、母親が日本語を使うと、子供の教育に悪影響があると考えられた。戦争花嫁も、子供たちも、豪州人的なふるまいをするように期待されたのだった。それでも日本への郷愁は忘れがたく、花嫁たちは日本食持参で集まり、台所で自分の体験や苦労話を日本語でするのを心の支えとしていた。一九八〇年代になり豪州社会がしだいに多文化主義を受け入れ、さらに対日感情が和らぐにつれて、交流の輪は居住地域に広がっていった。

その頃、渡米した戦争花嫁たちは広域ネットワークを作り始め、戦争花嫁世界大会を計画していた。一九九二年に、米リーダーのスタウト和子がメルボルンを訪問して、大会への参加を在豪戦争花嫁に持ち掛けた。それをきっかけに、豪国内ネットワークの形成が始まり、一九九三年四月にメルボルンで戦争花嫁来豪四〇周年記念大会が開催された。そして翌年のハワイでの国際大会には、豪州から四〇人余りが参加したのだった。

ある戦争花嫁は、国際大会はまるで同窓会のようだと語った。移住先も体験も異なり、それまで一度も会っていなくても、共通しているのは、占領期に駐留兵と出会って、周囲の反対を押し切って夫の国へ嫁ぎ、次世代を育ててあげた経験である。花嫁たちは、国際結婚とひとくくりにできない、歴史的、文化的、社会的な共通体験をしてきたと言える。それゆえ、出身地や移住先が違っても互いに親近感があり、説明なしで話ができると語った。国際大会には、それまで戦争花嫁をテーマにした作品を発表した小説家や写真家が招かれて講演した。他者が描いてきた戦争花嫁像を、当事者が検証したのだ。長年日本に残っていた戦争花嫁に対する偏見に対しても、花嫁自身が自分の人生体験を公的に語ることで、生の声を発信してあらためて議論する機会を作り出したと言える。おばあちゃんたちが企画実行した国際大会は、彼女たちの粘り強さと実力を証明する絶好の機会となったのである。

高齢化のために、戦争花嫁大会は自然消滅したように見えていた。しかし二〇二三年一〇月上旬に、在米戦争花嫁たちにとって最後となる集まりが、ラスベガスで開催された、というニュース画像が届いた。[1] 九〇歳を超える花嫁たちも出席したその会では、長年の友情を確かめ合うと同時に、互いに別れを惜しむ姿が映し出されていた。高齢にもかかわらず実現したこの大会は、花嫁たちの実行力と行動力をあらためて証明したと言えるだろう。

［注］

（1）二〇二三年一〇月三日放送 TBS News DIG「第二次大戦後黒人兵と結婚した日本人〝戦争花嫁〟が見つめる今」https://youtu.be/tjZSPVzfC1A

第6章　ワーキングホリデー
——若者の国際移動とアイデンティティ形成

川嶋久美子

はじめに

現代ではグローバリゼーションの進行とともに、観光、留学、海外インターンシップなど、さまざまな形で国境を越える若者が増加している。なかでもワーキングホリデーは比較的歴史が長く、また近年、拡大傾向にある。オーストラリアは渡航先として知名度が高く、日本では「ワーキングホリデーと言えばオーストラリア」というイメージを持つ人も多い。本章では、ワーキングホリデーでオーストラリアを訪れる日本人に焦点を当て、若者の国際移動とアイデンティティ形成について考察したい。

1　制度としてのワーキングホリデー

ワーキングホリデーは、協定国の若者たちが相手の国に長期滞在しながら異なる文化や生活スタイルを学び、相互理解を深めるための制度である[1]。旅行や就学に加え、滞在資金を補うための一時的な就労が許されているのが特徴で、その自由さが世界中の多くの若者に人気である。留学ビザなどとは異なり、ほとんどの場合、ワーキングホリデービザは国ごとに一度しか取得できない。このルールは、一生に一度限りの若者体験というワーキングホリデーの「特別感」を高めている。オーストラリアのワーキングホリデー制度は一九七五年にイギリスとの二国間協定として始まり、一九八〇年には初のアジアの国として日本との協定が結ばれた。現在では一九か国が参加する人気プログラムへと成長し、年間一七万人以上の若者がビザを取得している（表1）。日本人については二〇二二年から二〇二三年の一年間で一万四三八八人がビザを取得し、過去最高となった[2]。

表1　オーストラリアのワーキングホリデー協定国

国・地域	開始年
イギリス	1975
アイルランド	1975
カナダ	1975
日本	1980
オランダ	1980
韓国	1995
マルタ	1996
ドイツ	2000
スウェーデン	2001
ノルウェー	2001
デンマーク	2001
香港	2001
フィンランド	2002
キプロス	2002
イタリア	2004
フランス	2004
台湾	2004
ベルギー	2004
エストニア	2005

出典：オーストラリア移民局 https://www.homeaffairs.gov.au/research-and-stats/files/working-holiday-report-dec-22.pdf （2023年9月29日アクセス）

（1）外務省ウェブサイト https://www.mofa.go.jp/mofaj/toko/visa/working_h.html（二〇二三年九月二九日アクセス）

（2）この数は全体の八パーセントにあたる。オーストラリア内務省 'Working Holiday Visa Program' https://data.gov.au/data/dataset/visa-working-holiday-maker（二〇二三年九月二九日アクセス）

ワーキングホリデービザの発給要件や滞在中に許可されている活動は国や地域によって違いがあるが、オーストラリアに渡航する日本国籍保持者に対してはビザ申請時の年齢が一八歳から三〇歳であること、子供や配偶者などの扶養家族を同伴しないこと、滞在当初の生活費と帰りの航空券に充てる資金があることが主な条件とされている。[3] 初めてワーキングホリデービザを取得する場合の最長滞在期間は一二か月までだが、一定の条件を満たせば最長で二四か月までの延長が可能である。比較的容易にビザが取得でき、現地で働くことで資金を調達でき、そして英語圏の多文化社会における就労や人生経験につながることがこの制度の最大の魅力となっている。

(3) 渡航時に所有する十分な資金は、通常五〇〇〇豪ドルとされている。オーストラリア移民・市民権省 'Working Holiday Maker (WHM) Program' https://immihomeaffairs.gov.au/visas/getting-a-visa/visa-listing/work-holiday-417/first-working-holiday-417#Eligbility（二〇二三年九月二九日アクセス）

2 若者の国際移動と多様化するアイデンティティ

渡航の動機はさまざまだが、多くの日本人は語学力の向上、国際交流や就労経験による広い視野の獲得を目標として挙げる。外国人とシェアハウスに住んだり、週末に友人たちとバーベーキューやビーチで過ごすなど、異文化環境での生活を通じて自己成長を達成したいと考える若者のニーズに応えるのがワーキングホリデーと言えるだろう。まだ日本で出発の準備をしていたマナミさん（三〇歳）は、オーストラリアでの生活を以下のように想像していた。「まずは毎日英語を話したり聴いたりすることで語学力は結構、伸びると思う。次は仕事を見つけて、旅行に行けるくらいのお金を貯める。（略）その頃には現地での生活にもだいぶ慣れてて、オーストラリア人とか他の外国人の友達もできてたらいいな、とか思ってます。(略)新しい環境で色んなことをしている間に、将来の方向性とか見えてくるんじゃないかな、と。[4]」

これまで筆者が話を聞いた日本人ワーキングホリデー渡航者の多くは、国際移動によって「自分の可能性」や「将来の方向性」が見出せるのではないかと期待する傾向があった。[5]そこから見えてくるのは、自分の人生をプロジェクトのように捉え、その責任を積極的に若者個人が負う構図である。イギリスの社会学者アンソニー・ギデンズは、近代以降の社会で個人化が進んだことで、若者が大人へと移行する過程では伝統的な規範に頼るより個人の判断や選択が重要になり、その結果「自分とは何者であるか」という問いは後期近代社会を生きる誰しもに降りかかる問題だと説明する。[6]多くの他の工業先進国と同じく、高度成長期の日本においては「サラリーマン―専業主婦型家族」が理想とされ、男性は安定したホワイトカラー職に就いて家族を養い、女性は出産、育児、家事労働を担うというジェンダー規範が広く浸透した。しかしながら、伝統や前例に縛られない人生の選択肢が以前よりも可能になった今日、多様なアイデンティティの在り方が認められると同時に、「自分らしいオリジナルな人生経歴」をそれぞれの個人が築き上げなくてはならないとする新たな規範を生んでいるとも言える。

(4) 二〇〇七年に東京で行ったフィールド調査より

(5) Kawashima (2012)

(6) Giddens (1991)

3 国際移動の商業化

国際移動は若者の自己探究だけでなく、近代以降の消費文化の拡大とも絡み合っている。

多数のガイドブックやハウツー本が出版され、「ワーキングホリデー」というキーワードで検索エンジンを利用すると、留学エージェントや旅行代理店などのウェブサイトが多数ヒットする。現代では個人でも多くの情報が無料でアクセスできるが、業者による代行や斡旋サービスはワーキングホリデー渡航者に人気である。出発前はビザ申請や、旅行保険の手配、ホームステイ先の斡旋などがあり、到着後はオリエンテーションから始まり、住居や職探しのサポートなど多様なサービスが提供される。多くのワーキングホリデー渡航者は、基本のパッケージに加えてオプションのサービスを組み合わせて利用し、まるでカタログから商品を注文し、旅行をカスタマイズするかのように行動する。一九六〇年代以降の日本では、バックパッキングに代表される個人長期旅行が台頭し、その背景には画一的でルーティン化されたパッケージツアーとは違う経験への渇望があった。その特徴は、低予算で自由気ままな行き当たりばったりの要素が楽しめる、いわば主体的な身体移動の形であった。しかし現在のワーキングホリデー渡航者は海外滞在に伴うリスクに敏感であり、斡旋業者はそのリスクを資源化することにより利益を得ていると指摘されている。[7] このように、若者が自分らしい人生経験を得るために国境を越える行為は、お金で買えるライフスタイルを消費者として選択する過程のようにも見える。「なりたい自分」になるためには、時間と労力だけでなく、お金もかかるというわけだ。

一方では業者の参入によりワーキングホリデーは画一化が進んでいると言えるが、他方でSNS、ブログ、投稿サイトや動画サイトには現地で生活する人々が共有する情報で溢れており、日本を出発する前からほぼリアルタイムで現地生活を垣間見ることが可能になっている。そこではステレオタイプ的なオーストラリアの生活が描かれることもある

(7) 田中(二〇一九)

が、人種差別や社会格差の問題など、従来のガイドブックや旅行業者が触れることの少ないトピックにも積極的に発信する者が増えている。自分と同じくらいの年齢の日本人が、時には苦戦しながらもそれぞれの個人的な探究に取り組む姿を見ることで、渡豪への関心が高まったり、現地文化に関する知識が深まったり、仕事の探し方など生活に密着した情報が得られたりといった利点も多い。デジタルツールや新たなコミュニケーション技術がワーキングホリデーにどのような影響を及ぼしていくのかは、これからも注目すべき点であろう。

4　国内経済の影響

ここでは若者の国際移動と経済の関係について考察したい。日本ではバブル崩壊後に国内経済が長期間に渡って停滞し、これが若者の就労に大きな影響を与えた。一九九〇年代から二〇一〇年代にかけては雇用の不安定化や労働条件の悪化、不本意な就職が増加し、また非正規雇用率の拡大などが社会問題化した時期であった。この状況下で、自らの仕事や将来のキャリアに不満を抱く若者が増え、それが日本を離れるという選択につながったと指摘されている。[8] 筆者が過去に日本人ワーキングホリデー渡航者を対象に行った調査でも、不況の中で就職活動をした結果のミスマッチや、残業の増加、そして将来への不安を感じるなど、日本で働く生活に行き詰まりを感じた若者が南半球の新しい環境に飛び込んで打開策を模索するケースが多く見られた。[9] 二〇一〇年代中頃からは少子化の影響もあ

（8）　Kato（2013）および藤岡（二〇一二）

（9）　Kawashima (2010). 一九八〇年代にオーストラリアが不況を経験した時は、より多くの現地の若者がワーキングホリデー制度を利用して日本へ渡航した。朝水（二〇〇九）

り、新卒雇用が売り手市場に転換し、若者の意識にも変化が現れている。例えば二〇二〇年以降の調査によると、長時間労働など日本での就労環境に対する不満が渡航の動機づけになっているケースは多く見られるものの、将来の雇用やキャリア形成に対する楽観視も報告されている[10]。

賃金レベルの動向も若者の海外渡航への動機づけに影響する。日本では二〇二三年に初めて最低賃金の全国平均が一〇〇〇円を超えたが、近年の賃上げ率は他国と比較すると低く、物価の上昇を考慮すると実質賃金は低下している[11]。オーストラリアは対照的で、深刻な不況や若年層の失業率上昇が見られた一九八〇年代以降は物価が上昇し続け、それに合わせて給与レベルも右肩上がりを継続してきた。二〇二三年現在、オーストラリアの全国最低賃金は時給二三豪ドル二三セント（税引き前、約二一〇〇円）で、アルバイトの場合はさらに二五％上乗せされる[12]。夜間や土日祝日出勤は特別な時給計算になり、例えばアルバイトで接客業に就き日曜出勤をすると最低でも時給は三九豪ドル五七セント（税引き前、約三八〇〇円）にまで引き上がる[13]。これは最低レベルの時給であり、物価が高いオーストラリアで快適な生活を送るには充分ではないとされているが、日本の基準からすれば高収入とみなされるだろう。最近では両国の賃金格差から、ワーキングホリデーでオーストラリアに渡りアルバイトをすることを「出稼ぎ」になぞらえる傾向も見られるようになった。このことから、若者の越境行動は自己探究への欲求だけでなく、マクロ経済や労働市場の動向など外的要因にも左右されることが分かるだろう。

(10) Oishi（2022）

(11) 厚生労働省「報道発表資料二〇二三年八月八日」「毎月勤労統計調査 令和五年七月分結果確報」https://www.mhlw.go.jp/stf/newpage_34684.html, https://www.mhlw.go.jp/toukei/itiran/roudou/monthly/r05/2307r/2307r.html（二〇二三年九月二九日アクセス）

(12) オーストラリア・フェアワーク・オンブズマン 'Minimam Wages' https://www.fairwork.gov.au/tools-and-resources/fact-sheets/minimum-workplace-entitlements/minimum-wages#what-is-the-national-minimum-wage-order（二〇二三年九月二九日アクセス）

(13) オーストラリア・フェアワーク・オンブズマン 'Pay Guides' https://www.fairwork.gov.au/pay-and-wages/minimum-wages/pay-guides#H（二〇二三年九月二九日アクセス）

5　現地での住居と就労環境

多くの日本人にとって、国境を越える旅は身体的な越境だけでなく、非身体的な越境行為でもある。なかでも言語と文化の違いは、最も顕著な境界線と言えるだろう。日本人ワーキングホリデー渡航者は主に都市部で新たな生活を始める傾向にあり、多くの人が到着後すぐに、市街地に位置する英語学校に通い始める。例えばシドニーではセントラル駅やタウンホール駅周辺に多くの英語学校があり、近隣には日本人向けの食料品店や飲食店も点在しており、日本語のフリーペーパーも入手できる。周辺には高層マンションが立ち並び、非公式に運営されている一室も数多く存在する。２ＬＤＫ～３ＬＤＫを一〇人以上がシェアするケースも頻繁に見られる。これらの部屋は二段ベッドや物置を活用しており、寝室自体を他人と共有する形式のシェアハウスは「ルームシェア」と呼ばれる。家賃は高く、それぞれに与えられるのはベッドまたは布団と最低限の収納スペースだ。[14] こうした非公式の共同生活スタイルは、違法性が問題視されてきた。特に、正式に把握されている居住者の何倍もの人数が暮らす建物は避難時などの災害対策面からその問題が顕在化しているが、シドニーのような賃貸住宅不足の都市では解決が見えない。それでもワーキングホリデー渡航者にとっては、ルームシェアは立地条件の良いマンションに住めるだけでなく、友達を作ったりアルバイトの情報を得たりする貴重な場所としての機能も果たす。

先に述べたように、現地での就労経験はワーキングホリデーの魅力のひとつである。都

(14)　例えば二〇〇〇年代中頃にシドニー市街地にあるダーリングハーバー地区のマンションのマスターベッドルームを二人～三人でシェアする場合の家賃の相場は一人につき週に一五〇豪ドル程度だったが、二〇一八年から二〇一九年にかけて同じ地区にある家を一二人でシェアした場合の家賃相場は一人につき月六八〇豪ドルだったとの報告がある。松原、堤（二〇一九）

図1　シドニー市街地の電柱に貼ってあったシェアハウスの広告（筆者撮影、2007年）

図2　ニューサウスウェールズ州の葡萄畑で枝を刈り込む日本人ワーキングホリデー渡航者（写真提供：古市臣吾、2012年）

市部ではサービス産業が主な雇用先となっており、言語の壁から日本食レストラン（通称ジャパニーズレストラン、またはジャパレス）など、日本人経営の飲食店でのスタートが一般的だ。雇用情報は、現地の日本語情報誌、関連のウェブサイト、留学エージェントのオフィスで閲覧できることが多い。また知人の紹介や希望の店に履歴書を直接持参する方法でも仕事を見つけることができる。日本人経営の飲食店や小売店などの日系ビジネスは、英語力がまだ不十分な日本人ワーキングホリデー渡航者にも就労の機会を提供している。しかし、それは裏を返せば他の就労機会が

図3　シドニーのヨークストリートにある日本食レストラン（筆者撮影、2012年）

限られていることも意味している。そのことから日本人アルバイトは足元を見られ、最低賃金未満で働かされるなど、違法な労働環境が数多く報告されている。(15) 一時滞在ビザを持つワーキングホリデー渡航者は労働搾取の対象となりやすく、全体の三割以上が時給一二豪ドル以下で働いているという調査結果も出ている。(16) 特に、多くの日本人渡航者のように英語力が限られている場合、現地の労働市場で周縁化されやすく、都市部・遠隔地に関わらず労働と人権に関する問題が起こっている。

オーストラリアのワーキングホリデー制度は兼ねてから国内産業の人手不足と深い関係があり、移民労働を受け入れる窓口としての性格が年々強くなっていることは重要な点だ（詳しくはコラム7参照）。日本人ワーキングホリデー渡航者にとって、現地での就労は異文化環境で刺激を受けたり新しい交友関係を築く貴重な機会である一方、アジアの非英語圏出身者としては不利な立場で現地の労働市場に編入されることでもある。

(15) 例えば藤岡（二〇〇八）
(16) Berg and Farbenblum (2017)

6　日本型雇用慣行とジェンダー格差の影響

オーストラリアへ渡る日本人ワーキングホリデー渡航者の男女比には顕著な偏りが見られる。一九九〇年中頃から現在までのデータを見ると、六割程度が女性であることが分かる（図4）。さらにビザ取得時の年齢を考慮すると、性別により傾向が異なることがわかる。女性の場合、二四〜二六歳のビザ取得者が多く、二〇代後半の総数は二〇代前半のそれを上回る。しかし、男性においてはピークの年齢層は二一〜二二歳で、それ以降減少傾向となり、二〇代後半の取得者数は前半のそれを下回る（図5）。これらの数字は、日本の労働市場におけるジェンダー格差の存在を示している。

第2節でも言及したが、高度成長期には性別役割分業に基づくミドルクラスの核家族という理想像が社会で広く共有されていた。この理想を軸にした日本型雇用は終身雇用と年功序列を特徴にしており、現在でも多くの男性は職の安定と勤務年数に応じた給料や役職の上昇と引き換えに長時間労働や転勤を強いられ、女性が働く場合は無償家事労働と賃金労働を両立するためパートやアルバイトといった「非正規」の雇用形態に頼らざるを得ない状況に陥りがちだ。成人男性は定年するまで高い労働力率をキープし、二〇〜五〇代の男性のうち八五〜九三％が正規雇用で就労するが、女性の非正規雇用率は男性の二倍で、その率は歳を追うごとに高くなる。[17]　非正規雇用は正規雇用に比べて職が不安定で低賃金なことから社会的ステータスが低く、そもそも転職を繰り返すこと自体に負のイメージがつ

（17）『男女共同参画白書　令和三年版』https://www.gender.go.jp/about_danjo/whitepaper/r03/zentai/html/honpen/b1_s02_01.html（二〇二三年九月二九日アクセス）

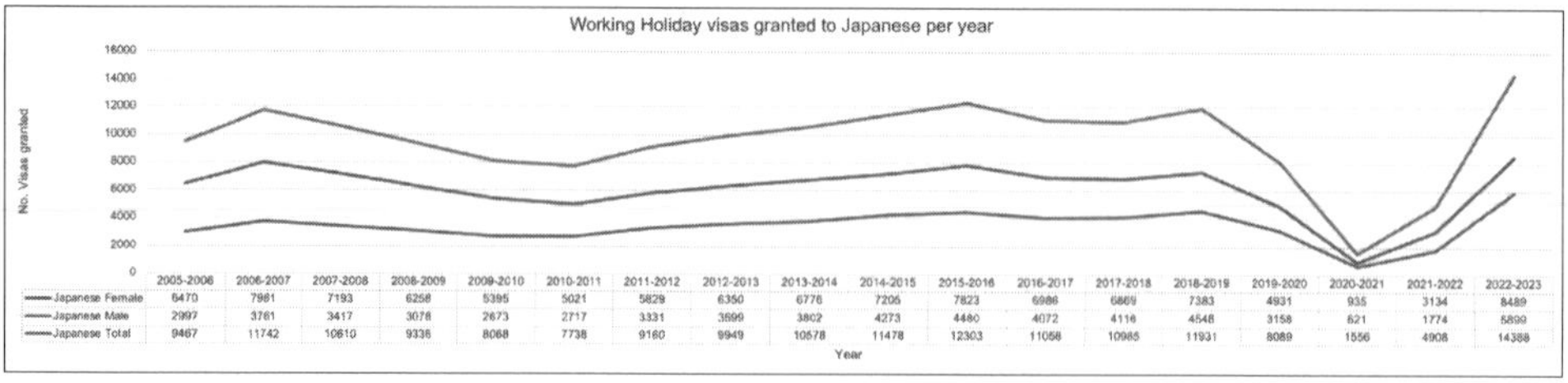

	2005-2006	2006-2007	2007-2008	2008-2009	2009-2010	2010-2011	2011-2012	2012-2013	2013-2014	2014-2015	2015-2016	2016-2017	2017-2018	2018-2019	2019-2020	2020-2021	2021-2022	2022-2023
Japanese Female	6470	7981	7193	6258	5395	5021	5829	6350	6776	7205	7823	6986	6869	7383	4931	935	3134	8489
Japanese Male	2997	3761	3417	3078	2673	2717	3331	3599	3802	4273	4480	4072	4116	4548	3158	621	1774	5899
Japanese Total	9467	11742	10610	9336	8068	7738	9160	9949	10578	11478	12303	11058	10985	11931	8089	1556	4908	14388

図4　オーストラリア　ワーキングホリデービザ発給数（日本人）

出典：オーストラリア内務省 'Working Holiday Visa Program' https://data.gov.au/data/dataset/visa-working-holiday-maker（2023年9月29日アクセス）

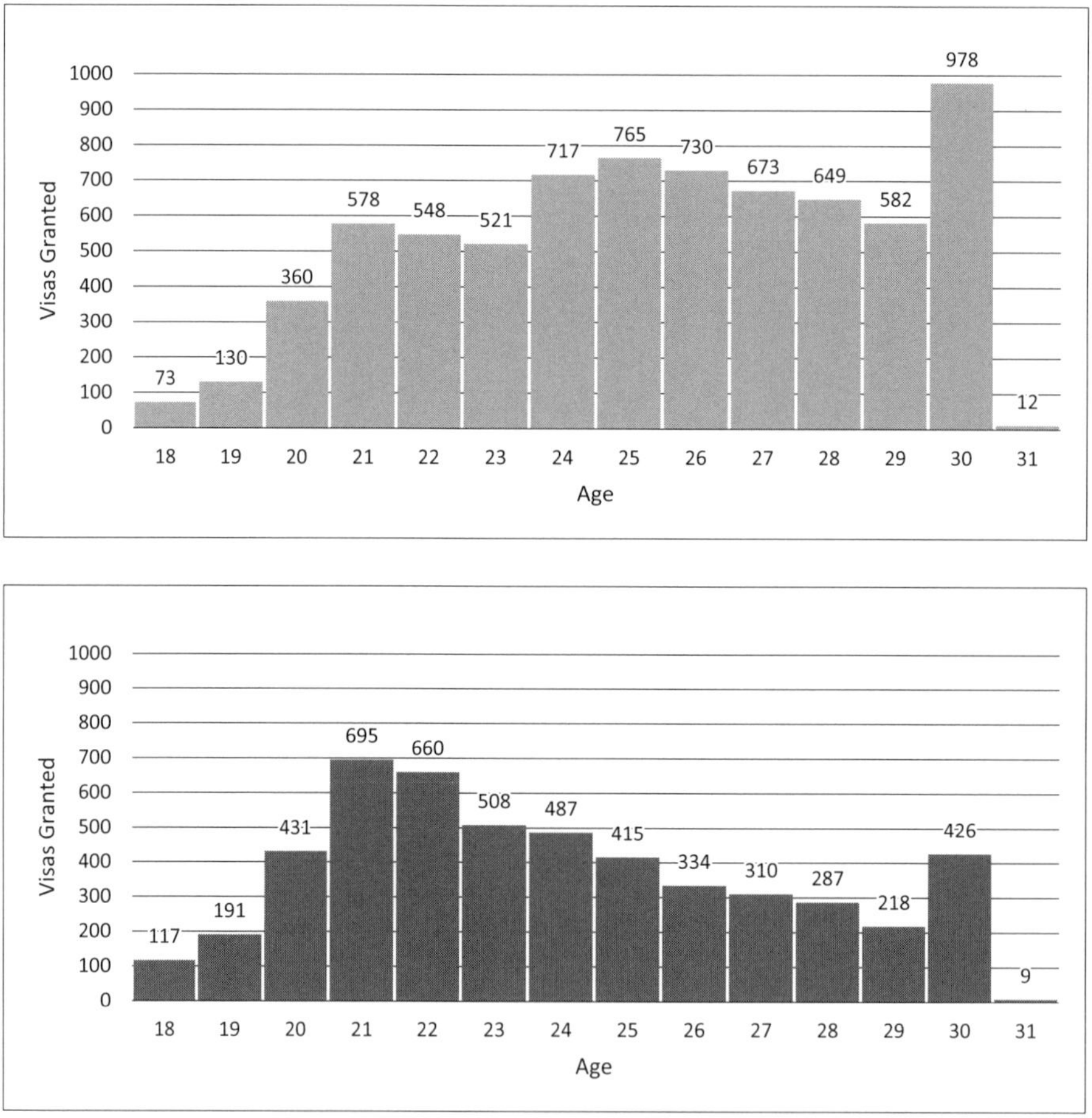

図5　年齢別ワーキングホリデービザ発給数、日本人女性（上）・男性（下）（2022年～2023年）

出典：オーストラリア内務省 'Working Holiday Visa Program' https://data.gov.au/data/dataset/visa-working-holiday-maker　（2023年9月29日アクセス）

きまとう日本社会では、正規雇用から一度外れることで転職に不利になったり非正規雇用から抜けられなくなることを心配する声が頻繁に挙がっている。このような状況から、以下のような分析ができる。男性は一度正規雇用で就職すると長期に渡る海外滞在で職務履歴に空白期間ができることを嫌う傾向にあることから、二〇代中頃以降はワーキングホリデーに参加することへの心理的・社会的ハードルが上がり、渡航者の減少に繋がるのではないだろうか。女性の場合は教育期間を終えてフルタイム就労を何年か経験してからワーキングホリデーで渡航するケースが多いが、それは以前から指摘されてきたように、労働市場におけるジェンダー格差は彼女たちが国外に活路を見出す要因の一つとなっていることが考えられる。[18] 女性はしばしば正規雇用から排除され、結婚や出産を機に非正規雇用で働くことを前提としている場合も多いため、三〇歳近くになって離職して長期間日本を離れることへの抵抗感は男性よりも少ない傾向にあり、労働の不自由が移動の自由を促進している可能性もある。

男女ともに共通しているのは、ワーキングホリデービザの申請が可能な最後の年である三〇歳ではビザ取得人数が跳ね上がることである。女性の場合は特にその傾向が強く、その年齢層で最も多くのビザ取得がある。これは若者限定というワーキングホリデー制度の制約が、海外へ渡り人生の方向転換を図ったり新たな経験を手にできるチャンスは今しかないと思う若者にチャンスを示し、新たな経験へと駆り立てている。

（18） Kato（2013）

おわりに

オーストラリアは、コロナ禍が始まった二〇二〇年三月、豪国籍と永住権保持者以外の入国をいち早く禁止し、国内にいたワーキングホリデー渡航者たちには一切の経済的援助を与えなかった。連邦政府は当時、最優先されるべきは自国民であり、向こう六か月間、自力で経済的に生き残れない可能性があるワーキングホリデー渡航者は直ちに帰国するべきという姿勢を打ち出した。二〇二〇年四月には豪州政府が重要セクターと指定した保健衛生、高齢者・障害者のケア、農業、食品加工と保育の分野で働いているワーキングホリデービザ保有者に対しては、就労やビザ延長の条件を緩和するなどの動きが見られた。[19]この一連の動きから垣間見えるのは、人手不足を解消する貴重な労働力を提供しているにもかかわらず、ワーキングホリデー渡航者は災害時には自助努力の名の下で放置されるリスクがある不安定な立場に置かれているという点だ。それにもかかわらずコロナ禍で禁止されていた一時滞在ビザ保持者の入国が解禁された後のワーキングホリデープログラムの回復は目覚ましく、この制度の人気が伺える。

今後の日本では、古い慣習に縛られない自由なキャリア形成や時間の使い方がさらに注目を浴びる可能性が高く、オーストラリアのワーキングホリデー制度は国境を越えて新たな挑戦を始めたいと思う日本の若者が貴重な人生経験を積む場所と時間を提供してくれるだろう。ワーキングホリデーから留学ビザ、パートナービザや労働ビザに切り替えて現地

(19) オーストラリア移民局 https://minister.homeaffairs.gov.au/davidcoleman/Pages/Coronavirus-and-Temporary-Visa-holders.aspx (二〇二三年九月二九日アクセス)

に残る人、日本に帰国後にオーストラリアでの経験を活かした仕事に就く人など、渡豪がきっかけで人生が変わることもある。[20] しかし多様なアイデンティティの探究が可能になった社会で主観的には自由な個人として行動していても、人生機会は依然として不平等に分配されている。例えば労働市場は教育レベル、国籍、人種、ビザ、ジェンダーなどの構造的要因に規定され続けている。多民族国家でありながら、オーストラリアには人種間の力関係は不均衡であり、アジア人に対しては人種差別もある。[21] 海外で暮らすということは、その場所特有の構造的要因から成り立つ社会構造に組み込まれるということであるため、そこで経験するメリットや困難は安易に努力の量や計画性といった個人的要素に変換できないことは心に留めておく必要があるだろう。

(20) 過去の調査では、帰国直後は英語力や異文化経験が思ったよりも転職活動に役立たなかったという証言も報告されている(Kawashima 2010)。

(21) 日本人ワーキングホリデー渡航者をジェンダーと人種の交差性の視点から分析した例にはKawashima (2012)がある。

［参考文献］

朝水宗彦「観光・ワーキングホリデー・コンベンションの日豪比較」早稲田大学オーストラリア研究所編『オーストラリア研究：多文化社会日本への提言』オセアニア出版、二〇〇九年

田中孝枝「第12章 旅行会社のみせる「安心」―リスクの多様性と多元性」西川克之、岡本亮輔、奈良雅史編『フィールドから読み解く観光文化学：「体験」を「研究」にする16章』ミネルヴァ書房、二〇一九年

藤岡伸明「オーストラリアの日本人コミュニティにおけるワーキングホリデー渡航者の役割」『オーストラリア研究紀要』三四、二〇〇八年

藤岡信明「若者はなぜ海外長期滞在を実践するのか―オーストラリア・ワーキングホリデー制度利用者のライフヒストリー分析」『労働社会学研究』一三、二〇一二年

松原咲樹、堤純「オーストラリアにおける日本人ワーキングホリデー―渡航者の近年の傾向」『オーストラリア研究』三四、二〇二一年

Berg, Laurie and Bassina Farbenblum, 'Wage Theft in Australia: Findings of the National Temporary Migrant Work Surve', SSRN *Electronic Journal*, 2017.

Giddens, Anthony, *Modernity and Self-identity: Self and Society in the Late Modern Age*, Cambridge,

Polity Press, 1991.
Kato, Etsuko, 'Self-searching Migrants: Youth and Adulthood, Work and Holiday in the Lives of Japanese Temporary Residents in Canada and Australia', *Asian Anthropology*, 12 (1), 2013.
Kawashima, K., 'Japanese Working Holiday Makers in Australia and their Relationship to the Japanese Labour Market: Before and After', *Asian Studies Review*, 34 (3), 2010.
Kawashima, K., 'Becoming Asian in Australia: Migration and A Shift in Gender Relations among Young Japanese', *Intersections: Gender and Sexuality in Asia and the Pacific*, 31, 2012.
Kawashima, K., 'Uneven Cosmopolitanism: Japanese Working Holiday Makers in Australia and the "Lost Decade"', Breaden, Jeremy, Stacey Steel and Caroline S. Stevens (eds.), *Internationalising Japan: Discourse and Practice*, New York, Routledge, 2014.
Oishi, N., 'Voluntary Underclass?: Globalism, Temporality, and the Life Choices of Japanese Working Holiday Makers in Australia', *Youth and Globalization*, 4 (1), 2022.

column7

拡大するワーキングホリデー制度と移民労働

川嶋久美子

オーストラリアのワーキングホリデー制度は五〇年近い歴史があり、その間に、さまざまな変遷を経てきた。設立当初からのワーキングホリデーの目的は草の根レベルでの文化交流だが、政策の舞台では観光振興の経済効果に加え、労働力確保に焦点が当てられてきた。制度が次第に拡大された経緯を振り返ると、文字通りワーキング（労働）とホリデー（休暇）が混在しているこの制度は、国際移動をする若者たちだけでなく、豪州政府にとっても都合の良いものであることが明らかになる。

ワーキングホリデー渡航者の就労が現地の労働市場へ与える影響については、常に賛否両論が巻き起こってきた。不景気により若年失業率が上昇した一九九〇年代初頭には、増加が目立ったワーキングホリデー渡航者によってオーストラリア人の仕事が奪われる可能性が議論された[1]。日本人に関しては、対日観光市場の雇用を独占したり、一時滞在のはずが（例えば、日本料理店のシェフとして）長期的な労働契約に結びついたりすることが懸念された[2]。ワーキングホリデー制度に就労制限が設けられるようになったのは、このような声によるところが大きい。一九九七年には「移民に関する合同常任委員会」がワーキングホリデー渡航者の就労に関する異なる意見を考慮した。その結果、現状の規模を維持することを提案し、特に国内労働市場の問題解決やスキル労働移住の裏口として使用しないよう警告した[3]。

しかし二〇〇〇年代中頃から、オーストラリアのワーキングホリデー制度は拡大に向けて大きく舵を切った。ますます重要性を増すオーストラリアの農業労働力不足への対応として、二〇〇五年にはワーキングホリデーで滞在中に遠隔地での季節労働（農作業など）に三か月以上従事すると一年間の滞在が延長可能な「セカンドワーキングホリデービザ」が導入された。このビザは主に農産業の人手不足解消を目的としており、ホリデーと文化交流を目的とした制度設計から外れ、外国人労働者の受け入れ制度としての側面を色濃くした。二〇一九年には「サードワーキングホリデービザ」が導入され、セカンドワーキングホリデーの期間中に六か月以上、指定された地域や業種で就労した者は、最長で二四か月までビザを延長できることになった[4]。これらの延長ビザの取得者数は徐々に伸び、運用開始からの一七年間で累計四五万人以上に達した。日本人渡航者もこれまでに三万人近く

表1　オーストラリアの「ワークアンドホリデー」プログラム参加国

国・地域	開始年	人数制限
タイ	2005	2000
チリ	2006	3400
トルコ	2007	100
アメリカ	2007	無
マレーシア	2009	1100
インドネシア	2009	4435
アルゼンチン	2012	3400
ウルグアイ	2013	200
ポーランド	2014	1500
ポルトガル	2014	500
スペイン	2014	3400
中国(香港特別行政区を除く)	2015	5000
スロバキア共和国	2016	1000
スロベニア	2016	200
イスラエル	2016	2500
ハンガリー	2017	500
サンマリノ	2017	100
ルクセンブルク	2017	100
ベトナム	2017	1500
シンガポール	2017	2500
ペルー	2018	1500
オーストリア	2018	500
チェコ共和国	2018	500
エクアドル	2019	100
ギリシャ	2019	500
スイス	2022	200
パプアニューギニア	2011	100
ブラジル	2022	500
モンゴル	2022	100
インド	2024までに開始予定	1000
フィリピン	2024に開始予定	200

出典：オーストラリア内務省 https://www.homeaffairs.gov.au/research-and-stats/files/working-holiday-report-dec-22.pdf（2023年9月29日アクセス）

がセカンドビザを、約一〇〇〇人がサードビザを取得している。[5] このビザ延長制度は、豪州でのワーキングホリデーで自分らしい生き方を模索する若年日本人のモラトリアム期間を引き延ばす一定の効果があると言えるだろう。

セカンドワーキングホリデービザが導入された二〇〇五年には、従来通りのワーキングホリデービザ（サブクラス417）に加えてワークアンドホリデービザ（サブクラス462）が新たに加わり、同制度の中で二種類のビザが扱われることになった。前者は主に先進国の若者を対象にしてきたが、後者の対象国には途上国も多く含まれる（表1）。出身国によってはビザ申請の条件に申請者の学歴や英語力、自国の政府からの推薦状などが

図1　セカンドワーキングホリデービザが始まった当時、渡航者が持っていた日本語情報誌の切り抜き（筆者撮影、2005年フィールド調査にて）

図2　シドニーの留学エージェントオフィスの掲示板には遠隔地での就労機会についての情報が張り出してあった（筆者撮影、2012年フィールド調査にて）

含まれ、取得のハードルは相対的に高く設定されており、ほとんどの対象国には人数制限も設けられている。[6]これらの制限がワークアンドホリデー対象国出身者にだけ設けられていることは、労働力は確保したいが移民局の観点では超過滞在などのリスクが相対的に高いとされている国からの渡航者は限定的に入国させたいという豪州政府の思惑が透けて見える。

ワーキングホリデービザ延長の対象となる就労先も年月を追うごとに拡充している。二〇〇八年には就業要件が「季節労働」から「指定労働」と変更されたことで、工業や建設業での労働が可能になり、二〇一五年にはこれまで禁止されてきた同一雇用者の元での六か月以上の就労が、一定の条件下ではあるが認められるようになった。その後も森林火災や洪水による被災地域における復興作業、COVID-19に関連する医療分野や指定地域の観光とホスピタリティ産業での労働などが続々とリストに加わった。[7]さらに近年では年齢制限も段階的に緩和されている。オーストラリアの制度は長らく一八～三〇歳の若者を対象としてきたが、二〇一八年以降は段階的に、一部の欧米国に限って年齢制限を三五歳まで引き上げた。[8]これまでの動きを踏まえると、近い将来、日本人申請者の年齢制限も緩和される可能性は決して低くはないだろう。豪州政府にとってワーキングホリデー制度の拡大は人手不足の分野全般において若年外国人労働力を誘導する強力なツールとなっており、今後も多くの若い日本人の参加が見込まれている。

図3　オーストラリア政府が発行する農村での就労機会に関するガイドブック。栽培されている作物や収穫時期などが説明されている（2023年）
出典：オーストラリア雇用・労使関係省 https://www.workforceaustralia.gov.au/individuals/coaching/careers/harvest/about/national-harvest-guide

図4　ワーホリ制度を利用して金曜島の真珠養殖場で働く日本人女性（写真提供：鎌田真弓 2018年8月）

オーストラリアの自然豊かなエリアで働きながら国境を超えた友情が芽生えたり、日本の生活では得られない体験をすることこそがワーキングホリデーの醍醐味だと期待に胸を膨らませて渡豪する日本人は大勢いる。その際、注意しておかなければならないのは、労働搾取の問題である。日本人渡航者の多くは英語を得意としない上、人種差別も存在するため、安価な使い捨て労働力として搾取されるリスクは決して低くはない。特にビザの延長がかかっている場合は、不当な扱いを受けても声をあげにくいケースが多いと報告されている[9]。これから渡豪を考えている読者は、労働法や条件を確認した上で信憑性のある雇用主を選び、現地の在外公館による注意喚起をチェックし、一人で悩まずに周囲の人に相談するなど、安全かつ楽しい経験を積むためには自分の権利と安全を守ることも大切だということを忘れないで欲しい[10]。

［注］

（1）Murphy, Jill, *The labour market effects of working holiday makers*. Canberra, Bureau of Immigration, Multicultural and Population Research, 1995.

（2）Wilson, Trevor, 'A Leap into the Future: The Australia-Japan Working Holiday Agreement and Immigration Oolicy. *Jxpanese Studies* 28 (3). 2008.

（3）Joint Standing Committee on Migration, *Working Holiday Makers: More than Tourists*, Canberra, The Parliament of the Commonwealth of Australia, 1997.

（4）オーストラリア内務省 https://www.homeaffairs.gov.au/research-and-stats/files/working-holiday-report-jun-20.pdf（二〇二三年九月二九日アクセス）

（5）オーストラリア内務省 'Working Holiday Visa Program' https://data.gov.au/data/dataset/visa-working-holiday-maker（二〇二三年九月二九日アクセス）

（6）オーストラリア移民・市民権省 'Subclass 462 Work and Holiday' https://immi.homeaffairs.gov.au/visas/getting-a-visa/visa-listing/work-holiday-462（二〇二三年九月二九日アクセス）

（7）オーストラリア移民・市民権省 'Working Holiday Maker (WHM) Program' https://immi.homeaffairs.gov.au/what-we-do/whm-program/specified-work-conditions/specified-work-417（二〇二三年九月二九日アクセス）

（8）オーストラリア内務省 'Age Increase for the Australian,Irish and Canadian Working Holiday Program' https://www.homeaffairs.gov.au/foi/files/2018/fa180801413-document-released.PDF, https://www.homeaffairs.gov.au/news-subsite/Pages/2018-Nov/working%20holiday%20maker%20visa%20program.aspx, https://www.homeaffairs.gov.au/news-subsite/Pages/2018-Nov/working%20holiday%20maker%20visa%20program.aspx（二〇二三年九月二九日アクセス）

（9）大石奈々「海外における日本人の労働搾取：豪州のワーキングホリデー制度とその課題」『Work & Life＝ワークアンドライフ：世界の労働』五、二〇二〇年

（10）オーストラリア政府は国内の職場における権利と責任について日本語でも発信している。オーストラリア・フェアワーク・オンブズマン「Japanese- 日本語」https://www.fairwork.gov.au/tools-and-resources/language-help/japanese（二〇二三年一二月一九日アクセス）

第7章　国際結婚とオーストラリア移住
――越境する親密圏

濱野　健

はじめに

私たちが「移動」するとき、同時にそこには多種多様の「境界」が現前していることに気づかされる。私たちが海外渡航するときのことを考えてみる。必要なのは航空券、宿泊先の手配。何よりその前に「パスポート（旅券）」と「ビザ（査証）」の確認。この両方、いやそのどちらかが不十分な場合、私たちの目の前に越えることのできない大きな境界が立ちはだかる。（自分の選択とは否応なしに）社会的にまたは歴史的にどのような身分を与えられているのか、移動はそのことをいつも私たちに思い出させてくれる。

パスポートやビザは何のための書類なのだろうか。パスポートとビザによって国際移動する、そのことが「当たり前」になってしまって、その起源や必要性に思いをめぐらせることはめったにない。しかしその起源は明確で、実際には近代における「国家」の成立に由来した社会的な制度である。一八世紀になり国境で区切られた明確な政治体制、すなわち「国家」が近代ヨーロッパで整っていく過程で国家の発展の基盤となる「国民」の流動

図1　変わりゆく郊外の風景（昔ながらの駅前商店街の背後に立つ高層マンション群）（筆者撮影、2013年、バーウッド）

性を統制することは、国力の維持と増大にとって不可欠となった。そこにパスポートやビザの起源がある。[1] 日本のパスポートの起源は、一八六六（慶應二）年に江戸幕府の外国事務局が商業などの目的のために日本から海外へ向かう人たちに発給したものが最初である。一八七八（明治一一）年の「海外旅券規則」により、パスポート（passport）の訳語に「旅券」が採用された。[2] 現代社会は、これまでの歴史の中でも最も多くの人たちが絶え間なく移動する社会である。それは、パスポートやビザなどの管理手段によって、その経験のうちにいままで以上に「境界」を強く意識せざるをえない時代であることも理解しておく必要がある。

移動は、観光や留学などによる一時的なものばかりではない。こうした移動が渡航先への長期的なあるいは恒久的な移住へとつながることもある。[3] そして、私たちの住む世界には、こうした海外からの移住者を積極的に受け入れ、そうした人材を社会基盤の中核として位置づけている「移民国家」とよばれる社会があり、オーストラリアはまさしくそのような特徴を持つ国家の典型である。そこで本章では、こうした移民国家としてのオーストラリアの特徴をそこに暮らす日本人移住者の姿から捉えてみたい。まず初めに、現代オーストラリアにおける移民政策を統計的に把握する。次いで本章の後半では、日本人のオー

（1）　トーピー（二〇〇八）

（2）　国立公文書館アジア歴史資料センター

（3）　メルボルンにおける日本人永住者の特徴を水上徹男は、こうした短期在留経験を通して永住者となる「結果的な移住者（consequent settler）」と呼び表している（Mizukami 2016）。後に取り上げるような日本人の結婚移住者にも、現地でのパートナーとの出会いが永住につながる人が多く存在する。

ストラリア移住の足跡に触れてから、オーストラリア移住に際して付与されたビザの種別などのデータを参照し、現代のオーストラリアにおける日本人永住者コミュニティの特徴について触れる。特に本章で取り上げたいのは、コミュニティの中でひときわ大きなグループである「結婚移住者」の姿であり、さらにはその移住が非日本国籍者とのパートナー関係に由来する、いわゆる「国際結婚」により海外移住を経験した人たちであることを確認する。

私たちにとって海外移住は必ずしも個人的な経験と決断によってのみ実現するばかりではない。出身国の異なるパートナーとの出会いの中で二人の間に育まれた親密な関係、すなわち私たちの「親密圏」が、究極的に海外移住へと結びつくこともある。もちろん、こうしたオーストラリア移住がコミュニティの特徴だけではなく、個々の移住者の生活にも様々な影響を与える。そのような「移動」について知ることで、私たちにとってオーストラリアという「境界」の向こうにある社会は、より身近なものに見えてくることだろう。

1　オーストラリアへの移民——近年の特徴

今日のオーストラリア社会は、一八世紀の英国による植民地化に端を発するいわば「移民入植社会」（settler society）である。しかし本書でも触れられているように、オーストラリア大陸では、およそ五万年前にアジア方面から移動してきた人びとと、それぞれが固有の言語や文化を有している多彩な集団により生活が営まれていたことを忘れてはならない。英国によるオーストラリア大陸への移住（実際には一九〇一年のオーストラリア連邦独立まで独立した植民地都市が各地に点在していたため、移民の入植はそうした植民地都市単位であった）は、一八世紀末の産業革命による英国国内の人口増加に加え、アメリカ独立革命（一七七五年）によって当時最大の英国植民地であったアメリカ大陸に代わる新たな移住先が求められたことがその背景にある。こうした英国による植民地化によって初めは英国領から、第二次世界大戦を経てヨーロッパ各地から、そして二〇世紀の終わりには世界中から多くの移民がオーストラリアに移住するようになり、社会の文化的・歴史的な多様性はますます広がりつつある。

　このように植民地としての発足以来、オーストラリアにとって移民を受け入れるということは労働力の確保などを通じた経済的・社会的成長にとって必要不可欠な政策でありつづけてきた。その重要性は現在も変わるところがない。そこで、二〇二一年度[4]のデータに基づく政府報告から、オーストラリアにおける移民政策の最新動向を見ることにする[5]。

　現在、オーストラリアで「移民[6]」としての在留資格を得るためのビザは、その条件によって極めて多彩かつ詳細な区分がなされている。そのなかでも、移民としての資格に関わるビザは大きく分けると「難民および人道的ビザ」とその他に区分されるが、ここでは人道的な見地から賦与される「難民および人道的ビザ」以外のビザについて説明する[7]。

　永住ビザの申請者に対し現在のオーストラリアでは、主として四つに大別される区分に基づく各種のビザが導入されている。それぞれのビザは、実際にはより詳細に区分されたカテゴリー（サブカテゴリー）を持っており、例えば①の技術者としての移住であっても、それが自身の個人的な技術と経験をもってビザを取得するものから、特定の企業やビジネスに必要な技術をもった人材として、企業のスポンサーシップのもとに取得するビザなど

（4）オーストラリアの会計年度は七月から翌年の六月まで

（5）Department of Home Affairs (2022)

（6）ここでいう「移民」とは、その区分に当てはまる対象者がオーストラリアへの永住を前提としていること、そしてそのために必要な資格を賦与されていることと定義する。オーストラリアでは「移民」となるために、日本での「国籍」に相当するオーストラリア市民権（Australian Citizenship）を取得する必要はない。数年おきの更新を伴いつつも一定の条件を満たすことでいわゆる「永住ビザ」を取得することで法的にも社会的にも「移民」として受け入れられる。この永住ビザによって取得した永住権を保持しながら、出身国の国籍を残したままオーストラリアで暮らす移民も決して少なくはない。

（7）オーストラリアにおける難民や庇護申請者の受け入れについては、この章に続く第3部を参照。

① 技術者ストリーム（The Skill stream）：オーストラリアの労働市場における技術不足を補い、経済の生産性を高めることを目的とする。
② 家族ストリーム（The Family stream）：オーストラリア市民[9]または永住者が、海外から来た家族と再会することや、あるいはパートナー（配偶者）などと居住することを目的とする。
③ 特別資格ストリーム（The Special Eligibility stream）：いずれの区分にも当てはまらない特別な状況にある人たちに賦与される永住ビザ。例えば、オーストラリアを長期間離れていた永住権保持者が帰国する場合など。
④ 子どもストリーム（The Child stream）：オーストラリア市民または永住者の子どものための移住手段を提供することを目的とする。

出典：Department of Home Affairs（2022）

に区分されている。二〇二一年度の報告書では、期間中（一年間）のオーストラリア永住ビザの申請数はのべ一八万五〇三〇件であった。[8] ①の技術者ストリームによるオーストラリアの永住ビザ申請数はのべ八万九〇六三件であり、この年の申請数全体の六三・四％をしめた。対して②の家族ストリーム内のビザも、海外の家族をオーストラリアに呼び寄せるためのビザや、非オーストラリア市民[9]でありながらも親密なパートナーとの配偶者関係を結ぶためのビザなど、そのカテゴリーはバラエティに富んでいる。オーストラリアでは日本のようにパートナー関係を法的な婚姻によってのみ規定していないし、同性婚も認められているため、ここで対象となる「配偶者」もまた多様性に富んでいる。こちらは五万二八八件が申請され、二〇二一年度の総数の三六・五％を占めた。

こうしてみると、この技術者ストリームと家族ストリームが、オーストラリアへの永住ビザ申請者の主流となっていることがわかる。ここで参照した報告書から見る限りでは、永住ビザ申請数におけるこの二つのストリームの占める割合は、少なくともこの一〇年間さほど変化しておらず、ある程度一般的な傾向を示しているようである。表1は二〇二一年度における永住ビザ申請者数について申請件

（8） Department of Home Affairs（2022）

（9） 「市民権」というやや耳慣れない言葉についても説明しておこう。日本の文脈に則して言えば「国籍（nationality）」にほぼ等しい概念であるが、オーストラリアには法律上「国籍」（nationality）という概念はなく、代わって市民権がそれにあたる。二〇二一年の国勢調査では、回答者の二九・一％が海外生まれであった〔Australian Bureau of Statistics, (2022)〕。国籍という概念に付随する、血統や同質的な社会集団等のルーツを置くというニュアンスに代わる、基本的権利主体としての「市民権」という概念が用いられているのである。

表1　永住ビザ申請者出身国上位10か国（2021年度の合計）

出身国	技術者ストリーム	家族ストリーム	特別資格ストリーム	子どもストリーム	合計
インド	19,581	4,428	25	290	**24,324**
中華人民共和国（香港を除く）	10,277	7,664	6	293	**18,240**
英国	5,185	4,276	25	98	**9,584**
フィリピン	4,748	3,301	38	504	**8,591**
ネパール	6,048	553	＜5	25	**6,628**
ベトナム	3,527	2,755	＜5	207	**6,492**
ニュージーランド	4,005	271	0	145	**4,421**
香港	3,500	713	＜5	23	**4,237**
パキスタン	2,854	756	5	119	**3,734**
南アフリカ	2,683	556	0	66	**3,305**
その他	26,655	26,015	94	1,236	**54,000**
合計	**89,063**	**51,288**	**199**	**3,006**	**143,556**

「一時パートナービザ」と「パートナービザ」のように複数申請を含む。
出典：Department of Home Affairs (2022)

数上位者の出身国をまとめたものである。技術者ストリームと家族ストリームの比率はそれぞれの出身国によって差があり、家族ストリームの比率が比較的高いのは中華人民共和国、英国、フィリピン、ベトナムなどであることがわかる。これらの数値から、近年オーストラリアへ永住する人の多くがアジア諸国の出身者で占められていることが読み取れる。この一〇年の動きを見ると、これら出身国別の統計的な推移について、その上位国はさほど大きく入れ替わることはない一方、近年の傾向としてネパールや香港出身者の永住ビザの申請者数が急増している傾向が見られる。

2 結婚によるオーストラリアへの移住

次に「家族ストリーム」の中でも、非オーストラリア市民の配偶者とオーストラリア市民または永住者とのパートナーシップ（ここにはオーストラリアでは特別な地位を保証されている在オーストラリアニュージーランド市民のパートナーも含まれる）に基づく永住ビザ、すなわち「パートナービザ」に注目したい。この区分における永住ビザの申請プロセスは現在、二段階になっている。まず初めに申請者は「一時的パートナービザ」と「パートナービザ」を同時に申請しなければならない。そのうちまず「一時的パートナービザ」が最初に認められる。このビザが認められ、その後オーストラリアでのパートナーシップが二年経過すると、先に申請済みの「パートナービザ」を再申請し、あらためてこの区分における永住ビザを取得することとなる。この際、当初のビザの申請の際のパートナーとの継続的な関係性を証明することが必要となる。このパートナービザの取得手続きの複雑さが示すのは、オーストラリアにおける親密な関係（夫婦・パートナー・親子）が決まった枠組みや形式にとらわれず、構成員の間で育まれる親密な関係性において規定されていること、そしてそれが社会的にも広く受け入れられていることを反映している。このような国際的な家族の「移動」のなかの「境界」のあり方も、現代オーストラリアを映し出す一つの鏡であると言えるだろう。

二〇二一年度の報告書では、先に挙げた家族移住ストリームにおける「パートナー」としての永住ビザの申請件数は四万六二八八件であり、このストリームの総数の九〇・三%であった。家族ストリームにおいてパートナーとしての永住ビザの申請者数は、他のカテゴリーに比べると圧倒的に多いことがわかる。

日本からのオーストラリア移住とその歴史

現代のオーストラリアには、世界中から様々な文化や社会的な背景を持った人々が移民としてやってくる。オーストラリアの移民政策は、社会的情勢や国際政治の動向に合わせた国益に直に結びついた「選別的」な政策に対して疑問が残りつつも、全体的な受入数は拡大傾向にある。しかし、そのようなオーストラリアも、かつては白豪主義に基づく極端な人種主義に由来する厳しい移民政策を取り続けていた過去がある（コラム2参照）。白豪主義が正式に撤廃され、現在のような移民政策を導入したのが一九七〇年代の後半である。しかし本書の第一部で語られたように、日本からのオーストラリア移住は、それより遥か以前の一九世紀末の植民地時代、日本では江戸時代末期から明治初期にまで遡る。二〇世紀に入ると、近代化著しい日本と独立して間もないオーストラリア連邦の間では資源の輸出入による商業ベースの交流が活発化し、日本人駐在員とその家族も現地に滞在するようになる。やがて太平洋戦争によって両国の関係は断絶し、日本人移住の歴史もここで一度は潰える。だが、一九五二年のサンフランシスコ講和条約の発効によって日本とオーストラリアの外交関係が回復するやいなや、両国間での貿易再開のみならず、戦後の占領期に日本に駐留していたオーストラリア軍兵士と婚姻関係を結んだ日本人の女性たちが配偶者として、白豪主義下のオーストラリアに移住していくこととなる(第5章参照)[10]。そして一九七〇年代には、現在オーストラリアの各都市にあるような日本コミュニティの原型が移住者達により運営されるようになる[11]。次節であつかうように、このような日本人とオーストラリア人の間に生じる親密な関係こそが両国の「境界」を超える大きな「移動」を生み出し続けているという状況は、実は現代でもそう変わらないのかもしれない。

3　日本人のオーストラリア移住の現在

現在、世界には多くの日本人が海外で暮らしているが、オーストラリアの在留邦人は世界的に見てもその規模を拡大しつつあるようだ。二〇一九年の外務省の報告によれば、海外に住む約一三五・七万人の日本人のうち、オーストラリアの日本人人口は第三位(九万七三二二人)となり、海外在留邦人の四・三%を占める大規模集団であった[12]。さらに海外在留邦人の地域別・都市別での人口を見ると、オーストラリアでも最大規模のシドニー都市圏の在留邦人は世界で第六位であった。この統計には永住者以外の長期滞在者(就労や就学のために滞在している人たち)も含まれていることに注意する必要はあるが、オーストラリア(特にシドニー)の日本人が世界でも大規模な集団であることは確かだ。このように人口が増加したのは、一九九〇年代から二〇〇〇年代であるとされている[13]。例えば、二〇〇六年度から二〇一一年度の五年間でオーストラリアの永住ビザを取得した日本人は九〇〇〇人を超えており、二〇一六年にはその数はおよそ三万人に達しようとしていたことが、筆者がオーストラ

(10)　筆者もまた二〇〇〇年代前半に、クインズランド州ブリズベン近郊に在住するこうした女性達から直接話を伺ったことがある。白豪主義下における白人優位の社会のなかで、そしてオーストラリアにおける(旧)敵国の女性という社会的な立場で彼女たちが直面し、苦労して対処せざるを得なかった様々な苦労話を聞かせてもらった。

(11)　こうしたコミュニティ形成は各都市における「日本クラブ」の設立と運営によって進められた。この経緯については、オーストラリアを代表する日本語マガジン『日豪プレス』掲載記事「日豪交流の軌跡と今—シドニー日本クラブ(JCS)創立初代会長・保坂佳秀氏インタビュー」(二〇一七年一二月号)を参照(オンラインで閲覧可能)

(12)　外務省(二〇二〇)

(13)　Department of Home Affairs (2016)

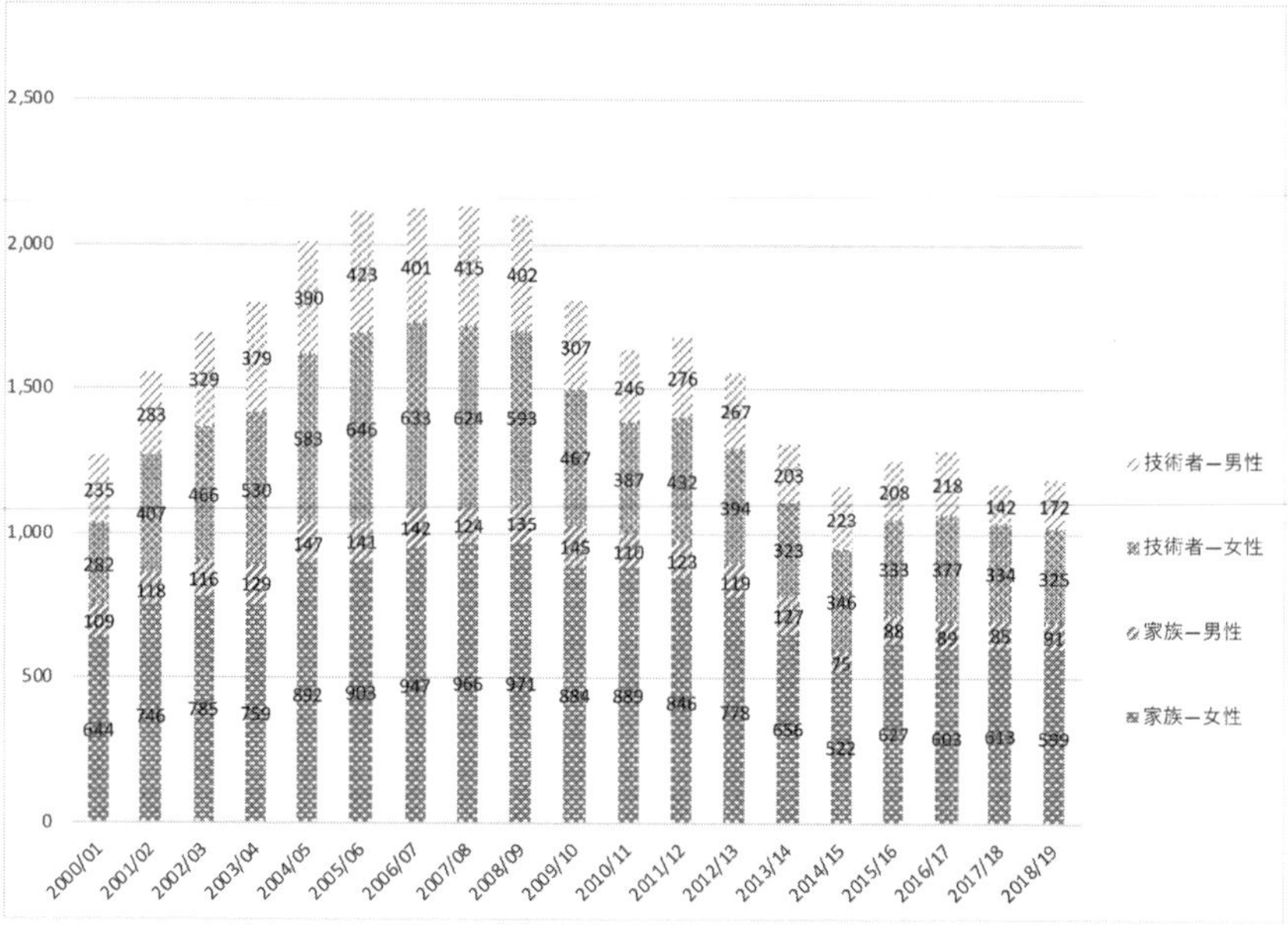

図2　日本出身者の永住ビザ申請者数（カテゴリーと性別による）（出典：Department of Social Servicesのデータを元に著者が作成）

リア政府から取得したデータから明らかとなっている。(14)

オーストラリアの日本人は、在留邦人として世界でも有数の規模だが、他にもう一つ極めて興味深い特徴がある。それは男女比のアンバランスさである。オーストラリア政府の資料では二〇一八年時点で、女性二万八九〇二人（六八・三％）に対し、男性はぐっと少ない一万三四三一人（三一・七％）であった。このような理由として、オーストラリア人パートナー（または他の非日本国籍者）と国境を越えて結婚した日本人女性が多いことがこれまでの研究で指摘されている。(15)

（14）Department of Social Services (2018)

（15）濱野（二〇一四）

図2は、過去二〇年間にわたるオーストラリアの永住ビザを取得した人たちを、ビザのカテゴリー（家族と技術者の二つに限定した）と性別で分類したものである。ここでの家族カテゴリーには外国で生まれた子ども（先のストリームの④に該当する）が含まれているが、家族カテゴリー、技術者カテゴリーの両方で女性の数が男性の数を上回っているのがわかる。こうした点からも、現代の日本人オーストラリア移民の主流を占めているのが、オーストラリア市民あるいは永住者などをパートナーとして移住する女性たちであることを確かめることができる。

このように、日本からのオーストラリアへの移住を考えるとき、日本とオーストラリア双方からなるカップルによる国際結婚による移住はオーストラリアの日系コミュニティの代表的な特徴だ。しかしながら日本における国際結婚の実数においては、日本国籍の男性と外国籍の女性の割合の方が、日本国籍の女性の国際結婚件数に対して圧倒的多数を占めている。[16] そして興味深いことに、国際結婚をした日本人男性がそのまま日本に在留するのに対し、女性は配偶者の出身国へと移住する傾向が高い。日本社会における国際結婚の動向を論じたこれまでの研究からもうかがえるように、[17] 私たち日本社会において結婚による海外移住という経験がいかにジェンダー化されているかがわかるだろう。

おわりに

本章では、オーストラリアへの日本人移住者の現在をとらえるための一つのモチーフと

(16) 濱野（二〇一四）
(17) 嘉本（二〇〇八）

して、日本人女性の国際結婚に焦点をあてた。その上で、改めてこの章の論点をまとめておきたい。それは、私たちの一人ひとりの個人的な出会いやそこで育まれた親密な関係は決して自分の決断と行動によってのみ規定されているのではなく、そうした関係性を永続していくうえで、それを取り巻く様々な社会制度との交渉が必要不可欠であるということだ。とりわけ現在私たちの世界では「国籍（市民権）」が異なるだけの理由で、こうした親密な関係のありかたに「移動と境界」をめぐる独特の経験が生み出される。日豪の国際結婚とオーストラリアへの移住というトピックに描かれた人たちもまた、目の前の人と親密な関係を築くその過程において、私たちが期せずして新しい社会へと飛び込んでいくような「移動」を経験してきた（そして経験し続けている）ということだ。また、日本での国際結婚がジェンダー化されていること、これもまた私たちのアイデンティティや文化的な規範を規定する社会的な属性が、ある種独特の「移動と境界」の実践をもたらしていることを示すのである。

二人の「私的」な選択と決断の背景には、ビザや国籍をめぐる制度やそれぞれの社会における社会的規範としてのジェンダー意識についても考えてみないわけにはいかない。パートナーシップによって国境を越えて結ばれた親密圏と、その二人を取り巻く様々な社会的環境である公共圏とは、相互に影響し合い私たちの社会の中で分かちがたく結びついている。[18]ごく私的な関係の結果としての「移動」だが、実際には様々な「境界」を管理し統制するような公的な制度や社会的規範や意識と交渉なくしては成立しえない。ここでは紹介しきれないそれぞれの「ストーリー」にあなたがもし耳を傾ける機会があるならば、国際結婚による海外移住とは、それぞれの親密圏とそれらを取り巻く公共圏との間にて生

(18) 落合（二〇一三）

じる絶え間ない交流と交渉によってこそ成立していることがわかるだろう。

［参考文献］

糸賀詩織・上優華・平野友惟「日豪交流の軌跡と今―シドニー日本クラブ（ＪＣＳ）創立初代会長・保坂佳秀氏インタビュー」『日豪プレス』一二月号、二〇一七年
落合恵美子『親密圏と公共圏の社会学―ケアの20世紀体制を越えて』有斐閣、二〇二三年
嘉本伊都子『国際結婚論!? 現代編』法律文化社、二〇〇八年
外務省『海外在留邦人数調査統計／令和元年（2019年）』外務省、二〇二二年
国立公文書館アジア歴史資料センターhttps://www.jacar.go.jp/glossary/tochikiko-henten/qa/qa05.html（二〇二三年九月二七日アクセス）
トーピー、ジョン（藤川隆男監訳）『パスポートの発明：監視・シティズンシップ・国家』法政大学出版局、二〇〇八年
濱野健『日本人女性の国際結婚と海外移住―多文化社会オーストラリアの変容する日系コミュニティ』明石書店、二〇一四年
Mizukami, Tetsuo, *The Sojourner Community: Japanese Migration and Residency in Australia*, Leiden, Brill, 2007.
Australian Bureau of Statistics, https://www.abs.gov.au/statistics/people/population/australias-population-country-birth/latest-release（二〇二三年九月二六日アクセス）
Department of Home Affairs, *Community Information Summary*, Belconnen, Commonwealth of Australia, 2016.
Department of Home Affairs, *2021–22 Migration Program Report*, Belconnen, Commonwealth of Australia, 2022.
Department of Social Services, Commonwealth of Australia, https://www.dss.gov.au/our-responsibilities/settlement-and-multicultural-affairs/programs-policy/settlement-services/settlement-reporting（二〇二三年九月二六日アクセス）

column8

脱領域化する家族!?――ハーグ条約における二国間の問題解決の枠組み

濱野　健

家族の「脱領域化」とは

現代オーストラリアでは、既存の枠組や標準家族といったものに縛られることのない、家族の「脱領域化」が進行中だ。これまで社会単位や国家単位で前提視され制度化されてきた家族が、個別にも制度的にもますます変容しつつある。オーストラリアでは法的な婚姻関係を伴わずとも、カップルの双方が互いに親密な関係にあることで、法律によらない夫婦関係や家族関係が認められており、二〇一七年一二月からは法的な結婚において夫婦の性がもはや問われることはなくなった。

移民国家であるオーストラリアでは、家族構成員それぞれが生まれも育ちも異なっているというのはごく身近なことであり、家族の中の文化的多様性はオーストラリアにおける親密な関係性の一つの特徴といえる。それゆえ、子どもを持つ家族の問題も、国境を越えて脱領域化する側面がある。そのような問題の一つが、片方の親が配偶者の了承を得ずに子どもを連れて自国へと戻ってしまう、いわば国際的な子どもの「連れ去り」である。

このように家族紛争が二つの国にまたがる事態で発生し、さらにそこに親による子どもの連れ去りが含まれる場合、その解決の手続きを多国間で定めた国際条約として、「国際的な子の奪取の民事上の側面に関するハーグ条約」（通称「1980年ハーグ条約」）がある。二〇二二年現在、世界の一〇三か国が批准し、批准国は国内で関連法を整え、親による国際的な子の連れ去りの解決にあたってきた。オーストラリアは、条約が成立した一九八〇年当初からの条約加盟国であり、一九八六年にその実定法を定めた。オーストラリアの司法長官省による二〇一九年度の報告によれば、この条約に基づいた子どもの返還申し立てが一二七件申請され、うち一一四件について子どもの返還の判断に至っていると報告している。[1] 注意しておきたいのは、この条約が、その対象となった子どもの迅速な返還を重視すると同時に、子どもの視点、すなわち「子の最善の利益」を最も重要視したうえで、非常に慎重な判断を求めていることである。そこで、一方では迅速な問題解決のための返還の有無の判断が要請され、他方では、個別の家族の様々な状況が精査されることになる。二〇二二年には、ハーグ条約に基づく子どもの返還申し立てに際し、家族暴力や家庭内暴力の影響を慎重に判断するとした家族法の改正が行われた。[2] このように、オーストラリアでは、脱領域化する家族の子どもを守るため、慎重かつ実践的な制度の発展がつねに模索されているのである。

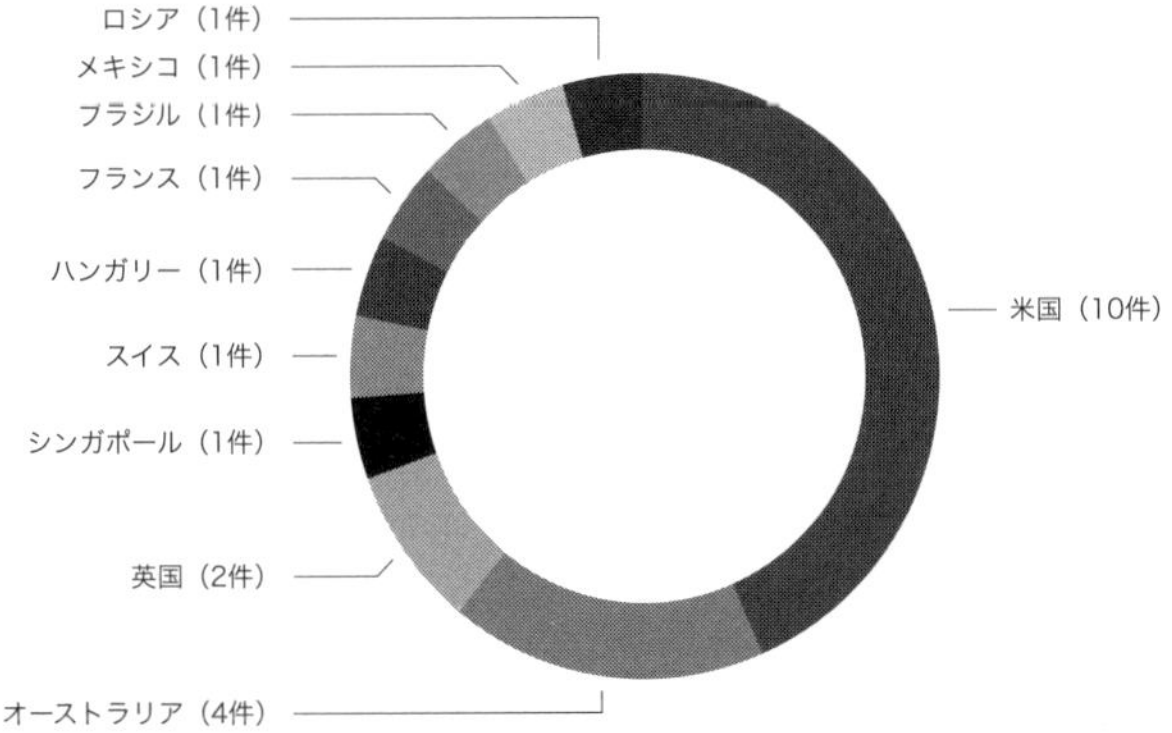

外国への返還援助申請件数（子の常（住?）居地国別、2021年度）

親による子どもの「連れ去り」——何が問題なのか

オーストラリアに遅れること二〇一四年になって、長らく条約加盟国であった日本政府もハーグ条約を批准し、同年四月には国内で実定法を施行した（二〇二一年には法改正も実施している）。そこで次に、この二国間での子どもの連れ去り問題から、日本とオーストラリアという二つの国の間で生まれた親密圏とその移動の問題に目を向けてみたい。

外務省が公開しているハーグ条約の実施状況についての年間報告（二〇二一年度版）によれば、[3] 二〇二〇年度の申請件数の内訳は、外国への返還援助申請が二三件（父親からの申請が二一件、母親による申請が二件）、日本への返還援助申請が二〇件（父親からの申請が一一件、母親からの申請が九件）、そして国内外に居住する子どもとの面会交流支援が計一六件で合計五九件であった。日本とオーストラリアの二つの国の間で生じた子どもの連れ去りに対する返還申請は、日本からオーストラリアへの返還申請が四件で、一方、オーストラリアから日本への返還申請が一件であった。そのうちオーストラリアへの子の返還申請において、最終的に返還の決定が行われたのが一件、返還しないという決定に至ったのは二件となっており、先述したように、国際的な子どもの連れ去りに対するハーグ条約の下での返還申請の複雑さがうかがえるだろう。日本とオーストラリアの間でも家族の脱領域化は進行中であり、文字通り両国の国境を越えた家族がますます増えつつある。そうした家族のなかで生じた子どもをめぐる問題に対し、それぞれの家族の個別の事情や関係性に最大限配慮しながらも、越境的な枠組みでの解決のための体制が次第に整いつつあると言えよう。

このコラムでは、家族の脱領域化という概念を軸にして、「家族」という集まりが特定の社会のなかで規範化・制度化されてきたとする、その「当たり前」を今や見直す時期にきていることを、親による国際的な子どもの連れ去りという事例から取り上げた。このような家族のあり方は、私たちにとっての親密な関係性のあり方がますます拓かれていく様相を呈している。日本とオーストラリア、二つの社会を越えて形作られた親密なつながりは、こうした制度の展開によっても支えられることだろう。

[注]

(1) Attorney-General's Department, *Attorney-General's Department Annual Report, 2019-20*, Barton, Attorney-General's Department, 2020, p.83.

(2) Havdar, Nour, 'Federal Government to Change Child Abduction Law to Consider Domestic and Family Violence before Ruling', *ABC News*, Dec. 11, 2022(電子媒体、二〇二三年五月二七日アクセス)

(3) 外務省『国際的な子の奪取の民事上の側面に関する条約の実施に関する法律の実施状況【令和3年4月1日~令和4年3月31日】』外務省、二〇二二年

column9

シドニー日本人学校——半世紀の歩み——

原田容子

シドニー日本人学校と「国際学級」

図1　1975年、当時小学部5年生のエデンへの研修旅行時

二〇一九年五月、シドニー郊外のテリーヒルズにある「シドニー日本人学校」は、創立五〇周年を迎えた。同校は、文部科学省の認可する在外教育施設としては、戦後初めて先進国にできた学校で、一九六九年にシドニー北部リンドフィールドの駅前にある教会に間借りしてスタート。当初は小学部のみだったが（三三名）、翌年中学部が開設され、一九七一年にはテリーヒルズの校舎が完成して、同地に引っ越しをした。一九九〇年代の同敷地内での全面的な校舎建て替えを経て、現在に至る。

その真新しい校舎に、筆者は一九七二年から四年程、弟二人と一緒に通ったのだが、二〇〇九年、久々に母校を訪れる機会が巡って来た。それまでも何度か寄りはしていたが、その時は知人から同校の「国際学級」で教師を務めるオーストラリア人を紹介され、彼の話を聞くべく、テリーヒルズを訪問することになったのだ。

日本人学校の「国際学級」というのは、同校に通うオーストラリア人の子どもたちのために作られた学級だった。同校は、ニューサウスウェールズ州の認可校で、地域に開かれた学校でもあったため、求めがあれば日本人ではない地元の子どもたちを受け入れていた。筆者が通っていた当時全校で一〇名程度オーストラリア人の児童が在籍していて、上の弟の同級生には二人オーストラリア人がいた（図1）。当時の現地の新聞報道を見ると、日本との貿易拡大に期待が高まり、子どもの頃に少し日本語を習得しておけば、将来役に立つのでは、と思った保護者がいて、数年の予定で日本人学校に通わせていたらしい。

彼らは当初日本人の子どもたちに交じって授業を受けていた。しかし、彼らに日本語の素養があった訳ではなく、日本人教師による、日本語の教科書を使った授業を受けるのには無理があった。その状況を見て、教育上の弊害を感じた当時の校長が英断を下し、彼らについてはクラスを分け、オーストラリア人の教師による、現地のカリキュラムでの教育が施されるようになった。同時に彼らには日本人の教師による日本語教育が行われ、体育、図画工作、そして研修旅行などは日本人主体のクラスに合流して行う、というスタイルが確立した。世界的にも珍しい「日本人学校」の「国際学級」は、そのような経緯で一九七五年に誕生した。

二一世紀の「国際学級」

話を二〇〇九年に戻すと、同校再訪に際し、先方と事前の相談をしている中で不思議に思ったことがあった。その教師によると、国際学級には七〇名ほどの児童がいると言う。なぜそんなに沢山地元の子どもたちが、この時代に日本人学校という民族学校に通っているのだろうか。確かに日本はオーストラリアの友好国であり、現地校での日本語教育も伝統的に盛んではあったが、わざわざ日本人学校に通う理由が思い浮かばない。第一の貿易相手国としては中国の方が注目を集めていた時期でもあった。それなのに、七〇年代よりも児童数が増えている、というのはどういうことなのか。

そのような疑問を抱えつつ約束の日時にテリーヒルズへ赴き、国際学級の授業の見学で教室へ通された瞬間に、あっ、と思った。目の前で授業を受けている子どもたちのほとんどが、一目でそうとわかる日系人の子どもたちだったのだ。国際学級の児童、と聞いて、当たり前のように白人の容姿の子どもたちを思い浮かべていた自らの不明を恥じるしかなかった。

インターナショナルスクールとしての「日本人学校」

ここでシドニー日本人学校の児童・生徒数の推移を見てみると、興味深い事実が浮かび上がる。前述のように、元々は全校で一〇名程度しかいなかった国際学級の子どもの人数は、その後一九八〇年代に入って増え続け、遂に二〇〇一年には日本人学校一三六名、国際学級一三七名、と本体である日本人学校の子どもの数を上回っている。その傾向はその後も続き、現在でも変わっていない。二〇一八年の「学校要覧」には、日本人学校六八名に対し、国際学級には一二七名の児童がいることが記録されている。

図2　2019年、50周年記念行事開催時の正門

日本からオーストラリアへの移住については、それまでの駐在員とその家族など短期滞在者が多かった時代から、一九八〇年のワーキングホリデー制度（第6章、コラム7参照）の導入などをきっかけにその質が変化。国際結婚などを経て、定住する日本人が増えたとされる。その影響で、今世紀に入ってから、日本人永住者が、自らの子どもたちが週末に日本語を学ぶために設置した学校が増えたとのことだが、実はその波は、全日制の日本人学校にも及んでいたのだ。設立から半世紀が経ち、元々は、いずれは帰国することが既定されている駐在員の子どもたちを対象としていた学校は、現地に定住することになった日本に縁を持つ人たちの要望にも応える学校に変貌していたのだ。

二〇一一年、同校は英語での校名をSydney Japanese International Schoolに変更。二〇一八年には日本語の正式名も「シドニー日本人国際学校」に改めた（図2）。半世紀前に、窮余の策でスタートした「国際学級」は、名実ともにシドニーの日本人学校の体を表すこととなった。日本国の在外教育施設が、このような変貌を遂げたのは、実にユニークなことであり、また愉快なことでもあると思う。それはおおらかなオーストラリアという地でのことだったからなのか。たまたま関わった大人たちが寛容だったのか。今後の展開も含め、興味は尽きない。

［参考文献］
シドニー日本人学校「学校の歩み：昭和四八年度の報告と昭和四九年度の展望」一九七四年
シドニー日本人学校「二〇一八年度（平成三十年度）版　学校要覧」二〇一八年
塩原良和「ネオリベラル多文化主義とグローバル化する『選別／排除』の論理」『社会科学』第八六号、二〇一〇年
濱野健「日本人移住の歴史（2）―太平洋戦争後から現在まで」関根政美、塩原良和、栗田梨津子、藤田智子編著『オーストラリア多文化社会論―移民・難民・先住民族との共生をめざして』法律文化社、二〇二〇年

第3部

拒まれる越境
——彷徨う難民

祖国を逃れ、密航斡旋業者が手配する粗末な船で先進諸国を目指す庇護希望者が後を断たない。地中海（写真）だけでなく、インドネシア・オーストラリア間の海域も命がけの危険な密航の舞台となってきた。（写真提供：Anjo Kan, shutterstock）

第8章　伸び縮みする排除の境界
――翻弄されるボートピープル

飯笹　佐代子

はじめに

オーストラリアは周知のように先進諸国の中では有数の移民・難民受け入れ国である。一九七五年のサイゴン陥落を契機に大量のインドシナ難民が発生した際には、その後の二〇年間にわたって一六万人近くのベトナム難民を受け入れた(1)。その中には、七〇年代から八一年にかけて、はるかベトナムからダーウィンはじめ本土の北岸に計五四隻の船で漂着した二〇〇〇人を超えるボートピープルも含まれている(2)。

ところが一九九〇年代以降、ボートピープル、すなわち海から密航してきた庇護希望者への豪政府の対応は、紆余曲折を経ながら極めて厳しいものへと変化していった。かれらを排除するための境界はどのように引き直されてきたのか。それによって、かれらの命運はいかに左右されてきたのか。本章では豪政府によるボートピープル政策のたび重なる変遷と、それによって翻弄された人びとの姿をみていきたい。

(1)　Viviani (1996) p.159.

(2)　ボートピープル受け入れの歴史は、一九七六年四月、ダーウィンの海岸に五人のベトナム人が全長一八メートルの漁船で漂着したことに始まる。詳しくは、飯笹(二〇一六)を参照

1　一九九〇年代　インドネシアからオーストラリア領土への密航の始まり

ボートピープルの阻止と収容へ

ベトナムからのボートピープルの上陸が一段落してから一〇年が経ち、一九九〇年代に入ると、豪政府の対ボートピープル政策は阻止と収容へと大きく転換した。九二年には強制収容措置が導入され、全てのボートピープルを含むオーストラリアへの非合法入国者が対象とされた。ボートピープル政策の厳格化が冷戦構造の終結と時期的に重なるのは、単なる偶然とはいえないだろう。冷戦構造の下では、共産主義諸国からの難民は西側の優位を示すものであった。そのことが、共産主義の征服者から逃れてきたベトナム難民の受け入れに対して有利に働いた面は少なくないと言える。しかし、九〇年代になると、再び増え始めたベトナム人のボートピープルも含めて密航者は強制収容され、以前のように容易には「難民」として認定されなくなった。多くの場合、政治的な迫害ではなく、より豊かな生活を目指してやってくる「経済難民」とみなされたからである。

インドネシアの海岸からオーストラリア領の島々への密航

九〇年代後半になると、タリバンの台頭はじめ中東・中央アジア情勢の悪化を背景に、アフガニスタンやイラク、イラン出身のボートピープルが増加し始めた。その数は一九九九年と二〇〇〇年の合計で六六〇〇人を超えた[3]。かれらの大半は、密航を斡旋する業者の

(3)　Refugee Council of Australia (2023). ボートピープルの到来数については以下も同様

図1　本章及びコラム10の関連地図（筆者作成）

手配により、マレーシアやインドネシアへ空路で移動した後、インドネシアの海岸からオーストラリアに向けて出航した。到着地も本土の海岸のほかに、アシュモア礁やクリスマス島などの、よりインドネシアに近いオーストラリア領土を目指す船が増えていった。[4] ロテ島からアシュモア礁までは約一五〇キロメートル、ジャワ島からクリスマス島までは四〇〇キロメートルに満たない距離である。密航業者が手配する船は、ほとんどが遠洋航海にはとても耐えられない老朽化した漁船であり、一隻に数人から数十人が乗ることもあれば、全長二〇メートルくらいの船に四〇〇人以上が詰め込まれることもあった。船の操

（4）　アシュモア礁（島）は面積五八三平方キロメートルの無人島で、税関船が停泊している。クリスマス島は面積一三五平方キロメートル、人口約一七〇〇人（2021 Census）

縦にはしばしばインドネシア人漁師が雇われた。

ハワード連立政権(5)はボートピープルの密航を阻止するために種々の対策を講じ、その一つとして一九九九年一〇月に「一時保護ビザ（ＴＰＶ）」を導入した。それまでは密航者であっても、国際法上の難民として認定されれば永住資格を得ることができた。ところがこの新たな措置は、難民認定後の滞在期間を三年間に短縮するとともに、その間の家族の呼び寄せや、出国した際の再入国を禁止し、社会保障や定住支援なども制限した。ところが意図せざる結果として起こったのは、オーストラリアに「一時保護ビザ」で滞在する夫や父と少なくとも向こう三年間は合法的に合流することが不可能となった祖国や難民キャンプの妻や子どもたちに、むしろ密航を促してしまったことである。豪政府は九九年以降、サウスオーストラリア州のウメラ、クリスマス島、ヴィクトリア州のポートオーガスタなどに収容所を相次いで増設した（図１）。社会から隔絶され、レイザーワイヤーで囲われた収容所の劣悪な環境と、収容期限に定めもなく先が見えない不安によるストレスから、ハンガーストライキや放火などの抗議行動が相次いだ。とりわけ懸念されたのは、幼児や児童への精神的・肉体的な影響である。

アフガニスタンから父を追って――ジャミラの体験

ハザラ人のジャミラ・ジャファリ（図２）の父親は、タリバンによる迫害の危機が迫る中、一九九九年にアフガニスタンからの出国を余儀なくされ、渡豪した。(6) ジャミラが母親と弟とともに出国したのはその直後、五歳の時であった。涙にくれる叔母や祖母に見送られ、インドネシアに渡り、そこから古い木造の漁船に乗った。海は荒く、四三五人を乗せた船

（5） ジョン・ハワード首相の在職期間は一九九六年三月～二〇〇七年一二月

（6） ジャミラの体験は、Green et al. ed (2017) より

図2　アフガニスタン出身のジャミラ・ジャファリ
©Melanie Adams

は絶えず激しく揺れ、エンジンが故障して止まるたびに女性や子供たちが悲鳴や泣き声をあげた。祈りを捧げる人たちもいた。一三日目にオーストラリア領海に近づくと豪海軍がやってきて、ジャミラ一家はクリスマス島の収容所に移送され、その後ダーウィンに、それからウメラに送られた。ウメラの収容所がどんなに恐ろしいところだったか、正確に表現できる英語は容易に見つからないとジャミラは回想する。収容者による抗議運動や暴動が頻発し、唇を縫い合わせてハンガーストライキをする大人と子供たちや、また一三歳の少年が短刀のようなものを自分の前腕に突き刺して血を滴らせながら、「自由が欲しい」と叫ぶ様子を目撃する。

九・一一同時多発テロ事件が起きたのは、ジャミラ一家がウメラの収容所で最初の難民審査のインタビューを受け、結果を待っている時だった。「アフガニスタン人がアメリカの高いビルを攻撃した」と人びとが口にし、全てのビザ申請手続きが凍結され、難民審査がストップした。収容者たちは収容所のグラウンドにマットレスを投げ込み、そこに横たわって摂氏五〇度の酷暑の中で抗議のハンガーストライキを開始した。

その後、ジャミラたちは難民認定を受けて「一時保護ビザ」を付与され、ウメラを出てシドニーで父親と再会を果たす。残る懸念は「一時保護ビザ」による不安定な状況であった。同ビザの三年期限を先に迎えた父親が永住権の申請を行ったが却下され、ジャミラには「この世の終わり」と思われた。しかし、不服申し立てにより父親の永住権が認められたため、自動的にジャミラと母親、弟にも永住権が付与されることとなった。[7] ムスリムのジャミラはスカーフを被っていることでいじめを受けたこともあったが、二〇一七年の時点でパースに住み、大学生となった。

2 二〇〇一年以降 はるか国外の太平洋まで伸びていったオーストラリアの境界

庇護希望者を国外の収容所に送る政策の始まり

ジャミラのウメラ収容中に起こった二〇〇一年八月末のタンパ号事件、[8] さらに翌月の九・一一同時多発テロを契機に、豪政府のボートピープル政策はより厳しい方向へと舵を切っていった。国民の間で密航者とテロリストのイメージが結びつく中、「パシフィック戦略」という新たな政策が始まり、ボートピープルは難民審査のために、国内の収容所ではなく南太平洋の小国ナウルかパプアニューギニア（以下、ＰＮＧ）のマヌス島に送られて収容されることになったのである（図1）。それはまるでルース・バリントが表現するように、オーストラリアの境界がはるか国外の太平洋にまで伸びていったかのようであった。[9]

「パシフィック戦略」がいったん廃止される二〇〇八年二月までに、一六三七人がナウルとマヌス島に送られた。結果的にその七割近くが国際条約上の難民として、もしくは別枠で先進諸国に受け入れられた。強調しておきたいのは、うち半数以上の七〇五人が、こ

（7） 一時保護ビザ（Temporary Protection Visa）は、後に永住権への切り替えが認められなくなった。

（8） アフガニスタン人ら四〇〇人以上を乗せた密航船がジャワ島からクリスマス島へ向かう途中で沈没寸前となり、ノルウェーの貨物船タンパ号によって救助されたが、豪政府は軍の特殊空挺部隊を出動させ、実力行使によってタンパ号の豪領海への侵入を阻止し、庇護希望者を全員軍艦に乗せて南太平洋のナウルへと移送した。パシフィック戦略の端緒となった事件。飯笹（二〇〇七）を参照

（9） Balint (2005) p.138.

の時点ではオーストラリアに定住できたことである。[10] また、四八三人が出身国等に帰還したが、うち九割近くはアフガニスタン人であり、その多くは九・一一同時多発テロ事件に対するアメリカの報復攻撃により二〇〇一年一一月にタリバン政権が崩壊していなければ「難民」に認定された可能性が高い。

二〇〇一年一〇月一九日　沈没事故の悲劇

他方で、インドネシアの海岸を出航したまま、南太平洋の収容所さえにも辿り着けなかった人たちもいた。外交官を辞してこの事件の真相を究明しているオーストラリア人のトニー・ケビンが後に「ＳＩＥＶ Ｘ」[11]と名付けたその船は、二〇〇一年一〇月一九日、多くのイラク出身者を乗せてインドネシアからオーストラリアに向かう航海の途中で沈没した。通りかかったインドネシアの漁船に救助されて一命をとりとめ、ジャカルタに移送されたのはわずか四五人に過ぎなかった。犠牲者は三五三人にも及び、多くの女性や子供が含まれていた（図３）。その大半がジャミ

図3　キャンベラにあるSIEV Xの犠牲者の慰霊碑（筆者撮影、2023年9月）
ポールは犠牲となった142人の母親、65人の父親、そして146人の子供を表しており、一つ一つにオーストラリア各地の高校生や難民支援者らによって絵が描かれている。

（10）　Expert Panel on Asylum Seekers (2012) p.131.

（11）　ＳＩＥＶとはsuspected illegally entry vessel（不審な違法侵入船）の略称で、豪当局の用語。二〇〇一年九月からの四か月間に豪当局の監視下で発見され上陸を阻止されたＳＩＥＶは一二隻で、ＳＩＥＶ１・２…というように順に番号が振られている。

ラたちのようにオーストラリアに「一時保護ビザ」で滞在する夫や父のもとに行くことを望んで乗船した人たちであった[12]。

救助されたソンドス・イスマイルもそうした一人であり、五歳から九歳までの三人の娘を連れて夫に会うために沈没する船に乗り、娘全員を失った。ニュースで家族の惨事を知った夫のアフメド・アルザリミは、ジャカルタにいるソンドスのもとに駆けつけることができなかった。先述したように、「一時保護ビザ」は一旦オーストラリアを出国した後の再入国の権利を保障していないからである。異例な事態における特別の配慮を求める支援者らの声にも、豪当局は動じなかった[13]。

(12) 中にはすでにインドネシアで難民認定された人もいたという。Kevin (2004) p. 265.

(13) Mares (2002) p.202.

二〇〇八年〜二〇一二年　国外収容の中断と再開

この惨事の翌年以降、オーストラリアへのボートピープル到来は減少した（図4）。豪政府の強硬姿勢が功を奏したとの主張もあるが、この時期はタリバン政権の崩壊もあり世界的にも難民の減少傾向を示している。マヌス島の収容所はすでに二〇〇四年に事実上閉鎖されていたが、パシフィック戦略の廃止は政権交代の翌年まで待たねばならなかった。二〇〇八年二月、ラッド労働党政権[14]は、かねてより非人道的であると批判してきた同戦略を「一時保護ビザ」とともに廃止し、以降、ボートピープルは主にクリスマス島の収容所に送られることとなった。そこで難民認定されれば、原則として国内で定住できるようになったのである。

ところが、その直後から再びボートピープルの増加が顕著となり、その数は二〇一〇年には六〇〇〇人をはるかに超えた。同年一〇月より未成年とその家族は難民認定の審査中

(14) ケビン・ラッド首相の在職時期は、二〇〇七年一二月〜一〇年六月および二〇一三年六月〜九月

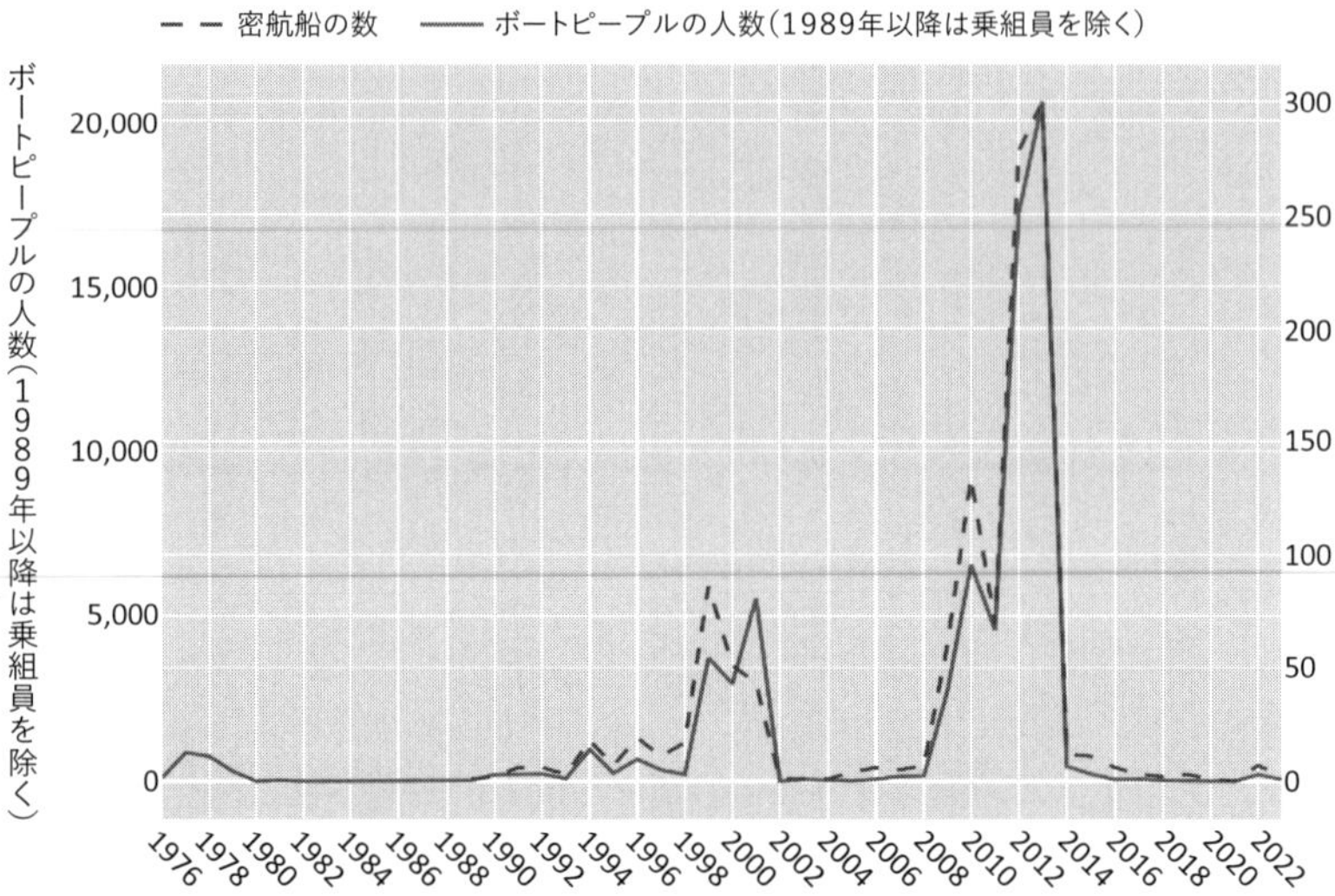

図4　オーストラリア領に到来したボートピープル数の推移（船の隻数については1989年以降のデータを掲載）［出典：Refugee Council of Australia（2023）を基に作成］

に収容所の外で生活することが可能となったが[15]、国内の収容所は飽和状態となった。その背景には、タリバン勢力の復活や、内戦終結後のスリランカから反政府側タミール人が大勢脱出し始めたことなどもある。海難事故も多発し多くの命が失われた。一二年八月、豪政府はパシフィック戦略の再開を決定し、ナウルとPNGの収容所を再稼働させることとした。しかしボートピープルの急増に移送が追いつかず、ほどなく国内の地域社会で暮らすことを許可せざるを得ない状況となった上に、一二年の到来数は一万七〇〇〇人を超え（図4）、増加の勢いは止まりそうになかった。

（15）　主に地域社会の施設で暮らすことから、コミュニティでの収容（community detention）と呼ばれる。

3　二〇一三年七月以降　ボートピープルに完全に閉ざされたオーストラリアの境界

難民認定後のオーストラリア定住を拒否

二〇一三年七月一九日、豪政府の政策は一転する。この日以降に到来した庇護希望者を全員国外に移送し、たとえ難民認定されたとしても定住先はＰＮＧに限定され、オーストラリアでの定住を一切認めないという、これまでで最も厳しい措置が、五年半前にパシフィック戦略を廃止したラッド首相自身によって発表されたのである。定住先には翌年にナウルも加えられた。

不幸にもその対象となったのは三〇〇〇人を超える。単身女性と家族はナウルに、単身男性はマヌス島へ送られた。いずれの収容所でもイラン出身者が最も多く、無国籍者、アフガニスタン出身者と続いた。ナウルやＰＮＧでの定住を拒み、難民認定申請じたいを躊躇する収容者も少なくなかった。イランから逃れてきてマヌス島に収容されたクルド人のベフルーズ・ブチャーニー（第10章参照）も、難民認定された際にそれを朗報として受け取ることができなかった。しかも、彼が二度目の密航でオーストラリア領に到着したのは二〇一三年七月一九日の直後であり、インドネシアを出航した最初の船が沈没せずに順調に航海できていれば、国外に送られることもなく、オーストラリアで難民として定住できた可能性が高い。

治療のためにダーウィンへ　ソマリア出身のハニの体験

ソマリアで生まれ育ったハニ・アブディル（図５）も、その命運を左右する日の翌月、二〇一三年八月に密航船でオーストラリア領入りし、まずクリスマス島に収容された。[16]そこでは果物や食事を提供され、当初はダダーブ難民キャンプ[17]よりはるかに快適そうに思えた。だが、自分たちはオーストラリアには決して受け入れられないことを知らされ、故郷に戻るかナウルに送られるのかの選択をたえず迫られる中で大きな落胆へと変わっていく。それでも、ジャーナリストになる夢を持っていた彼女は、ニュースレターを作成して収容所内で配ったりと活動的に振る舞った。六回まで作成したが、豪政府が難民認定された収容者の定住先として、ナウルとPNGの他にカンボジアを加える政策を導入した一四年九月に終了する。[18]「戦争の歴史をもつ貧しい」国に難民を送ることの問題について記事にしたところ、収容所のボスにプロパガンダとして否定されたからだ。誰も真実を聞く耳を持たなかったと、ハニは回想している。ハニは詩の創作にも意欲的で、フェイスブックで知り合ったオーストラリアの詩人で人権活動家のジャネット・ガルブレイス[19]の激励を受けながら上達していった。

収容所には親切なスタッフや励ましてくれる英語教師もいたが、親しくなった収容仲間の友人が自殺を図り、やがてハニ自身も精神的に追い詰められ自殺願望

図５　ソマリア出身のハニ・アブディル
©Dominic Lorrimer

（16）ハニの体験は、Green et al. ed (2017) より

（17）ケニア東部にあり、隣国ソマリアから多くの難民を受け入れている。

（18）実際にカンボジアに定住したのは数人に過ぎない。飯笹（二〇一八）一〇六頁

（19）「創作は抵抗である」というコンセプトのもと、オーストラリア国内外の収容所を体験した作家やアーティストらによる発信のウェブサイト（Writing Through Fences）を主宰しながら、精力的に難民支援活動を行っている。

図6　「主権国家の境界作戦」を国内外に宣伝するために2014年に作成されたポスター

「断じて、オーストラリアはあなたたちの居場所にはならない」と書かれている。英語のほかにアラビア語やタミール語、ペルシャ語、ロヒンギャ語など17の言語で作成された。

に囚われるようになる。深刻な状態と診断されたハニがダーウィンの医療施設へ搬送されたのは、クリスマス島に到着してから一一か月後のことであった。その後、彼女はシドニーに移って職業訓練校でバリスタのコースを終了し、ニュータウンのカフェで仕事を得た。シドニーオペラハウスで自作の詩を朗読し、二〇一六年には初めての詩集を刊行した。それでも一七年の時点で、ハニの滞在資格は依然として「仮放免ビザ[20]」という不安定なままであった[21]。

密航船の追い返しの強化

ところで、仮にハニが一か月遅くインドネシアを出航していたならば、クリスマス島に収容されることもオペラハウスで詩を披露することもなかっただろう。なぜなら、二〇一三年九月に豪政府が軍主導の国境警備作戦として「主権国家の境界作戦[22]」を開始し、オーストラリアに向かう密航船を海上で監視し、拿捕してインドネシア側に追い返す（turn back）ことを徹底化したからだ。同作戦の実態は軍事機密同様に情報統制されており、海

(20)「仮放免ビザ」の原語は bridging visa

(21) ハニはその後、詩人として活躍しながらジャーナリズムを学び、二〇二三年二月に豪政府が公表した特別措置により永住権を取得できたという（シドニー在住の関係者からの情報による）。

(22)「主権国家の境界作戦」の原語は Operation Sovereign Borders

上での密航船の阻止や拿捕の方法、乗船者の国籍などについて詳細は不明である。明らかにノン・ルフールマンに違反したこの措置によりボートピープルの流入は激減した。その一方で、すでにナウルとマヌス島に送られた人びとは劣悪な環境下に置かれ続けた。

4 伸縮自在なオーストラリアの境界

以上から見えてくるのは、海をわたってくる庇護希望者が国際条約上のれっきとした難民であったとしても、オーストラリア領にいつたどり着いたのか、そのことがかれらの命運の決定的な分かれ目となっていることだ。はるか南太平洋の島に送られるのか否か、オーストラリアに定住できる可能性があるのか否かが、突然ある日を境に変わってしまうのである。かれらを阻む予測不能な壁は、突然高くなったり、少し低くなったり、かと思うとこれまで以上に強固に聳え立つ。そして、かれらを排除するために、「移住ゾーン」の縮

図7　元収容者と収容中の人びとの体験が語られている書籍（2017年刊行）
ジャミラ、ブチャーニー、ハニの体験も収録されている。

減という措置によってオーストラリア領土の境界が、実は「縮んで」いたことにも触れておきたい。「移住ゾーン」とは、外国人が合法的に入国、滞在するためにビザが必要なエリアを指し、従来、その境界はオーストラリア領土の境界とほぼ一致していた[23]。ところが、パシフィック戦略を合法化するために、「移住ゾーン」から除外されたエリア[24]にビザを持たずに到着した庇護申請者は、移民大臣による裁量権が行使される場合を除いて、豪当局に対していかなるビザも申請することができず、第三国へ移動させられるとする法改正が行なわれたのである。

パシフィック戦略が開始された二〇〇一年九月の時点で「移住ゾーン」から除外されたのは、クリスマス島などのインドネシアに近い島々であった[25]。その後、さらに拡大し、一三年五月、ついにオーストラリア本土全域が「移住ゾーン」から除外されてしまったことは特筆に値する[26]。オーストラリアに辿り着いたはずであるのに、そこはオーストラリアではなかった、という奇妙なからくりが制度化されたのである。

こうした「移住ゾーン」の縮減は、従来の物理的な国境に対して、マイケル・グルーコックの表現を借りるならば「シュールレアル（超現実的）な[27]」境界を創り出すことである。この場合の「シュールレアル」は「脱領土的」と読み替えることもできるだろう。このようにパシフィック戦略とは、ボートピープルを阻止するための「境界」を、一方で「移住ゾーン」の縮減によってオーストラリア領土内に引き直し、他方で太平洋諸国へ収容を移転することによってその「境界」を他国の領土にまで拡張するという、脱領土的な、すなわち主権的な領土概念に基づかない「境界の政治」によって成り立っているのだ。

（23）ただし、南極の豪州領を含む無人の領土や、人が居住していても太平洋のノーフォーク島は当初から例外的に「移住ゾーン」に含まれていなかった。
（24）ここではexciseを「除外する」と訳しているが（名詞はexcision）、この語は切除や摘出を意味する手術用語でもある。
（25）Migration Amendment (Excision from Migration Zone) Act およびMigration Amendment (Excision from Migration Zone) (Consequential Provisions) Act 2001
（26）Migration Amendment (Unauthorised Maritime Arrivals and Other Measures) Act 2013
（27）Grewcok (2009) p.169.

おわりに——継続する国外収容政策

ジャミラもブチャーニーもハニも体験した収容所の実態は、しばしば「拷問」と表現される。それは収容の目的が庇護希望者の保護というより、密航に対する見せしめ的な懲罰と難民認定申請を諦め自発的に帰還させることにあるからだ。二〇一三年七月一九日以降にナウルとマヌス島に送られた三一二七人のうち、一三人が自殺や医療放置、暴動（コラム10・注2参照）等で亡くなった。[28] 精神疾患はじめ治療のためにオーストラリア本土に搬送された患者は一〇〇〇人以上に及ぶ。[29] その多くがハニと同様に「仮放免ビザ」を得て地域社会で暮らすが、豪政府は定住を認めないという当初の姿勢を貫いている。[30] かれらを含めて、すでに多くの人たちが第三国へ出国した。二〇二三年三月末時点で、七〇〇人以上が自発的か強制により帰還したほか、一〇〇〇人以上が豪政府とアメリカ政府の合意に基づき渡米し、[31] 十数名がニュージーランド政府の再定住プログラムにより同国に受け入れられた。[32] カナダの民間スポンサーによる独自の取り組みにより、カナダに渡った人たちもいる。

以上のように、豪政府は収容者の定住の責任を他国に押し付けながら、現在もパシフィック戦略を継続している。マヌス島の収容所はPNGの最高裁判所による違憲判決によって二〇一七年一〇月に閉鎖され、収容所はナウルのみとなったが、現在は空の状態で事実上稼働していない。まだ現地に留まっているわずかな人たちは地域社会で暮らし、[33] 新たな庇護希望者も入所していないからだ。にもかかわらず、豪政府はアメリカの民間刑務所運営

(28) Refugee Council of Australia (2020)

(29) Refugee Council of Australia (2023). 以下の数字も同様

(30) 三一二七人の難民認定率は、全ての審査結果が出ていない二〇一七年一〇月末時点で七四%という高さであった。Refugee Council of Australia (2023)

(31) 豪政府は二〇一六年一一月に当時のオバマ政権と、ナウルとマヌス島にいる難民認定者を一二五〇人を上限にアメリカに受け入れてもらう合意を交わした（公表されていないが、交換条件としてコスタリカのキャンプから中南米出身の難民をオーストラリアが受け入れることになっているという）。

(32) ニュージーランドの再定住プログラムは、元収容者の中から三年間にわたって毎年一五〇人を受け入れるもので、この提案は二〇一三年にニュージーランド側からなされていたにもかかわらず、これまで豪政府が応じなかった。

(33) PNGには、豪政府が二〇二一年一二月にPNG政府との協定を終了した時点で一〇〇人以上が主にポートモレスビーに残されていた

企業に法外な金額で収容所運営を委託し[34]、パシフィック戦略の看板を掲げ続けている。※

[参考文献]

飯笹佐代子『シティズンシップと多文化国家——オーストラリアから読み解く』日本経済評論社、二〇〇七年

飯笹佐代子「希望を求めて海を渡る——〈ボートピープル〉になった人々」村井吉敬・内海愛子・飯笹佐代子編著『海境を越える人びと——真珠とナマコとアラフラ海』コモンズ、二〇一六年

飯笹佐代子「オーストラリアのボートピープル政策とバリ・プロセスの展開——難民保護をめぐる攻防」『国際政治』第一九〇号、二〇一八年

Balint, Ruth, *Troubled Waters: Borders, Boundaries and Possession in the Timor Sea*, Crows Nest, Allen & Unwin, 2005.

Doherty, Ben and Christopher Kanus, 'US Operator Accused of "Gross Negligence" Wins $420m Contract to Manage Australia's Asylum Processing on Nauru,' *The Guardian*, January 27, 2023（電子媒体、二〇二三年六月一〇日アクセス）

Green, Michael et al. (eds.), *They Cannot Take the Sky: Stories from Detention*, Crows Nest, Allen & Unwin, 2017.

Grewcock, Michael, *Border Crimes: Australia's War on Illicit Migrants*, Sydney, Institute of Criminology Press, 2009.

Expert Panel on Asylum Seekers, *Report of the Expert Panel on Asylum Seekers*, Canberra, Australian Government, 2012.

Kevin, Tony, *A Certain Maritime Incident: The Sinking of SIEV X*, Melbourne, Scribe Publications, 2004.

Mares, Peter, *Borderline: Australia's Response to Refugees and Asylum Seekers in the Wake of the Tampa*, Sydney, University of New South Wales Press, 2002.

Refugee Council of Australia, 'Key Statistics', 2023, https://www.refugeecouncil.org.au/statistics/（二〇二三年九月一日アクセス）

Refugee Council of Australia, 'Australia's Offshore Processing Regime: The Facts', 2020, https://www.refugeeccuncil.org.au/offshore-processing-facts/（二〇二三年六月一日アクセス）

Viviani, Nancy, *The Indochinese in Australia 1975–1995: From Burnt Boats to Barbecues*, Melbourne, Oxford University Press, 1996.

が、豪政府は彼らに関する責任は協定の終了によりPNGにあるとし、以降データを公表していない。

(34)　契約金額は三年間にわたり四億二〇〇〇万豪ドル（約三八〇億円）だという。Doherty and Kanus (2023)

※本章の脱稿後、豪当局が一一人の庇護希望者の密航を阻止し、二〇二三年九月、かれらを九年ぶりにナウルの収容施設に移送していたことが判明した。豪政府は機密事項として詳細を明らかにしていない。

column10

マヌス島からの発信――フェンスを超えるアート

飯笹佐代子

オーストラリアを目指したボートピープルが収容されたマヌス島は、パプアニューギニア（PNG）の北部に位置し、東京都とほぼ同じ面積に約六万人が住む[1]。PNGはかつてオーストラリアの占領や統治を経て一九七五年に独立するまで、同国を施政権者とする国連の信託統治地域であった。収容所はマヌス島のロングラムにあるPNG海軍基地（かつての豪海軍基地）に設置された。報道関係者はじめ部外者が収容所に立ち入ることは容易ではなく、虐待や性的暴行が横行するその劣悪な実態は秘匿されてきた。

そうした状況下においても監視の目をかいくぐって執筆や創作活動を行い、それらを限られたインターネットへのアクセスを通じて外部に発信し、過酷な収容への抗議を伝えようとした収容者もいた。なかでも国際的な注目を集めたのが、イラン出身のクルド人、ベフルーズ・ブチャーニー（第10章参照）と、イラン人のアリ・ドラニである。ここではドラニ（ペンネームEaten Fish）の漫画／風刺画の創作に着目したい。

メルボルンの展覧会――初めての作品出展

ドラニがインドネシアから密航船でオーストラリア領に辿り着いたのは、二〇一三年七月、難民認定されてもオーストラリアには定住できないという、豪政府がボートピープルへの厳しい措置を発表した直後であった（第8章参照）。当時二一歳のドラニは、クリスマス島の収容所を経てマヌス島に送られた。自身の強迫症が悪化する中、気を紛らわせるために収容所での生活の様子を描くようになったドラニは、ある日、自身の白いTシャツにオーストラリアの形を描き、その中に涙を流す目を加え、下には「私はただの難民だ」という言葉を入れた。

図1　自身のアバターが描かれた作品
©Eaten Fish

それが思いがけず職員らに抗議としてとらえられたことで、自身の絵が影響力を持つことを初めて認識したという。ドラニの作品は収容所の惨状を戯画化した風刺画的な一コマ漫画が多く、しばしば途方に暮れた表情のアバター（自画像）が登場する（図1）。Eaten Fishというペンネームは、魚のように海から捕らえられ、収容キャンプで「喰われ」（処理され）、そして魚の骨をゴミ箱に投げ捨てるようにマヌス島に「ポイ捨てされる」ことを意味しているという。

収容所内で週に四〇分のインターネット使用が認められると、彼はオーストラリアの人権団体などに宛てて手当たり次第にメッセージと絵を送信し続けた。反応がないままに一年半が経過したある日、詩人で人権活動家のジャネット・ガルブレイス（第8章注19）からフェイスブックを通じて、彼女が企画する展覧会「私たちの美しい名前」への出展要請が届く。こうして、マヌス島から持ち込み禁止の携帯で密かに撮影して送ったドラニの漫画の一枚が、メルボルンの教会ホールで展示されることとなった。この展覧会は豪政府のボートピープル政策に抗議するために開かれ、展覧会名には収容者たちが名前ではなく番号（入国審査番号）で呼ばれていることへの批判が込められた。

展示されたドラニの作品には、収容所のフェンスの内側から両腕だけのドラニが（右手首の腕輪に彼の呼び名である番号「RUF115」が見える）、フェンスの向こう側で背を向けている大勢の人びとに助けを求めるシーンが描かれている。看護師やジャーナリストらしき人々も、背中にオーストラリアや国連などの文字を付けた人びとも、ドラニの訴えに振り向く気配はない。[2] 収容所での暴動で亡くなった仲間の墓もあり、「人権」と「公平」と

図２　メルボルンの展覧会に初出展された作品
©Eaten Fish

書かれたボックスには鍵がかけられたままだ（図２）。

「風刺画における勇敢賞」の受賞と支援の広がり、そして出国へ

やがて、ガルブレイスを介して交流が始まったオーストラリア国内外の著名な漫画家らがドラニの作品をメディアやイベントで紹介し、彼の窮状への注目と支援の動きが国際的に広がっていった。そして二〇一六年八月、国際漫画家権利ネットワーク(3)はドラニに、彼の一連の作品が、収容所の人権侵害を記録し、伝える上で極めて重要であり、秘匿のヴェールとフェンスをも突き破るものとして「風刺画における勇敢賞」の授与を決定する。

受賞を機にドラニの知名度は上がり、作品がメディアに掲載される機会も増えていった。他方で、その代償がドラニを追い詰めることにもなる。収容所の職員らによる威圧的な嫌がらせを阻止するために、ドラニは二〇一七年の一月末からハンガーストライキを決行する。それが外部に伝わると、支援活動はいっそう活発になっていった。イギリスに拠点を置くプロ漫画家団体は、ＳＮＳ上で#AddAFishキャンペーンを立ち上げ、Eaten Fishのアイコンである魚を描いた作品を投稿してドラニへの支援を示すよう呼びかけた。

その舞台裏では、ガルブレイスらが心身の状態が悪化したドラニの救出に向けてノルウェーの国際難民都市ネットワーク(4)と交渉を進めていた。ノルウェーの移民省から、アーティスト・イン・レジデンスとしての正式な受け入れ通知を受け取ったとき、ドラニは搬送されたポートモレスビーで入院治療中であった。そして二〇一七

年一二月、ついに四年半にわたる過酷な収容生活から解放されてノルウェーに向かい、以降、スタヴァンゲルに住んで創作活動を続けている。(5)

［注］

（1） PNG Census, 2011.

（2） 二〇一四年二月、当初、平和的な抗議を行っていた収容者たちに対して、現地の人や警察に加え、収容所の警備員が棍棒や銃で一方的に襲撃した事件。七〇人以上が負傷し、イラン出身の二四歳の収容者が犠牲となった。

（3） Cartoonists Rights Network International（CRNI）は、一九九九年、社会政治的な逆境の中で創作活動を行う漫画家を保護するために設立されたグローバルな人権団体。

（4） International Cities of Refuge Network（ICORN）は、迫害などによって危機状況にある作家やアーティストたちに創作活動を継続できる安全な場を提供するために活動する団体。

（5） ドラニの作品や彼を支援するために描かれた他の漫画家たちの作品については、以下を参照。https://eatenfish.com.

［参考文献］

Cheung, Helier, 'Ali Dorani: Iranian Cartoonist on the Drawings that Saved His Life,' *BBC News*, May 26, 2019, https://www.bbc.com/news/world-australia-47693505（二〇二三年五月一〇日アクセス）

Hills, Carol, 'How Eaten Fish Survived Four Years in Refugee Detention with His Cartoons, Social Media and A Network of Activist Friends,' *The World*, December 22, 2017, https://theworld.org/stories/2017-12-22/how-eaten-fish-survived-four-years-refugee-detention-his-cartoons-social-media（二〇二三年五月一〇日アクセス）

Humphery, Aaron Scott, 'Drawing out of Detention: The Transnational Drawing Practices of Eaten Fish, Refugee Cartoonist,' *a/b: Auto/Biography Studies*, Vol. 35, No. 2, 2019.

第9章　ボートピープルの経由国インドネシア
――オーストラリアの政策介入

間瀬朋子

1　クパンで待機するアフガニスタン青年

アフガニスタン・ガズニ州出身のWには、幼少期に家族で隣国イランに出国した経験がある。二〇一四年一二月、一六歳のとき、Wはインドネシアにやってきた。内戦兵士に取られて無駄死にしないよう願う両親が密航斡旋業者に依頼して、Wを国外に送り出したのである。行き先はオーストラリアのはずだった。

祖国からニューデリー、クアラルンプールと飛行機を乗り継いだ。マレーシアからは船でインドネシア・リアウ州に入り、そこから車で首都ジャカルタをめざした。しかし、首都から東へ約二〇〇〇キロメートルの東ヌサ・トゥンガラ州クパンに辿り着いた経緯を、Wは語らなかった。

筆者にWを紹介したクパンのタクシー運転手の話では、Wはインドネシア（のどこか）から密航船でオーストラリア領アシュモア礁に向かったが[1]、オーストラリア海軍の巡視船にみつかってしまった。彼の密航船はインドネシア領海に押し戻されてきたところを同国

（1）　ティモール島西部のクパンやその南西のロテ島はアシュモア礁まで二〇〇キロメートル足らずなので、密航船が頻繁に出入りしてきた。

図1　本章及びコラム関連図（出典：TPSearchTool.com.の白地図を基に筆者作成）

海軍に発見され、クパンのタブロロン港に曳航される。Ｗを含む密航者は州警察の取調べを受け、クパン入国管理局の収容所（ルデニム[2]）に留置された（図1）。

　国連難民高等弁務官事務所（以下ＵＮＨＣＲ）により難民認定されたＷは、国際移住機関（以下ＩＯＭ）に借り上げられたコミュニティハウス（旧Ａホテル）に収容され、第三国への定住を待っている。生活費は、祖国の両親からの送金に加え、ＩＯＭからの支援で賄っている。ＩＯＭは毎月、クパンのルデニムと三つのコミュニティハウスに暮らす難民に対して食事、衣服、石鹸等を入手するための現金を支給する。

　入管総局長令二〇一〇年の付属書にある「難民宣言書」に就労の禁止が謳われており、インドネシアＵＮＨＣＲの認定難民はそれに署名するので、就労できない。Ｗは一日の大半を洗濯、掃除、コミュニティハウスの他の難民との交流で過ごす。治安を確保する目的

（2）ルデニムは、クパンのほか、首都ジャカルタ、バリ島デンパサール、シンガポールに近いビンタン島タンジュンピナン、スラウェシ島マカッサルなどインドネシア全土に現在一三か所に設置されている。

で、コミュニティハウス周辺は入国管理局に監視されている。しかし、門限や外泊制限はあれ、難民は日中、コミュニティハウスの外へ出られる。Wもときどき気晴らしにショッピングモールや海岸に出かけるが、第三国への定住の実現可否が不透明なまま、職業経験も学業も積まず、食べて寝るだけの待機状況にあって、本当の気晴らしなどできない、と言う。外出時には地域社会の目も難民同士の目も気になるから、人目につかぬよう贔屓のタクシーを使う。実直なタクシー運転手は、Wが信頼を寄せてつきあう数少ないインドネシア人だ。

このような暮らしぶりゆえに、クパンに滞在する難民たちは「第三国への定住の過程は不明瞭」「UNHCRは速やかに定住を促進せよ」と焦燥の念を募らせている。二〇一八年、クパンのUNHCRは定住に関する啓蒙活動を実施し、第一次庇護国での待機と祖国への送還という選択も示しつつ、世界中で増加しつづける難民への対応を迫られる受入先進諸国が抱える事情への理解を促そうとした。しかし、それは難民の不満・ストレスの緩和には繋がらず、難民による抗議のデモやロングマーチを発生させた。

Wと同郷で一歳年下のZは、Wと似た理由とルートでクパンに滞在することになった。英語に堪能なZは、コミュニティハウスの子どもたちに英語を教えた。二〇二一年、幸運にもカナダへの再定住のチャンスを手繰り寄せ、彼はクパンを去っていった。

2　インドネシアに滞留する難民

歴史的にみると、インドネシアは一九七九年から国内にＵＮＨＣＲを常駐させ、難民審査と庇護査証の付与をおこなわせている。一九五一年難民の地位に関する条約及び一九六七年難民の地位に関する議定書（以下一括して難民条約）を締結していないインドネシアは、地域社会から離れたガラン島（現リアウ島嶼州に属する島）に難民キャンプを建設し、自発的かつ人道的にベトナムからのボートピープルを受け入れるためにＵＮＨＣＲと協働した。インドネシアは現在も難民条約を締結していないが、その地位に関係なく、ＵＮＨＣＲやＩＯＭと協力して同締結国に庇護を求める難民を国内に一時収容している。インドネシアＵＮＨＣＲのデータ（二〇二三年二月）によれば、その数は一万二七一〇人、うち五三％がアフガニスタン人だ。

有効な査証をもたずに祖国を離れる者のなかに、まず入国管理の手緩い境界を選んで（賄賂を使ってでも）インドネシアに入国すれば、密航船で次の境界を踏み越してオーストラリアに渡してもらえる、と期待する者がいる（図2）。彼らにとって、インドネシアは都合のよいトランジット国なのである。ところが、密航船で境界を踏み越えるのは次第に難しくなった。それは、自国領土を踏ませないよう、オーストラリアが密航する恐れのある者をインドネシアに堰き止める戦略を綿密に実行してきたからである。

二〇〇〇年代のオーストラリアは、ボートピープルを直接的に拒否した。その方法は、

図2　ロテ島南海岸に放置された密航船（筆者撮影、2019年8月28日）

（一）彼らをオーストラリアに上陸させず、領域外で難民審査にかける（「パシフィック戦略」）、（二）海軍、空軍、税関等の連携で徹底的な海域・沿岸警備を敷いて海からの上陸を阻止し、境界領域で密航船をインドネシア領海に追い払う（「主権国家の境界作戦」「ストップ・ザ・ボート」）、というものだった（第8章参照）。（三）二〇一四年七月一日以降にインドネシアＵＮＨＣＲに難民申請した者を受け入れない、ともしている。

こうしてオーストラリアへの密航や同国からの庇護は期待しにくくなり、庇護希望先の変更や故地への帰還を迫られる難民がさしあたってインドネシアに滞留するようになった。

3　オーストラリアに舵取りされたインドネシアの収容政策

オーストラリアによるボートピープルの拒否には、間接的な方法もみられた。それが、資金と技術支援を注ぎ込んでインドネシアに彼らの収容体制を構築させる方法だった。収容所の建設、収容スキルの習得、収容のための法的基盤の整備等を支援することで、インドネシアにボートピープルを押し留め、みずからを防護するバッファーにする計画を、オーストラリアは一九九〇年代からじわりじわりと進めていく。

密航斡旋業者を介したインドネシアを経由したオーストラリアへの密航が報じられるようになるのは一九九〇年代半ば以降である。しかしオーストラリアはそれ以前の一九九二年から、カンボジアからのボートピープルの上陸を取り締まる目的で、彼らを法的審査なしで強制収容できるようにしている。同年のインドネシアは（旧）入国管理法（以下、入管法）を制定し、入管隔離所を国外追放又はその他の入管行政措置の対象となる外国人の一時的な収容所と定めた。また、外国人が合法的な許可なしに入国した際や強制送還される際に入管隔離所に収容されると定め、不法移民の収容に係る法的基盤を準備した。しかし、特定の状況でその他の場所にも収容される、と入管当局に広範な裁量を設けており、実際にはインドネシアUNHCRによる難民審査中の者が収容されずに地域社会に交じって過ごすことを容認していた。

一九九九年九月、インドネシアは外交法を制定する。その中で、大統領が外国人に庇護を付与する権限をもち、難民問題への対応を決定すると定めたが、その施行細則としての大統領令は以後十数年間まとまらないまま、難民の実質的な対応に係る法的空白は継続した。

同時期のオーストラリア政府は、インドネシアの境界管理能力を一層強化するために、より積極的な援助に乗り出す。そのひとつが二〇〇〇年の地域協力協定（RCA）の締結で、IOMに資金を提供し、これを関与させながらインドネシアにおける収容施設の建設・運営を後押しした。それは、地域社会にたむろする「潜在的な密航者」の収容に繋がって

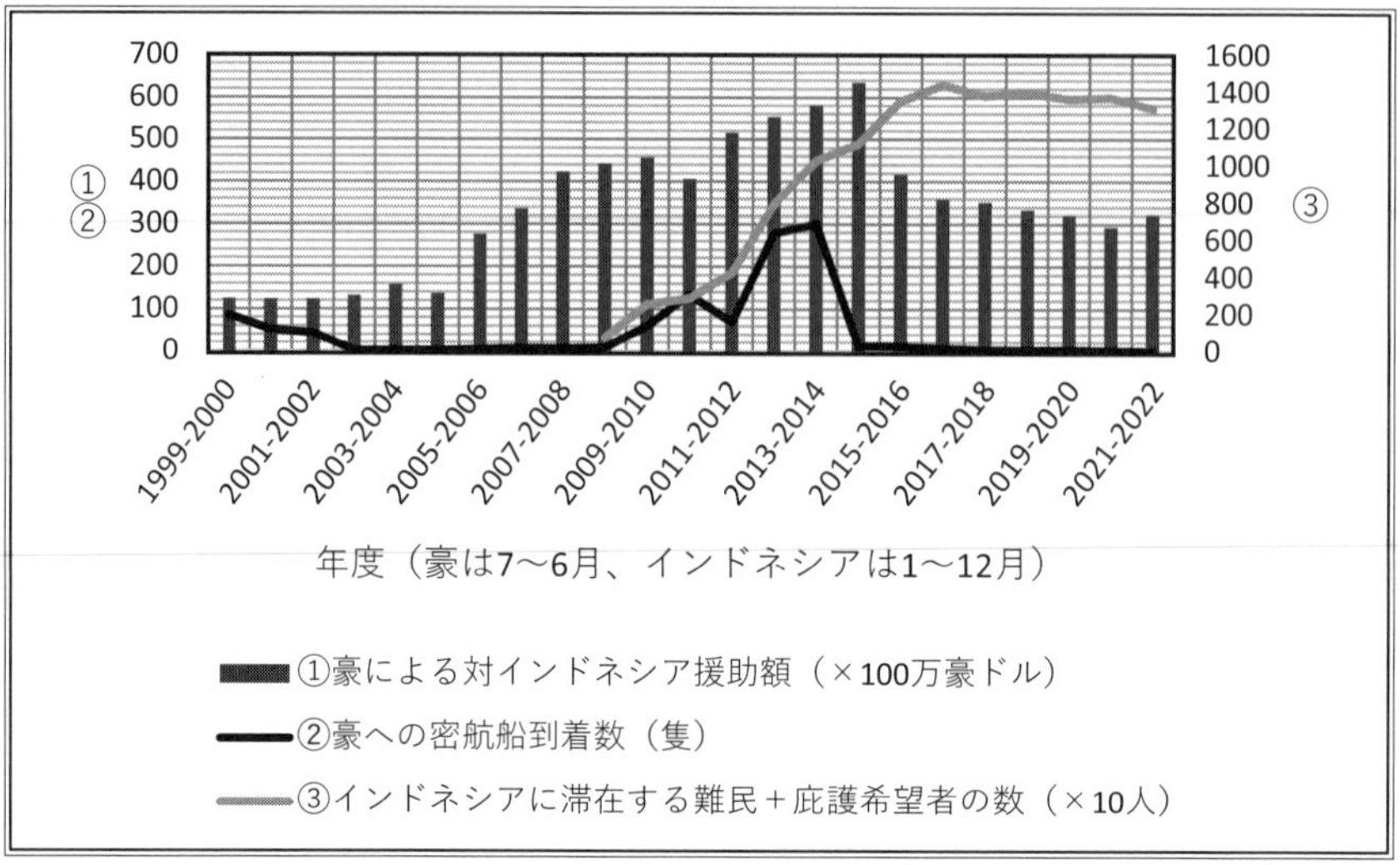

図3　難民・庇護希望者、密航船、援助にみる豪―インドネシア関係（出典：豪外務貿易省、Refugee Council of Australia、インドネシアUNHCRの各サイトより筆者作成）

いった。[3]

二〇〇四年の法務人権相決定でインドネシアは入管隔離所を入管収容所（以下ルデニム）と呼び変えた。さらに二〇〇六〜〇九年にかけての法務人権相令や入管総局長令で、ルデニムが入管行政措置の対象となる外国人の拘束、隔離、帰国、国外追放を担当する、と定められた。その対象となる外国人に有効な書類なしで入国してきた難民・庇護希望者が含まれる以上、ルデニムは必然的に難民・庇護希望者にも対応することになった。しかし、いかなる入管関連法令の条項にも、ルデニムが難民・庇護希望者に対応する機能をもつ、とは記載されていない。[4]

二〇〇八年二月にオーストラリアがボートピープル政策を緩和すると、同国への入国を試みる密航船は

（3）Nethery et al.（2012）p. 95. 飯笹（二〇一八）一〇一頁

（4）Fenny（2021）

再び増加しはじめた。同時に、インドネシアUNHCRに難民申請する者も顕著に増えていった。そこで、オーストラリアはインドネシアの境界監視と領土安全保障能力を強化する目的で、ますますの資金援助をおこなった（図3）。

二〇一〇年、インドネシアのユドヨノ政権（二〇〇四年一〇月〜一四年一〇月）は、先の一九九九年外交法で定めた大統領による外国人への庇護付与の権限と難民への対応の実施に向けて、大統領令草案の作成を開始した。しかし、外務省、法務人権省、防衛省、保健省、警察という複数の関連機関による合意形成は困難で、行き詰まってしまう。

二〇一一年五月、インドネシアは旧入管法に代わる新入管法を制定した。そこにオーストラリアからの働きかけがあったことは、同法における入管用語の英語化にも表れている。[5]また、旧入管法よりも不法入国者の収容を厳格化し、例外を除いて難民・庇護希望者を含む不法入国者を地域社会で自由にいられなくした。こうした「密航予備軍」の収容は、オーストラリアの意向に沿うものだった。新入管法により、入国時は不法移民とみなされてもUNHCRの審査で難民の地位を有すると認められた者はルデニム以外の施設に移送され、その地位を認められなかった者は母国に送還されるというプロセスが明確になった。問題は、UNHCRの審査に時間がかかるため、地位の決定を待つ者のルデニム滞在が長期化することだった。収容の既定路線化と長期化は、インドネシアの重荷になっていく。

この新入管法の制定から一年足らずで、ルデニムに拘置される外国人の数は膨れ上がり、二〇一二年三月の時点で全国一三ルデニムのうち四か所で定員超過が発生した。[6]このように難民・庇護希望者を含む外国人の滞留問題が深刻化するさなかの二〇一五年五月、

（5） Nethery et al. (2012) p. 97.

（6） *hukumonline*二〇一二年五月九日。クパンもそのひとつだった。

ロヒンギャ難民及び人身密輸の被害者と疑われる約一八〇〇人を救出し、一時収容しなくてはならない緊急事態がインドネシアに追い打ちをかける。そこで、ジョコ・ウィドド大統領（在職二〇一四年一〇月～現在）が調整に乗り出して、一九九九年外交法の規定を実行するための難民への対応に関する大統領令をまとめ上げ、二〇一六年一二月末日に署名した。

同大統領令により、関連諸アクターの役割・機能の確認と対応手順の統一が図られた。これまで非公式に実施されてきた役割・機能や手順も、条項として盛り込まれた。さらに県・市自治体の関与やルデニムの機能強化を通じて、難民・庇護希望者への現場対応がなされるという路線が打ち出された。しかし、同大統領令に就労や教育へのアクセス、移動の自由などの難民の基本的権利を認める条項が設けられているわけではない。

4　国際機関やオーストラリアとのつきあい方

二〇一七年七月、インドネシアUNHCRのトーマス・バルガス代表は、難民への対応に関する大統領令を出したインドネシアを「まだそのような規則をもたない国の模範」、「インドネシア政府は最善を尽くしている」と賞賛し、「UNHCRは引きつづき可能な限り支援する」と述べた。(7) しかし、「第三国定住に限定的で、しかもそれは第三国の手に委ねられている。できるのはその調整だけ」と繰り返し発言し、難民の滞留化を一向に解決できないUNHCRに対して、インドネシアの政府・地方自治体も滞留難民も不満でしかな

(7)　*liputan6* 二〇一九年七月一七日

い。二〇一七年一一月以降、UNHCRやIOMの活動する各地で難民によるデモが頻発し、インドネシア政府・地方自治体はその沈静化に手を焼いた。

オーストラリアをめざす密航船は、二〇一五年にはすっかり鳴りを潜めた。また、二〇一八年、オーストラリアはこれまで一八年間継続してきたインドネシアIOMへの支援を一部停止した。難民に対応するための物理的・法的な基盤を整えつつあるインドネシアがもう放っておいてもみずからのバッファー機能を果たすと確信できたのだろうか。インドネシア向けの政府開発援助も、二〇一五年度から大幅削減されたままである。インドネシアに一時滞在する難民に対するオーストラリアへの受け入れ割当ては、二〇一〇年に約四〇〇人だったが、そこから削減されつづけ、二〇一七年度には八五人になった。(8)

オーストラリアの政策変更に伴い、IOMは「二〇一八年三月一五日以降にインドネシアUNHCRに登録する難民への財政支援を停止する」と発表した。同年七月一日からは、技術支援や電気代などのルデニム運営コストも支援していない。したがってインドネシアで新規に難民登録された者への財政支援は、同国政府自身が行うほかなくなった。

オーストラリアのジュリー・ビショップ外相（当時）は二〇一八年八月、密航船をインドネシア領海に追い返す「主権国家の境界作戦」がオーストラリアの主権に関わる重要な政策であり、それに対してインドネシア政府は異議を唱えておらず、両国はうまく協働している、という主旨の発言をした。(9) 二〇二二年四月には、スコット・モリソン首相（当時）は世界で最も成功を収め、他国に模倣されるほど優れた国境保全政策が「主権国家の境界作戦」だと自画自賛し、(10) やはりインドネシアの負担を顧みることはなかった。このように他国への難民封じ込めを正当化・常態化するオーストラリアに対して、インドネシアは

(8) 同前

(9) *idntimes* 二〇一八年八月五日

(10) *voaindonesia* 二〇二二年四月一八日

度々抗議してはいるものの、自己に不利な状況を改善できていない。

オーストラリアやUNHCRに切り盛りされる難民政策を早期から警戒・批判し、事あればインドネシア政府に毅然たる態度を求めてきたのが、国立インドネシア大学の国際法学者ヒクマハント・ジュワナである。彼は、難民・庇護希望者の収容を避け、インドネシア政府が安全を見届けながら彼らをオーストラリアに確実に渡航させる必要があり、それが人身密輸マフィアの根絶に繋がるという信念をもち、オーストラリアへの強い反発を隠さない[11]。難民・庇護希望者の収容は本来入管行政措置の対象にならない者への人権侵害であり、国際的な批判を免れないばかりか、政府の負担になるとして、滞留難民化に対する反省を促した。何よりも、インドネシアUNHCRによる難民審査を即時停止し、これを国内に常駐させなければ、難民・庇護希望者を含む不法入国者はインドネシアに来なくなるというのが彼の主張で、二〇二一年八月のテレビ番組でもそう繰り返した。

二〇一九年八月、インドネシア国会第一委員会副委員長（当時）のサティヤ・ユダは「難民条約を批准しないのはよい決断」と評し、「批准すればインドネシアは難民の最終目的地になる。労働需要が労働供給を下回る状況での難民の受け入れは有害で、潜在的な国内紛争につながる」と説明した。その上で、いまインドネシアにできるのは、難民条約締結国に対する難民の受け入れの要請と（国連等での立場を介した）難民出身国での紛争停止・防止に係る試みであると言う[12]。後者は、同国憲法の前文に謳われる「独立、恒久平和及び社会正義に基づく世界秩序の実現への参画」とも合致している。

前述の難民への対応に関する大統領令二〇一六年の発出は、人道的連帯の一形態であり、滞留難民化への緊急措置である。難民条約の締結により自前で難民審査をおこない、

(11) *detik* 二〇一三年九月二三日
(12) *Beritasatu* 二〇一九年八月六日

自己の利益に適した外国人に庇護査証を付与して受け入れ、それに付随した国際的信用を獲得することは、将来のインドネシアにとって魅力的であり妥当でもあろう。しかし、中所得国として人口ボーナス期のうちに経済発展に邁進し、国内の経済格差を是正しようとしている現時点では、インドネシアが隣国や国際機関に翻弄されすぎず、「身の丈に合った」人道主義をもうしばらく貫きつづけるのが現実的ではないだろうか。

〔参考文献〕
飯笹佐代子「オーストラリアのボートピープル政策とバリ・プロセスの展開」『国際政治』一九〇、二〇一八年
Nethery, Amy, Brynna Rafferty-Brown and Savitri Taylor, 'Exporting Detention: Australia-funded Immigration Detention in Indonesia', *Journal of Refugee Studies*, 26(1), 2012（電子媒体、二〇二三年五月二一日アクセス）

〔諸機関ウェブサイト〕
Australian Agency for International Development, *Statistical Summaries – Australia's International Development Cooperation 1999–2000 to 2021–22*, https://www.dfat.gov.au/about-us/publications/statistical-summaries-australias-international-development-cooperation（二〇二三年六月一日アクセス）
Refugee Council of Australia, https://www.refugeecouncil.org.au（二〇二三年六月一日アクセス）
UNHCR Indonesia, https://www.unhcr.org/id/（二〇二三年六月一日アクセス）

〔新聞記事（ウェブサイト）〕
'Beberapa Rumah Detensi Imigrasi Over Kapasitas', *Hukumonline*, May 9, 2012（電子媒体、二〇二三年五月二一日アクセス）
'Pemerintah Disarankan Fasilitasi Pencari Suaka ke Australia', *detik News*, Sep 23, 2013（電子媒体、二〇二三年五月二一日アクセス）

'Menlu Australia: Indonesia Tidak Keberatan Kebijakan Manusia Perahu', *IDN Times*, Aug. 5, 2018（電子媒体、二〇二三年五月二一日アクセス）
'UNHCR: Indonesia Patut Dicontoh Soal Penanganan Pengungsi Internasional', *Liputan6.com*, Jul. 17, 2019（電子媒体、二〇二三年五月二一日アクセス）
'Anggota DPR Setuju Indonesia Tak Ratifikasi Konvensi Pengungsi, Ini Alasannya', *Beritasatu*, Aug. 6, 2019（電子媒体、二〇二三年六月二日アクセス）
Fenny, Julita, 'Mengekstrak Ketentuan Pengungsi ke Dalam Undang-Undang', *ANTARA News*, Nov. 3, 2021（電子媒体、二〇二三年五月二一日アクセス）
'PM Australia: Ribuan Pencari Suaka akan Datang Jika Oposisi Menang Pemilu', *VOA Indonesia*, Apr. 18, 2022（電子媒体、二〇二三年五月二一日アクセス）

column11

難民を運ぶ密航船

間瀬朋子

「密航ビジネス」のボス——キャプテン・ブラム

戦禍、政治的迫害、経済的苦境を逃れて自国を飛び出し、海を渡ってオーストラリアやニュージーランドに難民として受け入れてもらおうと、密航を試みる人がいる。オーストラリアによるボートピープル政策への厳格化が密航をかなり難しくしたとはいえ、そこに一か八か人生を賭けるアフガニスタン、スリランカ、ミャンマーなどの出身者が今日でもみられる。

図1　「キャプテン・ブラム密航事件」でつかわれたカナッ号（筆者撮影、2019年8月28日、ロテ島）

密航は国際シンジケートにアレンジされ、数人、時に二〇〇～四〇〇人が船長・船員付きの船に押し込まれて、オーストラリア領のクリスマス島やアシュモア礁という境界領域をめざす。出航地として選ばれるのはインドネシア、そのなかでもオーストラリアまで最短距離にあるジャワ島南岸（クリスマス島まで約四〇〇キロメートル）、東ヌサ・トゥンガラ州ティモール島やその西南に位置するロテ島（アシュモア礁まで約一五〇キロメートル）などである。

ロテ島の西南海岸に、一隻の壊れた木造船が放置されている。青色の船体は長さ一五メートル×幅四メートルほど。「カナッ」という船名が目に入り、息を飲んだ。「キャプテン・ブラム密航事件」に絡んだ、いわく付きの船だったからである（図1）。

スリランカ人のブラムは、東南・南アジアからオセアニアに繋がる人身密輸ネットワークを握る大物のひとり。インドネシアの「密航ビジネス」の中心的存在として暗躍するほか、彼はキャプテン（船長）として密航船に乗った。一九九九年にはすでにティモール海を密航させる手引きをしており、インドネシアとオーストラリア双方の警察当局から目を付けられていた。(1)

二〇〇七年二月、スリランカ人八三人をクリスマス島に密航させようとした容疑でインドネシアで指名手配されたブラムは、同年五月に逮捕され、一九九二年（旧）入管法の違反で懲役二年の実刑になったが、早くも翌年一〇月に釈放された。(2) 二〇〇九年一〇月には、スリランカ人及びバングラデシュ人二五五人で満杯の密航船で、スンダ海峡を臨むジャワ島西北海域を航海中に再逮捕された。今度は海事違反で起訴され、一八か月の保護観察付きの懲役一年及び三〇〇〇米ドルの罰金という、やはり「二五五人の命の弄び」に不相応な、軽い有罪判決を受けた。(3)

当時のインドネシアには人身密輸を裁く法がなく、ブラムのような密航首謀者をそれ相応の有罪判決に処することができなかった。しかし、第9章で述べた通り、オーストラリアの支援（圧力）も受けて制定された二〇一一年（新）入管法で、インドネシアはこれを重大な犯罪として裁けるようになった。同法第一二〇条第一項は「人身密輸の犯罪者には、最低五年、最高一五年の懲役及び最低五億ルピア、最高一五億ルピアの罰金」という厳重な刑を定めている。

釈然としない「キャプテン・ブラム密航事件」の結末

ブラムがこの新入管法で裁かれるのは、二〇一四年五月にニュージーランドに向けてインドネシアの西ジャワ州プラブハンラトゥを出発した六五人の密航者（スリランカ人、バングラデシュ人、ミャンマー人）を乗せた船が、オーストラリア領海でオーストラリア当局に捕えられ、ノーザンテリトリーのグリーンヒル島で尋問された後、アシュモア礁に用意されたカナッ号とジャスミン号に乗り換えさせられ、インドネシアのロテ島に押し戻されてきた事件をめぐってである。彼は二〇一六年九月に再々逮捕され、二〇一七年三月に同事件の首謀者として懲役六年及び罰金五億ルピアを宣告された。[4]

同事件に関わった、雇われのインドネシア人船長・船員の六人、ブラムの仲間で、船長・船員や密航者の乗船を手配した国際シンジケートの末端の三人は、キャプテン・ブラムよりも前に法の裁きを受けている。しかし、同事件を振り返り、難民・庇護希望者を多数含む密航者の入国拒否という難民条約違反、密航者の押し戻しによる他国の主権への侵害、船長・船員への三万一〇〇〇米ドルの贈収賄という不道徳性[5]、密航者及び船長・船員に提供されたジャスミン号の故障・燃料切れ[6]という非人道性を問うならば、裁かれるべきは彼らだけではなかったはずだろう。

[注]

（1）在インドネシア・オーストラリア大使館ウェブサイト二〇一六年九月二四日

（2）*riauonline.co.id* 二〇一六年九月二七日

（3）*idntimes* 二〇一六年九月二六日

（4）*detik News* 二〇一七年三月一七日

（5）オーストラリア国境警備局は密航船を操縦する船長・船員に賄賂を渡して、インドネシア領海に後戻りさせた。

（6）オーストラリア当局に航海図や救命胴衣等を渡された密航者及び船長・船員はアシュモア礁に用意された二隻に分乗して、ロテ島へと送り出された。途中でジャスミン号が航海不能になったため、急きょ全員を乗せることになったカナッ号は、ロテ島すぐそばのランドゥ島の海域で立ち往生しているところをインドネシア当局に発見された。

第10章　難民による文学的応答——ベフルーズ・ブチャーニーの創作活動を中心に

加藤めぐみ

境界が合法であっても、それは正しいものなのだろうか？　境界についての私達の考え方は、何世紀ものあいだに変化してきた。それは正義や人道性についての考え方が変わってきたのと同じなのだ（Nguyen, Viet Thanh）[1]。

（1）　Nguyen（2018）p.18.

はじめに——収容所という境界

人の移動は絶えず物語を生んできた。移民、難民、亡命者ら、移動する人びとと自身に起きる変化だけでなく、かつて帰属した場所、そして辿り着いた先にその人びとがもたらす変化は、その物語によって歴史、時代、社会を重層的、複合的なものとしている。二〇世紀以降の大量の人の往来、さらに家や故郷、国を追われた難民が絶えず増加する中で、人の移動やそれを阻む境界をテーマにした物語が、フィクション、ノンフィクションを問わず多く書かれている。

国連難民高等弁務官事務所（ＵＮＨＣＲ）の二〇二三年六月一四日付発表によれば、紛争や迫害などで家を追われた人たちは二〇二二年末の時点で一億八四〇万人に達したとい

※本章は拙稿「山々よりほかに友なき難民—ベフルーズ・ブーチャーニの難民収容所文学詩論1」『南半球評論』第三五号、二〇一九年及び「越境するものとされる者—ベフルーズ・ブーチャーニ『山々よりほかに友はない』とフェリシティ・カスターニャ『ノー・モア・ボート』にみる境界への一考察」『南半球評論』第三六号、二〇二〇年の一部を下敷きに、加筆したものである。

う。約八〇人に一人が難民あるいは避難民であるのが世界の現実だ。彼らはその他の七九人に、迫害、避難、故郷喪失、とは何かを問いかける存在である。祖国には居場所がなく、逃れた先の国や地域でも望まれない。国境という境界を越えて逃げなければならず、さらには難民収容所というどこにも属さない場所が、新たな境界を生んでいる。国連の条約やノン・ルフルーマン（追放及び送還禁止）の原則があっても、難民の受け入れには、そのホスト国や地域社会の民意や情動が大きく左右する。他に選択肢の可能性もなく安全を求めて境界を超えようとする難民たちと、出入国管理《ボーダーコントロール》による安全保障という大義のために、さまざまな方策でそれを阻もうとする移動先のあいだで、その境界を押したり戻したりするという見えないせめぎ合いが起こっている。そしてそれにより、難民文学ともいうべき新たなジャンルが生まれようとしている。

　オーストラリアは第二次大戦後からこういった難民を数多く受け入れてきた。だが一九九〇年代よりオーストラリアの難民政策が年を追って厳しくなるなか、とりわけ船舶でビザなしにオーストラリアを目指す難民、いわゆるボート難民への風当たりが強くなった。二〇〇一年のタンパ号事件やＳＩＥＶ Ｘ（違法侵入船Ｘ号）沈没事件（第8章参照）などは、豪政府の強硬な姿勢を示すものであった。これ以降、庇護申請を求めて船舶で豪海域に入ったり上陸したりしようとする人びとは、「非合法入国者」として豪領クリスマス島や国外のナウル、パプアニューギニア島のマヌス島に国外収容（オフショア・ディテンション）され、難民認定を待つことになった。オーストラリアのこの「パシフィック戦略」と呼ばれる国外収容は、国側による本土を守るというイメージを選挙民に与える効果のある、難民にとってたいへん厳しい方策だった。

労働党政権になって二〇〇八年にはいったんパシフィック戦略はなくなったが、二〇一三年には同じ首相が、船で到来した難民についてオーストラリアでの定住を認めない政策を導入し、国外収容を強化して被収容者らを絶望させた。こうして収容所は、難民にとって元に戻ることも先に進むこともできない新たな境界になった。

収容所文学とは

人は出自や属性、宗教、政治理念、戦争や紛争、時局によって「抑留」や「隔離」、「強制収容」されてきた。その経験を語るのが収容所文学で、世界中で起きたさまざまな収容体験を背景にフィクション、ノンフィクションを問わず多くの作品が書かれている。そしてオーストラリアも、この強制収容や収容所には無関係でない歴史と経験を有している。まずここは、囚人が広大な豪大陸という監獄に送られて作られた植民地国家だった。そしてそこにいた先住民をミッションや居留地に隔離・収容し排除してきた経緯がある。その後の歴史においても、イギリスから送られた児童強制移民の子どもたちを施設に収容したり、第二次大戦では日系人を敵性外国人として強制収容したりしている。また戦後の移民はオーストラリア社会に出る前に、ボネギラやポートヘッドランド、バクスターなど大規模な収容所に送られて新しいオーストラリア人になるための教育をされてきた。そして一九九二年の移住法改正により避難民・庇護申請者の強制収容措置が導入されて以降、オーストラリア国内外に新たな収容所体験の物語が生まれている。

あらゆる収容所文学で語られているように、収容というのは基本的人権がない状態だ。有刺鉄線や高い壁が外との境界となり、被収容者から基本的な人権である「自由」を奪う。

彼らは声を上げることも、また声を上げてもそれを外に届けることができず、その存在は外界からは不可視化される。だが中にはその収容所から文学的メッセージを発することによって難民の窮状を訴え、ひいては「境界」の意味そのものを問う作品が出てきている。その代表的な作品と目されるのがオーストラリアによって収容された難民ベフルーズ・ブチャーニーの『山々よりほかに友はない』である。(2)

1　作者ベフルーズ・ブチャーニーと『山々よりほかに友はない』

本書の作者ブチャーニーはクルド系イラン人のジャーナリストで、クルド文化保護の啓発活動をしていたが、当局から及ぶ危険により出国した。オーストラリアを目指してインドネシアを出航後、二度目の航海で拿捕されクリスマス島を経由してマヌス島に送られる。二〇一三年から二〇一九年までオーストラリア政府によってパプアニューギニアに設置されたマヌス島の収容所に留め置かれた。

図1　『山々よりほかに友はない』

(2)　Boochaniの片仮名表記は、文献表に示した拙稿では「ブーチャーニー」としていた。この呼び方はオーストラリアではある程度定着しているが、二〇二四年に刊行予定の邦訳に合わせて本稿では「ブチャーニー」とした。

その収容所生活の体験をもとに書いたのが『山々よりほかに友はない―マヌス島の監獄から』だった。

ブチャーニーは禁じられたスマートフォンを密かに持ち込んでもらい、ポッドキャストやメッセンジャー、ホワッツアップといったアプリケーションを駆使したデジタル方策で外のジャーナリストや編集者、支援者らと連絡を取り、記事や著作を外に向けて発信した。被収容者が緊迫感、臨場感を伝える文体によってその状況をリアルタイムで伝えるのは、まさに二一世紀の新たな収容所文学の形だろう。

ブチャーニーはさらにまたスマートフォンで秘密裏に収容所内を撮影してオランダ在住のイラン人映像作家に送りドキュメンタリーを共作した。この『チョウカ、時を告げてくれ』[3]は、豪国内のみならずイギリス、スウェーデン、ニュージーランド、ドイツ各国でも上映され映像賞の候補にもなった。

収容所という新たな境界で外界との接触が閉ざされたブチャーニーにとって、自分たち難民の声を発信することが抵抗であり、アイデンティティ、人道性、尊厳を取り戻す方法だった[4]。

(3) *Chauka, Please Tell Us the Time* (2017)

(4) Boochani (2023) p.xxii.

2　『山々よりほかに友はない』に描かれたこと

収容所マヌスという監獄《プリズン》

本書の副題は「マヌス島の監獄から」である。難民収容所は犯罪者を罰する牢獄ではなく、またホロコーストや紛争下の捕虜収容所とは異なり、少なくとも基本的には生命を脅かされるところではない。だが例え人権に配慮があるとしても、先が見えず強制送還の恐れもある収監は、生命の安全を保障するものでもない。ブチャーニーはここを監獄と名付け、自分たちを「囚人」と呼んだ。マヌスの収容所の正式名称は「マヌス島地域移行措置センター」だが、第二次大戦中の日系米人の強制収容所が公的には「転住所」と呼ばれたように、呼称による印象操作を感じさせる。だが作者はここが「監獄」であると明言し、この収容体験が難民たちにとっていかに強制的で抗えない権力によるものであるか、いかに自由を束縛しているかを示している。

図2　マヌス島の収容所(出典：Wikimedia Commons)

収容という環境において、周囲のあらゆるものが難民囚人たちの身体を拘束し、苦悩させ、精神の自由も剥奪する。それにより、彼らがやがて心身のバランスを容易に崩していく様子が本書各所で語られる。彼らを取り巻く自然が、まずその敵となり得る。慣れない湿気と高温、そこで発生しまとわりつく蚊の群れ、そしてじりじり焼けつくような「残酷な」太陽は囚人らを弱らせた(5)。ソ連邦グーラグ収容所、ナチス強制収容所、砂漠のなかの米・豪の日系人収容所、ジャングルでの日本軍俘虜収容所の、極寒や猛暑などの過酷な自然環境が、収容という事実に加えて被収容者の心身にさらなる苦悶を与えたことが多くの収容所文学で語られてきた。マヌスの自然も同

(5) Boochani (2018) p.179. 以下本文中のカッコ内頁は原著のもの

様に難民囚人たちを囲い込み、悩ませ苦しめる。

個人の尊厳を奪う収容所

さらにブチャーニーはここを「汚物と熱にまみれた監獄」と呼んでいる。そこでは「怒りと敵意が刻まれた形相」の難民囚人（p.121）らの、人間としての尊厳が損なわれていく様子が語られる。収容所文学では、ユダヤ人強制収容所で与えられた縦縞の上下服、豪軍日本人俘虜の赤い上着などに見られるように、指定の、それも明らかに異質な衣服を着せられることにより、個人の身体が権力側の手中にあることが往々にして示されてきた。ブチャーニーも「サイズが二倍も大きな黄色のポリエステルのTシャツ」をあてがわれ、「変身させられ辱められ」る（p.35）。海に投げ出されほとんど何の持ち物もない彼らへの、オーストラリアからの最初の贈り物はゴム草履だった（p.79）。こうして難民囚人らの「個人」や「個性」は消滅し、自尊心を奪われ、その「人間性」が失われる。

また被収容者が名前でなく番号で呼ばれることによる個人の消滅も、多くの収容所文学に登場する。収容所でブチャーニーに当てられた番号は「ＭＥＧ４５」だった。それについて「時間がかかっても確実にこの番号に慣れなければならない。向うから見れば、我々は数字以上のものではないのだ。已の名前に固執しないようにしなければ」（p.96）と納得しようとする。

多くの収容所文学においては、生活の関心の大半を占める食事と生理現象がその大きなテーマとなり、人間の根源的欲望や身体性についての考察の機会を与えている。本書でも囚人難民の「空腹は精神の中まで突き通るほど」、その飢えは「臭う」ほど、という経験が繰り返し語られる（p.198，p.203）。稀に菓子が配布されると、この予期せぬ大事件に囚人は我を忘れて群がり、投げられた菓子の箱を追って殺到する。他の者を押しのけようとするさまは畜舎で餌に群がる家畜のようで、その様子に作者は怯む（p.198）。

排泄の問題もあらゆる収容所文学で語られてきた。オーストラリア兵による日本軍俘虜収容所体験記では、飢えの問題とともに、慣れない熱帯気候と赤痢やマラリアなどの疾病による排泄、そして収容所の不備な手洗所の問題が必ず登場している。本書でも、避難民が密航船に乗りこんだときから、この人間の根源に関わる排泄が問題となった（p.2）。マヌスに到着してからもずっと排泄行為と手洗所は辱めの根源だった。「汚物、精液、汚れが積み重なった」（pp.154–167）醜悪な手洗所は「人間であることを恥じる場所」（p.179）だった。それまで尊敬の対象だった者が、我慢できず屋外で排泄したところを見られて面目や威信を失い、とうとう豪政府の勧めに従って強制送還を受け入れるというエピソードも出てくる（p.180）。また一方で、ここは難民囚人にとって唯一個人になれる場所だった。それは恋人同士の密会場所であり、さらには一人自傷できる場所でもあったのだ（p.171）。こうして羞恥や不面目が積み重なり、やがて人びとの関心は基本的な生存の営みに収斂され「家畜化」される（p.189，p.195）。そして収容所は「さまざまな色と臭いの生き物」がひしめく「動物舎」、「屠殺場」、「ジャングル」（pp.121–122）と化していくのである。

本書ではこういった被収容者の状況が散文と韻文の両方で綴られ、特に韻文では繰り返しの技法を多く用いて語られている。これにより、その訴えが少しずつ形を変えながらリピートされ、力強く伝わってくる。だがこれは円環的でもあり、帰結がない。作者の叫びは結局どこにも辿り着かない。やがて囚人の精神は疲弊し、諦めや絶望の境地に置かれていく。先が見えない収容では「待つ」ことは責め苦だった（pp.88-89）。だが、ある種の収容所と違って強制労働もなく、また情報もないなか、日々「待つ」だけが仕事の難民囚人には、「諦め症候群」のような無気力状態に陥り、絶望する者が出てくることが語られている。収容所という境界内では、被収容者は拘束する側の意のまま操られるのだった。

収容所というシステムと権力

このように、収容所とはある権力が個人の尊厳を支配する特殊な空間だ。マヌスでは難民囚人らは、船で来てオーストラリアに庇護を求めたという「罪」を公権力により罰せられている。それは無期限収容という「メカニカルな拷問」（p.62, p.88）をはじめとするさまざまな装置によって実施される。ジャン・アメリーがナチスの強制収容について述べているように「人が何者かであるためには社会の同意が必要」[6]であり、収容所はそれを奪うところだった。そのシステムの中で「何者か」でなくなっていくマヌスの難民囚人たちは、自らも「感情的な監獄」に閉じこもっていく（p.125）。

難民らを意のままにして無力化するこの収容システムを、ブチャーニーやその翻訳者のオミッド・トフィギアンらは「マヌス・プリズン理論」と呼んでいる[7]。もともと『山々のほかに友はない』ではブチャーニーは、この権力による支配体制についてキリアーカル・システムという理論を援用しつつ論じていた。これはエリザベス・シュスラー＝フィオレンツァによるフェミニスト神学理論で、シュスラー＝フィオレンツァ自身はこのシステムについて「父権主義と理解するのとは異なり、性／ジェンダー・システムにとどまらない、支配に関する複合的な抑圧のシステム」と説明している[8]。すなわちこれは「罰し、隷属化

（6）アメリー（一九八四）一一〇頁
（7）Boochani（2023）
（8）Fiorenza（1992）pp.7-8.

し、抑圧するために強化増大する社会システム」であり、ブチャーニーはこのシステムが「コロニアリズムに深く根ざし」ており「植民地国家オーストラリアの遺産」であると指摘する。(9)

この理論では、収容所システムにおけるヒエラルキーはオーストラリア国家という権力＝ボスを頂点とし、その下に地元のパプア人、そして難民囚人で構成される。パプア人は、豪側により捏造された印象を吹き込まれて囚人を恐れるように仕向けられており(p.167)、これもシステム維持を助けている。これはまた難民囚人同士をお互いに疑心暗鬼にさせ、内部から不安定化させるシステムでもある。例えばイラン人とアフガニスタン人を同じ棟に放り込むことで反目が噴出し、収容所内には憎しみが生まれる(p.124)。やがて囚人たちは自分を守るために「嗅覚しかない盲目の鼠」、「少しの振動で反応する暗闇の蝙蝠」のように、もっとも小さな変化に気づくようになる(p.125)。頭上の飛行機の音も過去や未来の不吉な印として不安を掻き立てる(p.313)。これはすべて、この支配体制が目的とすることであり、こうやって作者ら被収容者たちの「連帯」をも揺るがせようとする。

またこの支配体制のシステムは、先に見たように排泄の問題、飢えの問題すべてを通して、難民囚人らに自分自身を貶めるように仕向けている(pp.184–185)。マラリアで死んだ者がいないのにその薬を配り続ける看護師(p.156)、提供する食事がないのに「配膳」するため立ち続ける料理人たち(p.204)もすべてその不条理さを持って抑圧の装置となる。だが姿が見える彼らはその末端でしかない。すべての決定は上のボス、さらにその上のボス・・・というように曖昧化される。そして、これは秩序でありながら秩序でないシステムであり、いくら難民囚人が読み解いて理解しようとしてもそのたびに変化し、彼らを混

(9) Boochani (2017) p.20.

乱させるばかりだ（p.205）。

さらにブチャーニーは、この収容には期限がなく、難民たちの自由だけでなくその「時間」を奪っていることを強調している。弁護士との接見や申請の可否、収容時間の上限の不明瞭さや司法の介入のなさにより、被収容者たちは、時に永遠とも感じられる時間を奪われ拘束されるという処罰を受けているように感じている。それは心理的、身体的、感情的、精神的な拷問であり、まさに被収容者が監獄にいるのと同様の痛手を受けているといえる。

このシステムによってオーストラリアの「境界」は、その国外へと拡張された。被収容者を絶えず抑圧し、支配し、従属させ、絶望へと向かわせている収容システムを、ブチャーニーは実践的及び理論的にとらえ、新たな植民地主義とみなしている。オーストラリアの出入国管理によるこの新たな植民地主義は、収容所と外の境界線上で発生する暴力と、国内で発生する暴力と対称性を持っていて、それはオーストラリア先住民アボリジナルへの今も続く植民地主義を想起させるという。確かに先住民からの難民への共感は数々の先住民作家や活動家の著作や行動から示されている。またブチャーニーは多くの収容所が民間の企業に委託され、利益を上げる競争原理のもとに運営されていることを指摘して、まさに収容所という境界を、新自由主義の落とし子として印象付けている。[10]

（10） Boochani（2023）p. xix.

おわりに――境界を超える文学

創造性による「境界」の超越

収容所の状況下で生き抜く方法について、ブチャーニーは思索を巡らせる。知性を活用し正気を保つのか、それとも「牛」とあだ名で呼ばれた被収容者の一人のように考えることを止め、いつも列の最先端で食べ物を受け取ることのみに集中し、生物として生存し続けるのか。アメリーはアウシュヴィッツでの生存には「身体の敏捷さ、野蛮さと紙一重の頑丈さ」がものをいうのであり、それが「精神生活を糧とする」人間には欠けていると述べ、知識人――「精神的な批評体系といったものの中に生きている人」――の収容所の生存における無力さを指摘している。(11) 生き延びるには収容所の「システム」に抗わない方がよいのかも知れない。「牛」のように「食べて、寝て、疑問をもたない」のがもっとも効率良い生き残りの策かも知れない（p.210）。難民囚人の理解が及ばないこのマヌスの収容システムの中で、それぞれに必要なのは具体的には「食料、たばこ、電話、薬」（p.211）だった。

だがブチャーニーは囚人にとって連帯（brotherhood）という一つの形がこの監獄での唯一の慰めであるとする（p.125）。それが全体としての生存に関わるとすれば、作者にとっては自分たちが収容所内で被っているすべてを記録すること、すなわち自分たち難民の収容所体験を著すという創造性を保ち続けることが、生存の糧だったといえるのではないか。

(11) アメリー（一九八四）七、一一頁そしてそのためには、連帯を重んじつつも、一歩身を引いて観察し考察し創造するための「孤独と沈黙」も必要になると述べる（p.127）。ヴィクトール・フランクルはユダヤ人収容所で生存する可能性を与えるものについて「かけがえのなさ」、「存在に意味をあたえる一回性と唯一性[12]」という表現を用いて説明している。作者の収容所での文学的著作と発信が、まさにその存在に「かけがえのなさ」を与えたといえるのかも知れない。

（12）フランクル（二〇〇二年）一三四頁

境界を揺るがす難民作家たち

本書は作者が収容所にあって不在のなか英訳刊行され、豪国内外の多数のメディアに取り上げられ、二〇一九年一月にはヴィクトリア州文学賞及びノンフィクション賞を受賞した。イタリア、台湾、ドイツ、フランスなど多くの国と地域で翻訳されている。また同年四月にはオーストラリアの「メディア・エンタテインメント・アーツ連合」が「ベフルーズ解放キャンペーン」（#FreeBehrouz Campaign）を立ち上げ、作家、ジャーナリスト、編集・出版関連者が八六〇〇筆もの署名を集めた公開書簡を多方面に送り、ブチャーニーの早期解放と作家・ジャーナリストとしての活動の容認を求めた。ジャーナリストとして二〇一七年にはアムネスティ・インターナショナルのメディア賞を、二〇一

図3　ブチャーニー（右）と英訳者オミッド・トフィギアン（左）
2017年8月マヌス島にて（写真提供：トフィギアン氏）

八年には「アンナ・ポリトコフスカヤ賞」を受賞している。

またブチャーニーの名を冠した賞が創設され、受賞者には助成金並びに『オーストラリアン・ブック・レヴュー』誌に難民問題や人権擁護の記事を掲載する権利が授与されることになった。このように本人が収容所にいたときから、すでにその活動の影響は多岐にわたって広がりを見せた。こうして本書は難民の強制収容問題を当事者の語りによりオーストラリア国内外の社会に突き付け、収容所という境界による人の分断を明らかにし、難民文学というジャンルの存在を示しただけでなく、新たな収容所文学の境地を開いたといえる。

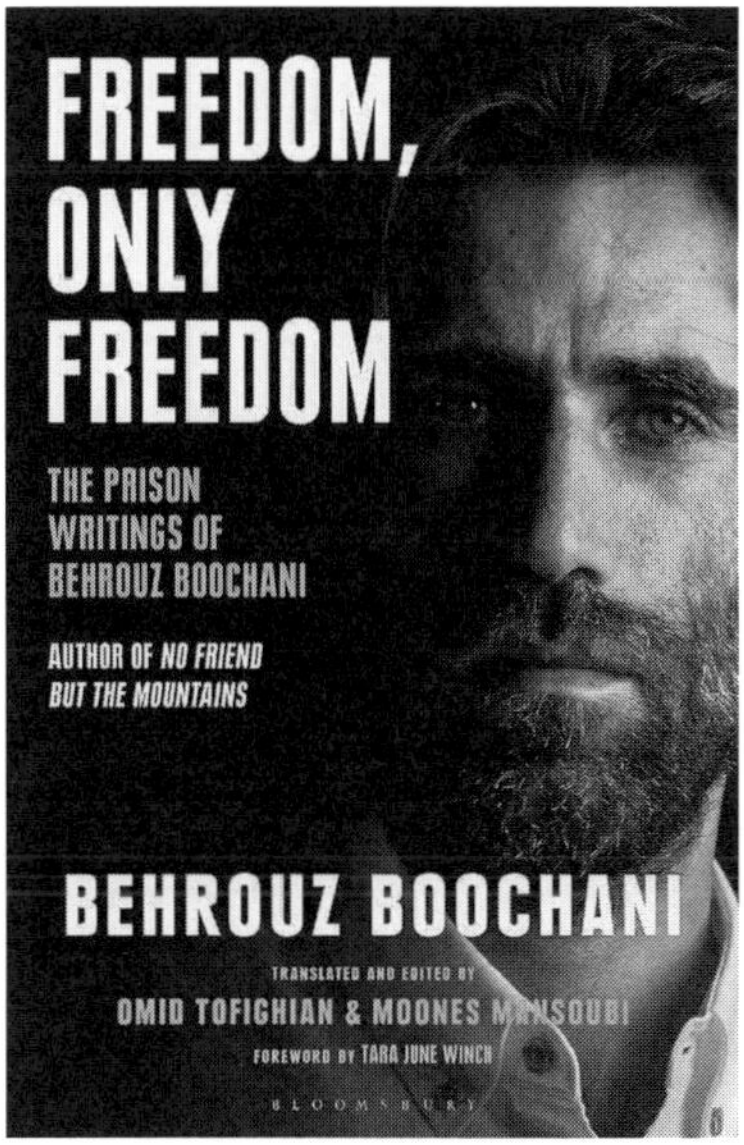

図4　ブチャーニーの最新著作 *Freedom, Only Freedom: The Prison Writings of Behrouz Boochan*, Bloomsbury Academic, 2023

マヌス島の収容所が解体されたあと、ブチャーニーはニュージーランドに渡り、そこで庇護申請して二〇二〇年に難民認定された。現在はロンドン大学やニューサウスウェールズ大学の客員教授も務めている。オーストラリアから入国を拒否され続けたブチャーニは、二〇二三年二月には、オーストラリア議会で庇護申請者へのオーストラリアの対応について講演をするまでになった。そこでは国外収容や国内の収容所という境界に閉じ込められた三万人にも及ぶ収容者を救うよう呼び掛けている[13]。

冒頭で引用したベトナム系アメリカ人作家のヴィエト・タン・ウェンは、すでに主流社会で作家としての立場を確立した今も「難民」と呼ばれることを主張する[14]。それは、「移民」に比べて「難民」ということば——「人間」から格落ちしている存在——がもたらす負のイメージを敢えて身にまといつつ、その経験を語り続けるという決意を意味している。ブチャーニーも本書の執筆をはじめ、収容所内での、そして収容所を出たあとの活動により、その経験を明らかにし世界に周知することによって、難民収容問題に声を上げ続けている。

このようなブチャーニーの活動は、まさに二一世紀の新しいコロニアリズムの一端を暴いていると考えられる。それは「そのシステムを瓦解させる[15]」ための言説の端緒となるのかも知れない。そして今やそのような活動をしている難民は、ブチャーニーだけではない。例えばブチャーニーと同じくマヌス島に収容されたモハマッド・アリ・マレキは、収容所での生活や想いを描き苦しみを謳った詩を、収容所仲間にファルシ語から英訳してもらい、携帯電話でオーストラリアにいる友人に送った。その作品は「ブルーマウンテン難民サポートグループ」が開催しているオンラインの文芸サイトに掲載され、集められた作品は小冊子として刊行されている[16]。オーストラリア以外でも、レバノンのパレスチナ難民キャンプで生まれたユーシフ・カスミエのように、その「収容」経験を詩作で表現し、やがて英語での創作を始め、キャンプを出てイギリスで難民支援をしながら「難民文学」についての論文を作成している者もある[17]。

彼らは境界に遮られ、閉じ込められながらも、創作活動によってその境界を作り上げたシステムに揺さぶりをかけ、それを超えようとしている。収容所を経験した難民作家らが

(13) Haydar (2023)
(14) Nguyen (2018) p.11.
(15) Boochani (2017) p.21.
(16) Maleki (2018, 2021); Admin (2016)
(17) Qasmiyeh (2021)

上げる声は互いに共鳴しながら、新たな難民文学、収容所文学を作り上げ、「境界」についての既存の概念とそれから目を反らしているマジョリティに問い続けている。[18]

［参考文献］

アメリー、ジャン（池内紀訳）『罪と罰の彼岸』法政大学出版局、一九八四年

フランクル、ヴィクトール・E（池田香代子訳）『夜と霧』新版　みすず書房、二〇〇二年

Admin, 'New Shoots Poetry Prize 2016 Special Commendation: "Tears of Stone" by Mohammad Ali Maleki', *Rochford Street Review*, Dec3, 2016（電子媒体、二〇二三年五月二一日アクセス）

Boochani, Behrouz, 'A Kyriarchal System: New Colonial Experiments/New Decolonial Resistance', *Maroons and the African Diaspora: Learning from the Past, Looking to the Future*, Charles Town, Charles Town Maroon Council, 2017.

Boochani, Behrouz, *No Friend but the Mountains: Writing from Manus Prison*, translated by Omid Tofighian Sydney, Pan Macmillan, 2018.

Boochani, Behrouz, Omid Tofighian and Moones Mansoubi (eds.), *Freedom, Only Freedom: The Prison Writing of Behrouz Boochani*, London, Bloomsbury, 2023.

Haydar, Nour, 'Behrouz Boochani Calls for Asylum Seeker Royal Commission from inside Parliament House', *ABC News*, Feb7, 2023（電子媒体、二〇二三年二月八日アクセス）

Maleki, Mohammad Ali, *Truth in the Cage*, translated by Mansour Shoushatari, Chatswood West, New South Wales, Rochford Street Press, 2018.

Maleki, Mohammad Ali, 'Exit', *Verity La*, June 6, 2021（電子媒体、二〇二三年五月二一日アクセス）

Nguyen, Viet Thanh (ed.), *The Displaced: Refugee Writers on Refugee Lives*, New York, Abrams, 2018.

Qasmiyeh, Yousif M., *Writing the Camp*, Wales, Broken Sleep Books, 2021.

Schüssler Fiorenza, Elisabeth, *But She Said: Feminist Practices of Biblical Interpretation*, Boston, Beacon Press, 1992.

（18）　オーストラリア文学の専門誌Southerly（vol.79, No.2, 2021）は、収容者が創作した詩や著作などを収録した特集号を組んでいる（ブチャーニーとトフィギアンも編集に協力した）。

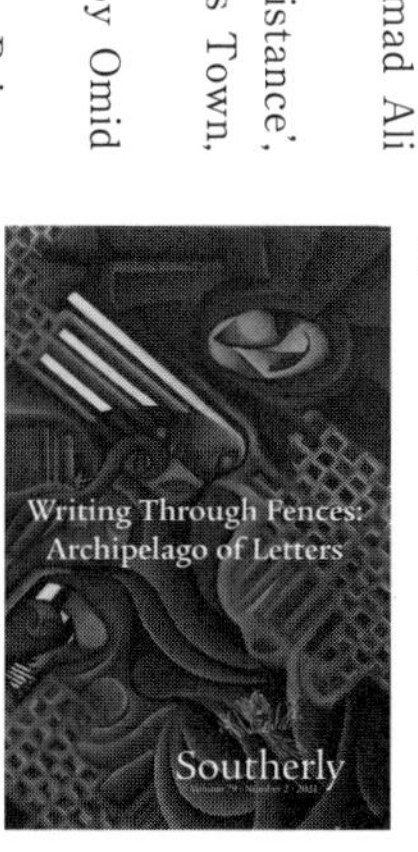

column12

『ノー・モア・ボート』からみる移民の「境界」

加藤めぐみ

第10章では、境界という概念に揺さぶりをかける難民文学について述べた。ではいっぽうで、その境界の「内側」の言い分は何なのだろうか。このコラムでは、二〇一七年にオーストラリアで出版されたフェリシティ・カスターニャの『ノー・モア・ボート』[1]を取り上げ、いかに「他者に境界を超えられる」側が反応しているのか、その背後にあるものは何かを考えてみたい[2]。

「オールド・カマー」アントニオ

本書が刊行された二〇一七年は、まさに難民の国外強制収容問題についてオーストラリア国内外で議論が紛糾していた時期だった。主人公のイタリア系移民アントニオ・マルトーネは、一九六一年にカラブリアの山間の村に生まれる。故郷では洪水や土砂崩れで家や村が消滅し、多くの者が去っていた。戦後のオーストラリアでは「人口が増えなければ破滅だ」が叫ばれていた。二三歳になったアントニオは、その流れに乗り、船でオーストラリアに移民する。新天地で人生を切り開こうと、アントニオは建設労働者として働きながら家族をもち、オーストラリア社会に根を下ろしていった。だが物語の設定の二〇〇一年には六〇代になり、人生の岐路を迎えて不安や恐怖を抱えてきている。新たな移民や難民たち――ニュー・カマー――によって仕事を奪われ、さらに時代と社会の変化、若い世代との考え方の違いや家族とのすれ違いなどのさまざまな現実が、その不安と未来への恐れを醸成する。

二〇〇一年は、アメリカで同時多発テロがあり、オーストラリアでもタンパ号事件や、「不審な違法侵入船

（SIEV X）事件」（第8章参照）が起こるなど非ヨーロッパ系、特に中東系の難民をめぐって、オーストラリアが難民受け入れの是非に大きく揺れた年だ。社会ではボート難民が大波、津波に乗って押し寄せるイメージが強調されていた。当時の首相だったジョン・ハワードは同年一〇月に行った再選を目指す選挙演説で、オーストラリアに「誰が来るかは我々が決める」と宣言した。その後もこの論調が二〇一三年の首相候補トニー・アボットの公約「ストップ・ザ・ボート」という端的なスローガンまで続く。こうして「船」はまさに侵入者、侵略者の象徴になった。主人公アントニオが自宅の前に「ノー・モア・ボート――もう船は来るな」と大きく書きなぐったのは、まさにこの二〇〇一年だった。

オールド・カマーの叫びの背後にあるもの

物語からは、アントニオがこの「ノー・モア・ボート」ということばを社会に向かって叫ぶに至るには、複合的な理由があることが伺える。その疑いと恐れの背景にあるのは、まずアイデンティティ・クライシスだ。懸命に「オーストラリア人」になろうとしてきたアントニオは、自身の文化的背景は表に出さず、移民前の生活も家族に話そうとしなかった。よそ者だった自分を主流社会に同質化し、典型的なオーストラリア人としての自画像を創出するのに腐心してきたのだが、そのオーストラリアは自分を見捨てようとしている。カロリン・エムケは、他者に排他的な言説の力を削ぐために必要なのは「格差の拡大と晩年の貧困への恐怖に基づいた社会の不満を、構造的に脆弱な地域や市町村に対する根本的な経済プログラムによって解消すること」と述べている。[3]失業に見舞われ老齢となったアントニオには、さらにそのアイデンティティの脆弱さが加わっている。

その主人公にとって、我が家とはまさに自己のテリトリーであり、自我を守るために確立すべき境界の内側だった。だがその住宅地は、新しい移民の流入と人口増加により、再開発の波に飲み込まれ脅かされつつある。こうして自身の境界が揺るいだときアントニオが精神的拠り所としたのは、ラジオから聞こえる政治家の演説や右翼グループの扇動者の巧みな弁舌だった。アントニオの恐怖と脅威の対象はボート難民に向けられ、かのメッセージを我が家の前庭に大きく書きなぐる。

不寛容社会のアントニオたち

アントニオの反移民・難民の示威行動は個人の域をほとんど出ない。だがそれは、オーストラリア社会に存在する多くの不寛容な声の典型であり、憎しみを育む言説に呼応したものだろう。アントニオをここまで追い詰めたのは何だったのか。一九七〇年代からの多文化主義政策がうまく機能しなかったのか、また二〇世紀後半の新自由主義によってもたらされた変化と格差なのか。さらに二一世紀には、国際化、多国籍化、グローバル化、合理化、脱産業化、雇用の流動化がますます進み、その不安定性が増大した。これに乗り遅れたかつてのオールド・カマーは、ニュー・カマーの到来によって国民国家や領土というナショナリズムの根底が揺らいでいると感じ、レイシズムや外国人恐怖症を増幅せざるを得ないのだろうか。

アントニオの世界観はこうして、自分たち市民とそれを破壊しようとする奴らのように二極化されていく[4]。彼はいつ一方の極から対極に移ってきたのだろうか。移動してきた人びとは、いったん境界の中に入ればその境をコントロールしたいという欲望を持ち、さらに自分の都合の良いように境界を創り、それが危うくなると越境者を力づくで阻止しようとするのだろうか。

物語では、アントニオのように一度境界の内側に入った者は、ニュー・カマーたちを他者化することで自らの安定を確保し、また仮想敵を作ることで帰属感を持たざるを得ないように描かれる。「先進各国の国民国家としての政治的協働性が衰退し始めていたことが『移民・難民問題』の根本にある。国民が自分たちと国家とのつながりが日々希薄になってきていることを思い知らされる。・・・国家と国民との結びつきを再生する試みが失敗し、その原因を移民・難民に求めるとき『移民・難民問題』が発生する[5]」のだとすれば、まさにアントニオたちは、国ともコミュニティとも家族とも繋がりを失うなか、越境する者たちをターゲットにする以外にないのかも知れない。

［注］

（1）Castagna, Felicity, *No More Boats*, Artarmon, Giramondo, 2017.

（2）本稿は拙稿「越境するものとされる者：ベフルーズ・ブーチャーニ『山々よりほかに友はない』とフェリシティ・カスターニャ『ノー・モア・ボート』にみる境界への一考察」『南半球評論』第三六号、二〇二〇年の一部をもとにしている。

（3）エムケ、カロリン（浅井晶子訳）『憎しみに抗って─不純なものへの賛歌』　みすず書房、二〇一八年、一五頁

（4）同右　六四頁

（5）山岡健次郎「難民の居場所を問い直す」伊豫谷登士翁・テッサ・モーリス゠スズキ・吉原直樹編『応答する〈移動と場所〉─二一世紀の社会を読み解く』ハーベスト社、二〇一九年、七七─七八頁

第4部

変容する境界
――移動から境界を問い直す

新型コロナの世界的流行により、世界中の空港で欠航が相次いだ。（写真提供：August Phunitiphat, shutterstock）

第11章　帝国主義支配下の移動と分断
——泰緬鉄道建設に動員された人びと

内海愛子

はじめに

鉄道の歴史は戦争の記憶も刻む。

戦争には兵士を中心に夥しい人の移動を伴う。ヒト・モノの移動を支える鉄道は、戦時には兵士や物資を運ぶ上で重要な役割を担っていた。この鉄道の敷設には、その時代の最新技術と大量の労働力を要した。特に戦時中には、短い工期での完成が求められる。

本章では、オーストラリアを含む連合国軍捕虜など、国籍も民族も階級も異なる多数の人びとが動員された泰緬鉄道の建設現場から、そこに表出された「境界」や分断の諸相を明らかにしてみたい。

1　戦争の歴史を刻む鉄道

鉄道開業から一五〇年余……。一八七二（明治五）年九月一二日、新橋—横浜間に鉄道が開通、二年後には大阪—神戸間が開通した。その後、各地で建設が始まった。人びとの移動が制限されていた幕藩体制が崩壊し、明治時代になるとその「境界」が撤廃され、道路と鉄道の整備が日本の近代化をうながした。物流と移動を支えた鉄道は、日本の海外進出と共に占領地や植民地にも敷設された。既存の「境界」を消し去り、新たな「境界」が創られていった。日清、日露戦争で兵員や物資・武器などの軍事輸送を担った鉄道は、その後、朝鮮半島、台湾、中国東北部など、日本が占領した地で敷設されていく。

一九四一年一二月八日、アジア太平洋戦争がはじまると、タイ（泰）とビルマ（緬甸）間に鉄道建設が計画された。泰緬連接鉄道（以下、泰緬鉄道）である。作業要員に連合国軍捕虜を予定していた。開戦後、日本軍に投降したイギリス、オーストラリア、オランダ人兵士たちが、ジャワ島やシンガポールに収容されていた。一九四二年一一月からこれら捕虜が順次、タイに送りだされた。オーストラリア人だけでも約一万三〇〇〇人を数える。かれらを収容する収容所も開設された。その監視のための軍属が植民地朝鮮で集められた。一九四二年八月、朝鮮から約三〇〇〇人の軍属がタイ、シンガポール、ジャワに送り出されている。タイやビルマそしてジャワでも労働者の募集を行っている。

泰緬鉄道の建設現場には日本の鉄道連隊、連合国軍捕虜、朝鮮人軍属そしてアジア人労働者が動員されていた。熱帯のジャングルのなかに、一〇万人以上の人が送り込まれたのである。これだけの数の人が生活し労働するインフラが整っているのか。宿舎はあるのか。何よりも食糧、医薬品は準備されているのか。輸送する手段はあるのか。

建設を急ぐ鉄道連隊は、鉄道小隊や捕虜を先に送り込み、食糧などを追送する計画だった。だが、例年より一か月早く始まった雨季が計画を狂わせた。開墾したばかりで舗装もしていない道路ではトラック輸送は思うようにできない。ケオノイ河の利用は初めから計画に入れていたが、雨季が始まると一か月ほどは倒木や石などが濁流に押し流されてくる。舟での遡上は難しかった。象三〇〇頭も動員されたがその運搬量は限られている。陸送も水運も思うように動かない中で、重労働、飢えと病気に苦しむ捕虜たちの中から多くの犠牲者

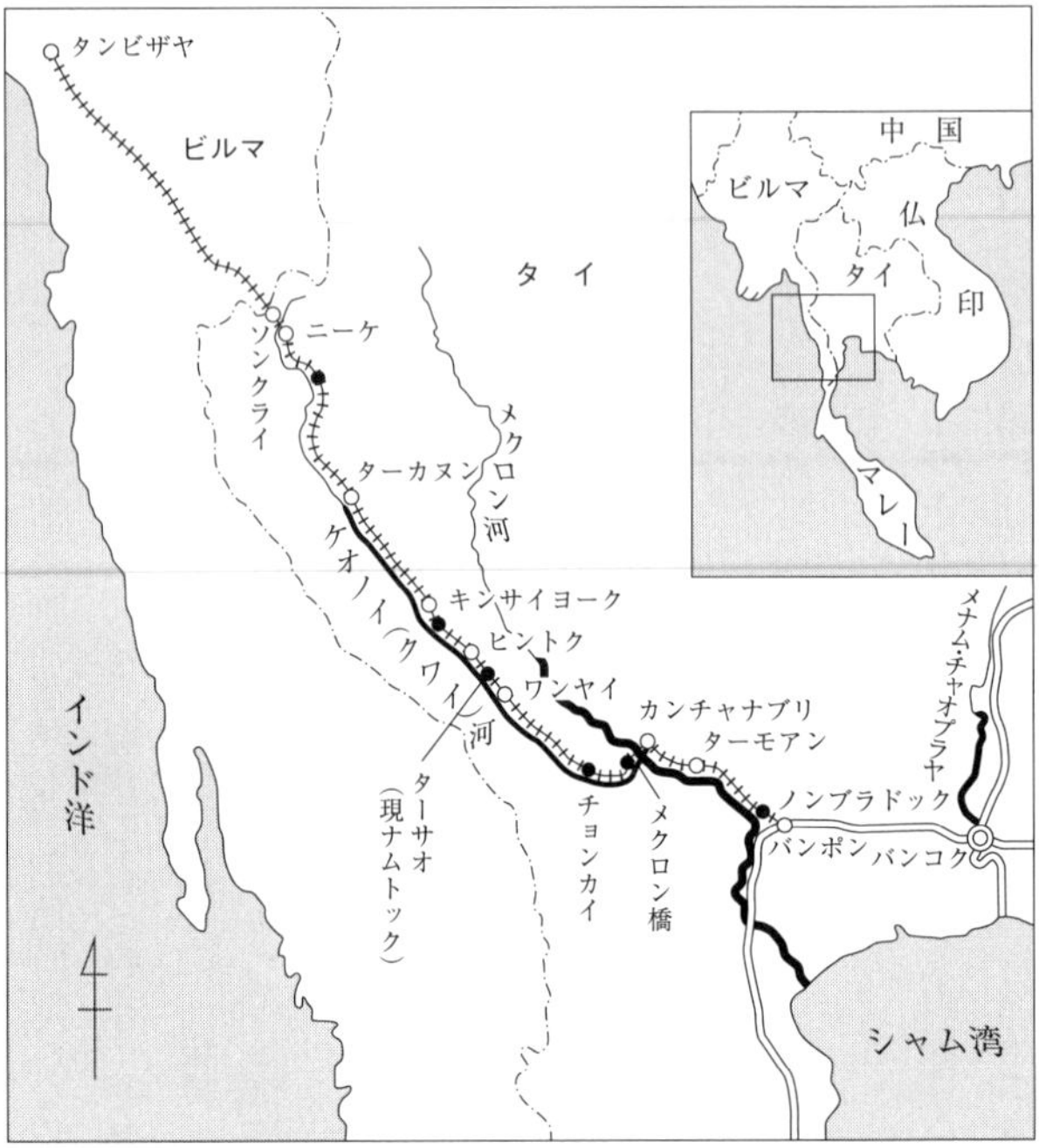

図1　泰緬連接鉄道路線図(全長414.916km)

が出た。アジア人労働者もコレラや赤痢で命を落としている。

戦後も元捕虜たちが怒りと憎しみに満ちて語る泰緬鉄道、その現場で何があったのか。同じ現場に動員された人びとだが、その処遇には大日本帝国の版図と社会階層の「境界」が投影されていた。多国籍・多民族の人びとを動員した建設現場から、帝国主義下の分断支配の現状を見る。

2　タイ—ビルマに鉄道を建設

映画『戦場に架ける橋』の主題歌「クワイ河マーチ」の軽やかなリズムとともに広く知られるようになった泰緬鉄道、だが、別名「死の鉄路」と呼ばれているように連合国軍捕虜やアジア人労働者の犠牲の上に完成した鉄道でもある。計画では、作業要員として捕虜約二万四五〇〇人とアジア人労働者若干名を予定していた。これが捕虜五万五〇〇〇人にふくれあがり、アジア人労働者は常時三〇〇〇〇人、延べ人九万人が動員された[1]。

ジャングルを切り開き、岩山を削って切通しをつくり、三〇〇もの橋を架ける約四一五キロの工事、これに砂利を運搬する砂利線や引き込み線の工事もあった。工事はタイとビルマ側から同時に始まり一九四三年一〇月、タイ国境近くで連結された。着工から一〇か月での完成である。

計画では工期は一年だったが、ビルマの戦況が悪化する中で、四か月もの繰り上げ命令が出た。鉄道輸送が緊急となったのである。八か月で完成との命令を受けた鉄道連隊は、

(1)　石田・石田編（一九九九）

図2　泰緬鉄道の線路　断崖ギリギリに走る（写真撮影：村井吉敬、2000年10月）
戦後、改修されているが、木橋の跡を残している

捕虜やアジア人労働者たちを総動員しての作業を続けた。豪雨の中に「スピード　スピード」の怒号が響く。補給が追いつかない。飢えに苦しむ捕虜たちにマラリヤ、赤痢、コレラなどが追い打ちをかけた。それでも動けるうちは作業にかり出された。捕虜たちの疲労は極限に達し、衰弱した捕虜が次々に倒れた。その中でも労働に駆りだされた捕虜たち、その憎しみが現場の鉄道小隊長や監視をしていた朝鮮人へと向けられていった。

3　「白人捕虜」と「アジア人捕虜」

建設計画ははじめから捕虜の動員を予定していた。軍人としての訓練を受け、技術者もいる。これら捕虜の動員は不可欠だった。南方作戦が一段落した一九四二年三月、シンガポールやジャワなどには投降してきた約三〇万人もの連合国軍兵士がいた。連合国軍は米比軍、英印軍　蘭印軍と称されているように、本国兵と植民地出身のアジア人兵士で編制された軍隊だった。陸軍省はこれら兵士を、「白人」と「白人以外」に分け、「白人」を捕虜として抑留して、生産拡充や軍事上の労務に利用する。「白人以外」のアジア人兵士で抑留の必要ない者は解放し、なるべく現地で活用する――このような方針をたてた。(2)

収容して捕虜とする白人兵士一人一人に「銘銘票」（A５より少し小さいサイズのカード）を作成し、名前、住所、国籍、軍隊での階級、入隊前の職業などを記入、特記事項欄には肌や毛髪の色などの身体的特徴も書き込まれている。こうして登録されて「正式な捕虜」となった白人兵は一二万五三〇九人、「白人以外」のアジア人兵士が一六万二二二六人を数えた。(3)日本軍にも朝鮮人、台湾人兵士が編入されており、ジャワではインドネシア人兵補もいたように、日本と欧米帝国の植民地支配をめぐる戦争に、アジアの人びとが動員されていた。

（2）俘虜情報局（一九四三）
（3）内海・永井（一九九九）

4　朝鮮人特種部隊の編成

「正式俘虜」は「帝国」の内外に開設された捕虜収容所に収容された。タイ、シンガポール、ジャワなどに開設した収容所の警戒取締のために集められたのが朝鮮人軍属である。

一九四二年五月、朝鮮全土で監視員の募集が行われた。勤務は二年、給与は朝鮮内での勤務三〇円、戦地勤務五〇円という条件だった。「志願」の動機は様々だった。徴兵制の施行を控えた朝鮮からの脱出、貧困や日本の工場や炭鉱への動員から逃げる、監視員は軍人ではなく軍属という民間人である、五〇円という待遇に惹かれた、警察官や村の長に強制された、などの証言もある。

六月、三二二三人が慶尚南道の釜山西面にある臨時軍属教育隊（隊長野口譲、通称野口部隊）に集められた。二か月の間、分隊、小隊に別れての戦闘訓練、兵器の手入れなどの訓練を受けた。「軍人勅諭」「戦陣訓」の暗唱もさせられた。訓練を担当した日本人下士官は捕虜の取り扱いを決めた「ジュネーブ条約」の名前も知らなかったという。当然、監視員になる朝鮮人軍属たちに捕虜に関する教育などなかった。それどころか「いうことをきかなきゃ　叩いて使え」と教えられた。ビンタ、私的制裁が日常化している軍隊で、絶対服従をたたき込まれた。それだけでない。分隊長は「お前たちは朝鮮人だ、これから立派な日本人にしてやる」と言ってビンタを加えた。その屈辱感を思い起こしながら軍属たちは異口同音にこのように話した。(4)

（4）「韓国・朝鮮人BC級戦犯者の国家補償請求事件　原告本人尋問調書　第一集　李鶴来」（一九九四）、「同　第二集　文泰福」（一九九四）、「同第四集　金完根　証言」（一九九四）

一九四二年八月、朝鮮に残る者を除く三〇一六人が釜山を出港した。南方では各軍司令官の下に捕虜収容所が開設されており、朝鮮人はジャワ、マレー、タイの収容所に配属された。

5　泰俘虜収容所の設立

タイのバンポンに設立された泰俘虜収容所（所長　佐々誠少将）は朝鮮人軍属の到着を待って、捕虜の収容を始めた。「所外労務取締規則」（南方軍総司令官寺内寿一から東條英機陸軍大臣宛報告）には、他の労働者と混同して使用しない。一般住民に接触し談話、物品の購入を禁ずる。捕虜が暴行を企て、もしくは逃亡を図る時は、警備員は極力これを防止し、やむを得ざる場合は兵器を使用し殺傷することができるなどの規定がある。

一〇月一三日から一一月一三日までの一か月ほぼ毎日、シンガポールからイギリス人捕虜が輸送されてきた。一一月から翌四三年二月には、ジャワで抑留されていたオランダ人やオーストラリア人捕虜が輸送されてきた。この中にオーストラリアのE・E・ダンロップ軍医の部隊もいた。[5] 一貨車に六〇〇人（実際には七〇〇人かそれ以上）を詰めこんでの輸送である。水も食糧も不足し、便所もなく横になる空間すら足りない状態での移動により現場に到着する前に捕虜たちは体力を消耗させていた。トラックで輸送された捕虜もいた。[6] 輸送指揮官が捕虜をバンポンで降ろし、健康をチェックした後、収容所に引き渡した。トラックが調達できない場合、捕虜たちはそこからカンチャナブリまでの約五〇キロ

（5）　内海（二〇二一）。ダンロップ軍医は部下から'weary'（疲労困憊しへとへとになっている）と呼ばれているように、献身的に治療にあたり、多くの捕虜の命を救った。現在キャンベラの戦争記念館の一画に銅像が立てられている。元部下たちの手によって建立された像である。

（6）　東京裁判に提出された証拠一五六七A号「R・J・ウイリアム宣誓供述書（「シンガポールからタイへのトラックによる輸送、過度の労働強制」）『極東国際軍事裁判速記録』第三巻、一三三号、一七頁、雄松堂（一九六八）

メートル近くを歩かされた。

鉄道工事は、タイ側とビルマ側の両方からスタートしていた。担当区間を決めて、各か所で同時に着手していたので、捕虜も奥地へ奥地へと送り込まれていった。だが、受入準備が遅れており、捕虜の後から宿舎の建設材料や食糧を運ぶという状態だった。準備の遅れが捕虜の犠牲を大きくした(7)。

6 捕虜の犠牲

工事が始まった直後、突然、四か月の繰り上げ命令が下った。英軍の反撃でビルマへの海上輸送が難しくなってきたため、兵員や物資の輸送が陸上、具体的には泰緬鉄道にかかってきた。工期を短縮させるための作業人員として、さらに一万人の捕虜が送り込まれてきた。

雨季の六月、泥の海と化した現場で五万八四五八人の捕虜が、飢えとマラリアや下痢に苦しみながら重労働をさせられていた。タイ側でチョンカイの切通を担当した樽本重治小隊長はその様子を次のように話していた(8)。

作業出動の時もかつてとちがって、うなだれて、だらだらと長い列をつくっていた。皮膚一面にでき物ができている者もいたし、水虫で足を引きずっている者もいた。途中で下痢腹がさし込んで、その場にへたってしまう者もいた。作業場付近にはいつしか下痢便の臭気が漂うようになった。私も作業場にいると、よく青白い顔をした捕虜

(7) 東京裁判に提出された証拠一五五九号(「泰緬鉄道における捕虜の虐待(ビルマ側)の証拠」)~一五六二号(「C・M・ブラック中佐宣誓供述書―タンビザヤから四〇キロメートル地点の収容所における虐待について」)。一五六八号(「E・J・バレット イギリス軍軍医部付陸軍中佐の宣誓供述書 チョンカイ患者収容所の状況」)~一五七二号(「J・O・カウン准将宣誓供述書 カンブリにおける捕虜の虐待」)。前掲『速記録』第一三三号、一四―一九頁

(8) 神戸市の自宅でインタビュー、一九九四年一一月三日

がきて、苦しそうに顔をしかめて「ベンジョ、スピードウ」と言う。下痢をもよおしたから作業を休ませてくれというのだが、大抵は返事をするひまもなく、傍らの茂みに入ってしまう。作業場に簡単な便所をつくったが、下痢便の散乱はやまなかった。悲惨だった。

こんな状態の捕虜を作業に使った私は非人道的と言われても仕方がない。しかし、健康な捕虜だけを働かせたとしたら、何人いただろうか。ジュネーブ条約どころか人間としての最小限の処遇もできなかった。

ビルマ国境近くのソンクライで架橋工事を担当した阿部宏小隊長によれば、作業にだす捕虜は、「明日、何名の捕虜を出してくれ」と、収容所に申し入れをすると、その人数を朝鮮人監視員が作業現場に連れてくることになっていた。だが、ある部隊は一二〇〇名の捕虜のうち作業に出るのは四〇〇人ぐらいしかいなかった。

五月から八月までの雨季には、捕虜のキャンプでは毎朝一〇体から一五体もの遺体がぼろ切れに包まれて小屋の外に放り出されていた。それを比較的元気な捕虜が、約一〇〇メートルほど離れた死体焼場まで担いで行って焼くという作業が続いていた。そういう悲惨な状況を見ながら歯を食いしばり、泣きながら作業をやっていた。(9)

(9) 阿部宏氏へのインタビュー、一九九六年一〇月二三日

表1　Fフォースの捕虜の死亡率（1944年5月まで）

	総数（人）	死亡数（人）	死亡率（%）
オーストラリア	3, 662	1, 060	28. 94
イギリス	3, 400	2, 036	59. 88
合計	7, 062	3, 096	43. 84

〔出典：マコーマック（1994）77頁〕

7　オーストラリア人捕虜を支えた「仲間意識」

阿部小隊長の下で働かされた捕虜部隊Fフォース（七〇六二人）は、オーストラリア人部隊三六六二人のうち死亡者一〇六〇人（二八・九四%）、イギリス人部隊三四〇〇人うち二〇三六人が死亡（五九・八八%）している。同じ部隊でも死亡率が大きくことなる。この差には上級将校の指導者としての統率力や連帯感、さらには支給される食糧の分配などの問題があった(10)。

この「違い」を生んだのはオーストラリア人の「仲間意識　連帯感だ」、こう指摘するのはトム・ユレーンである。トムは、ダンロップ軍医の率いるダンロップ・フォース八七三人の一員として、最大の難所ヒントクの工事現場で働いていた（図3）。三か月後、イギリス人捕虜四〇〇人の部隊が到着し、小川の向こう側にテントをはった。見ると、将校は最上の場所を選び、下士官はその次にいい場所をとり、普通の兵士は残った場所をとっていた。間もなくコレラと赤痢がひろがった。到着から六週間後には、わずか五〇人が労働に出ているだけだった。生き残ったのは二五人だったという。

(10)　マコーマック（一九九四）八八頁

図3　ほぼ垂直に削り取られたヒントクちかくの岩山、右側は列車（写真撮影：村井吉敬、2000年10月）

この様子を見ていたトムは、イギリス人キャンプが弱肉強食の「原則」で動いているのに対して、オーストラリア人キャンプでは社会主義が実行されていたとも話している。トムのいう「社会主義」というのは、ダンロップ部隊での生活を指している。部隊では将校たちの給料、下士官や兵たちの賃金の大部分を共同口座にいれ、元気な者は病人の面倒を見る、若い者は年配の者の面倒を見る、カネのある者はない者の面倒を見るという原則で生活をした、これを「社会主義」と表現している。そしてトムは我々が生き残るのに重要な役割を果したのは「仲間の連帯感」だったという[11]。

捕虜部隊の労働も生活状態も一様ではない。鉄道完成という目標のまえにあらゆる犠牲が強いられてきた。一九四三年一月から鉄道完成までの一〇か月の間、捕虜患者は常に六〇％を超えていた。四万八八三二人の捕虜のうち、泰側二万四三五一人、ビルマ側一万二九三三人が患者と報告されている[12]。

(11)　ユレーン（一九九四）二一〇－二一二頁

(12)　「泰、緬甸連接鉄道建設ニ伴フ俘虜使用状況調書」付表、内海編（一九八九）

計画ではアジア人労働者若干名を予定していた。これが常時三〇〇〇人になり延べ九万人が動員されていた[13]。捕虜たちの記録や記憶にアジア人労働者の姿はほとんどない。「ロームシャ」と称された彼らの労働と犠牲はどうなっていたのか。

8　アジア人労働者の募集

アジア人労働者は、タイ、ビルマだけでなくジャワ、マレーなどからも集められている。第一鉄道材料廠は一九四二年一二月頃から二〇〇〇人の募集を行った。タイでの条件は、食事付き手取り月八〇円、支払いは軍票である。また、バンコクの中華総商会に依頼して、タイや仏印（仏領印度支那）でも募集している。食事付き月一五〇円である。出発手当と旅行手当を支給し、募集責任者が現場まで連れて行き、建設司令部に引き渡す。司令部はかれらを鉄道第九連隊の材料廠に引き渡す。材料廠がワンヤイまで輸送して鉄道大隊に引き渡す。大隊は誘導兵をつけて中隊や小隊の作業現場まで案内していく。このようにしてアジア人労働者が作業現場に送り込まれた。

マレー、ジャワでは軍政監部の下部機構や州庁を通しても募集が行われた。集められたのはマレー人が主体でこれに中国人が加わっていた。

ビルマでは勤労奉仕の名目で、謝礼月四五円で集めている。募集は一九四三年五月からバー・モウ政権が行った。人員割当があったようだ。集められたビルマ人は、政府がタンビザヤまで輸送し、そこで鉄道第五連隊に渡す。鉄五材料廠が検疫した後、ビルマ政府の

(13)　石田・石田編（一九九九）

表2　泰緬鉄道建設に従事した日本兵・連合国捕虜・ロームシャ

		1943年9月15日	1943年9月27日	1943年11月25日
日本兵		20,158	24,764	25,423
連合国捕虜		27,790	41,570	32,820
ロームシャ		42,770	67,480	52,079
内訳	中国人	12,000	22,910	9,075
	マレー人	26,300	40,570	36,954
	モン人	1,600	1,600	2,050
	ビルマ人	2,870	2,400	4,000

〔出典：村井（1994）148頁〕

役人が隊組織を編成（五〇〇人）、基礎教育を行い、通訳をつけて大隊の作業地へ送りこんだ。また、ビルマ政府派遣の管理官が建設奉仕隊の中隊長になり、建設隊が宿舎、炊事設備、食糧準備、酒保を準備している。(14)

募集形態はさまざまだった。労働者の斡旋をし、鉄道隊に木材や食糧を売っていたタイ人トングローは、『Super Guide』のインタビューに答えて次のように話している。(15)

人夫はタイ政府が協力し、バンコク、アユタヤ、サラブリ等15県から数万人が駆り出されましたがそれでも足りなかったのです。マラリアや事故で死ぬ者があとを絶たなかったからです。（中略）人夫は田舎に行って村長さんに会い、集めて貰いました。農民は現金収入が魅力でしたから結構集まりました。（中略）日本軍と捕虜以外の人夫居住地は、無法地帯といって良いでしょう。酒を飲んでバクチをするのですから喧嘩が絶えず、強盗・殺人もしばしばありました。

(14)　東京裁判に提出された証拠一五七三号（「証拠概要　鉄道就役の苦力に関する証拠概要」）～一五七八号A（「マウンエイコ宣誓供述書「労務官としてチャンタオ収容所におけるクリーの惨状を述べる」」前掲『速記録』第一三三号、一九-二〇頁

(15)　アジア人労働者を集めた斡旋業者の証言は少ない。タイ現地の「ガイドブック」に掲載されていたその証言の一部を紹介する。「第二次大戦　人夫斡旋商人が語る泰緬鉄道」『Super Guide』No 40, Nihon Marketing. 1990, pp.41-43.

逃亡も多かった。土地勘のある人たちである。給料を受け取ると翌日から来なくなった者もいたと阿部小隊長は話している。

一九九〇年一一月、バンコク郊外の畑から約四五〇体の遺骨が見つかった。[16] オーストラリアの元捕虜ディック・ギルマンは、この穴を掘ったと話していた。コレラで死んだアジア人を埋めたという。[17]

アジア人労働者の遺体はこのように各所に埋められたが、戦後、遺体発掘を行ったとの記録はない。共同墓地もない。捕虜を管理した捕虜収容所のようにアジア人労働者を管理する日本軍の特別な部署もなかった。鉄道隊が労賃支払いのための名簿は作っていたが、全員の名簿はなく、死者の名前も正確な数も掌握できていない。[18]

捕虜の場合は、戦後、いち早く遺体の発掘作業が行われ、カンチャナブリの連合国墓地に再埋葬されている。死者の扱いも分断され、差別化されている。

(16) 『毎日新聞』一九九〇年一一月二〇日

(17) オーストラリア、キャンベラにてインタビュー、一九九四年八月二〇日

(18) 村井(一九九四)

9 インド人特殊労務隊の編成

泰緬鉄道の建設に英印軍のインド兵も動員されていた。アジア人捕虜は解放されたはずだが、日本軍はインド兵の一部を「補助部隊」として動員している。捕虜ではないので、かれらには苦力賃金を標準に二〇銭以内の増額をして支給している。[19]

捕虜でも労務者でもない「特殊労務隊」のインド兵のなかには、電気工(モーター、発電機、電話機、無線機など)や鉄道工(機関、検車、運輸など)、靴(革具)工、蹄鉄工など特

(19) 「特殊労務隊ノ給与ニ関スル件」『陸亜密大日記』第一七号、昭和一七年、アジア歴史資料センター https://www.jacar.archives.go.jp/das/image/C01000272100

別な技能をもつ者がいた。この「特別な技能」を動員したのである。

泰俘虜収容所では二万人を越すインド兵が所内労務、土木、荷役、その他の雑役に動員されている。馬来俘虜収容所では、所内五万四九〇二人、荷役五万九五六一人、土木二万三六六九人と大量動員が行われている。

だが、捕虜ではないインド人労務隊の死亡を、日本は捕虜の死亡者数に入れていない。一方、東京裁判では検察側はこの英印軍のインド兵を捕虜に分類し、その死亡を捕虜の死亡者数にふくめている。「誰が捕虜か」、その規程、解釈の相違が死者数の違いとなっている。[20]

(20) 林(二〇一〇)

10　元捕虜たちの怒りと憎しみ

連合国は捕虜虐待の情報をキャッチしていた。捕虜の取扱を決めた「ジュネーブ条約」に違反している日本の取扱に、スイスや赤十字国際委員会などを通して、繰り返し抗議や質問を送っていた。一九四五年七月二六日、アメリカ、イギリス、中華民国が発表した「ポツダム宣言」の中に次の一文があった。「我らの捕虜を虐待せる者を含む、あらゆる戦争犯罪はこれを厳しく裁く」(第一〇項)。日本はこれを受諾し、戦争は終わった。連合国は、この条文にもとづいて日本国内やアジア各地で、日本の戦争犯罪を裁く軍事法廷を開いていく。

一九四六年一月、鉄道隊員の「戦争犯罪」追及が始まった。一時、シンガポールのチャ

図4　建設の難所ヒントク（ヘルファイアー・パス）の切通し跡と元捕虜たちの建てた記念の碑（写真撮影：村井吉敬、2000年10月）

ンギ刑務所には三〇〇〇人もの戦争犯罪容疑者が収容されていたが、そのうち二〇〇〇人が鉄道関係者だったという。現場で陣頭指揮をとっていた阿部宏、樽本重治そしてダンロップやトム・ユレーンがいたヒントクの工事を担当していた弘田栄治小隊長も起訴された。三人は死刑判決だったが、阿部、樽本はのちに減刑された。最大の難所と言われたヒントクの工事を担当した弘田小隊長の死刑は執行された。弘田の現場に捕虜を送り出していた捕虜収容所の所長や分所長、朝鮮人軍属も裁かれている。

　戦争裁判は捕虜虐待を厳しく裁いたが、それで捕虜たちの怒りと憎しみが解消されることはなかった。その記憶が戦後も長い間、かれらを苦しめてきた。

　一九五一年二月、対日講和の条約草案をもってオーストラリアを訪問したアメリカのJ・F・ダレス特使は、元捕虜たちの日本に対する強烈な恨みや恐怖心そして憎しみを見せつけられた。草案は、無賠償で日本と講和を締結するとなっていたが、「論外」だと、猛反発したのが元捕虜たちである。その激しい抗議から、草案に元捕虜への個人賠償の条項が加えられた（第16条）[21]。

　一九五二年一〇月、初代オーストラリア大使として赴任した西春彦も激しい憎悪に直面した。着任早々、アンザック・デー[22]に招待されたら出席して花輪を捧げるかと質問された

(21)　内海（二〇一五）

(22)　第一次世界大戦でのアンザック軍（オーストラリア・ニュージーランド合同軍）の戦死者を追悼する日として始まったが、その後オーストラリアでは、すべての戦争での豪軍戦死者を追悼する日（四月二五日）となった。

西大使は、出席の意思を伝えた。これが報道されるとキャンベラの在郷軍人会が反発し、もし日本大使が出席するなら儀式をボイコットするとの決議文を発表、新聞紙上で賛否両論がごうごうとまき起った。[23]

(23) 西(一九六五)

11 「境界」を超える歴史に向けて

戦争中、熱帯のジャングルでくり広げられた鉄道建設は多国籍、多民族の人々の動員と強制的な移動を生んだ。激しい労働を強いられた連合国軍捕虜、彼らの警備にたつ朝鮮人軍属、アジア人労働者も鉄道隊の指示で作業に加わっていた。多くの犠牲の上に完成した鉄道である。

犠牲を強いた日本軍鉄道隊は、完成後の一九四四年二月、カンチャナブリに巨大な慰霊塔を建てている。日本の鉄道隊員だけでなくアジア人労働者や連合国軍捕虜の犠牲者のため慰霊塔である。周囲には日本語、英語、タイ語、ビルマ語、中国語、マレー語を刻んだ石板を埋め込んだ碑がある。マレー語の碑文には「ここに働きし、イスラム教徒たちの御霊に敬意を表して。アッラーがお報いになるでしょう」と刻まれている(図5、図6)。

慰霊塔近くには連合国の広大な墓地がある。兵士六九八二人の銅板プレートが芝生の中に整然と並んでいる。プレートには兵士の名前、階級、生年月日―死亡月日などが刻まれており、今も遺族や関係者が訪れている。カンチャナブリ郊外にもチョンカイ共同墓地があり、同じように元捕虜のプレートが並んでいる。肉親の碑を探しているのか、一人一人

図5　カンチャナブリにたつ慰霊塔（写真撮影：村井吉敬、2000年10月）

の名前を確認するかのように見て歩く人の姿を見かける。

捕虜の犠牲は、その名前を記録され記憶されている。墓地の近くにあるＪＥＡＴＨ戦争博物館[24]はその頭文字が示すように、日本人と連合国軍捕虜に関する展示がある。二〇〇三年には泰緬鉄道博物館が新設されたが、そこには犠牲者は捕虜よりもアジア人労働者の方がはるかに多かったと記述されている。

現在、カンチャナブリからナムトック[25]まで列車が運行されている。出発するとすぐケオノイ河の鉄橋を渡り、切り立った岩山すれすれに走る（図２）。手を伸ばせば岩肌に届きそうだ。樽本小隊が捕虜と苦闘して切り開いた現場である。

オーストラリア軍のダンロップやトム・ユレーンが動員されたヒントクの切通しには、当時の枕木や線路がわずかに残っている。薄暗い切通しの一隅に元捕虜たちが設

(24)　J = Japan, E = England, A = Australia, T = Thailand, H = Hollandの頭文字

(25)　建設当時はターサオと称していた。

図6　慰霊塔前の広場の壁に埋め込まれたアジア人労働者の慰霊碑（写真撮影：村井吉敬、2000年10月）

置した碑が建っている（図4）。近くにはオーストラリア戦争墓地事務所が開設した「ヘルファイア・パス・メモリアル博物館」もあり、命を落とした捕虜とアジア人労働者の追悼の場となっている。

この碑を建てた元捕虜の一人、オーストラリアのトム・モリスは、赤痢患者が収容された「死の家」で働いていた。五〇年後もその地獄を忘れることはできないし、「私と同世代の日本人や朝鮮人を決して許すことはできない。もう憎んではいないが、尊敬の気持ちを持つことはできない」と話していた(26)。

トム・ユレーンもまたかつては「この惑星に住む日本人を一人残らず抹殺したい」と思うほど日本人を憎んでいた。鉄道完成後、九州に送られ日本人や朝鮮人労働者と一緒に働く中で変わったという。「日本人を憎んではいない」、だが「軍国主義とファシズムは憎い」と。ユレーンは、一九九〇年日豪市民フォーラム代表として来日し各地を訪問、その後も「憎悪から進歩は生まれない」をモットーに日本人と交流を続けてきた。

元捕虜たちは言う。「許そう、だが、忘れまい」と。「忘れない」ために、その記録を碑や博物館や資料館に残してきた。こうした記憶は、世代を越えて語り継がれている。近年

(26)　モリス（一九九四）一七九頁

ではオーストラリア人作家リチャード・フラナガンによる『奥の細道』[27]が出版され、同書は「心をとらえて離さない」最高傑作だとブッカー賞[28]を受賞している。日本人観光客も多いタイのカンチャナブリで、わたしたちはかつての泰緬鉄道の歴史と出会う。

捕虜だけではない。強制的な移動を強いられて犠牲となった多くの人びとの中には、名前も記録されず共同墓地すらないアジア人労働者、連合軍兵士だが日本が捕虜と扱わなかったインド兵、日本軍の軍属として捕虜の監視に動員され戦犯となって刑死した朝鮮人軍属など、捕虜の語る歴史からこぼれ落ちた人びとがいる。

かつてこの地で何があったのか、それを学ぶ中で「境界」を超える戦争の歴史を創り出すことができるのではないだろうか。

（27）　フラナガン（二〇一八）

（28）　イギリスの文学賞で、英語文学を対象とした世界的に最も権威のある文学賞の一つ

［参考文献］

アジア歴史資料センター「特殊労務隊ノ給与ニ関スル件」『陸亜密大日記』第一七号、昭和一七年、https://www.jacar.archives.go.jp/das/image/C01000272100
石田栄一・石田栄助編『泰緬鉄道建設第三代司令官　石田栄熊遺稿集』私家版、一九九九年
内海愛子編・解説　俘虜情報局『俘虜ニ関スル抗議ニ関シ俘虜情報局及俘虜管理部ガ処理シアル事柄ヲ記録シアル書類ノ写』不二出版復刻、一九八九年
内海愛子・永井均編解説『東京裁判資料　俘虜情報局関係文書』現代史料出版、一九九九年
内海愛子「日本の捕虜だったE・ダンロップとトム・ユレーン」鎌田真弓編『大学的オーストラリアガイド―こだわりの歩き方』昭和堂、二〇二一年
内海愛子「戦後史の中の「和解」」成田龍一・吉田裕編『記憶と認識の中のアジア・太平洋戦争』岩波書店、二〇一五年
「韓国・朝鮮人ＢＣ級戦犯者の国家補償請求事件　原告本人尋問調書　第一集　李鶴来」、「同　第二集　文泰福」、「同　第四集　金完根」（一九九四年）日本の戦争責任を肩代わりさせられた韓国・朝鮮人ＢＣ級

戦犯を支える会発行、一九九四年
極東国際軍事裁判所編『極東国際軍事裁判速記録』雄松堂、一九六八年
樽本重治『ある戦犯の手記―泰緬鉄道建設と戦犯裁判』現代史料出版、一九九九年
ティツルウィン、リンヨン（田辺寿夫訳）『死の鉄路　泰緬鉄道　ビルマ人労務者の記録』毎日新聞社、一九八一年
西春彦『回想の日本外交』岩波新書、一九六五年
林博史「インド人の戦争体験―インド国民軍と労務隊」林博史『戦争裁判の研究―戦犯裁判政策の形成から東京裁判・BC級裁判まで』勉誠出版、二〇一〇年
広池俊雄『泰緬鉄道　戦場に残る橋』読売新聞社、一九七一年
フラナガン、リチャード（渡辺佐智江訳）『奥の細道』白水社、二〇一八年
俘虜情報局『俘虜ニ関スル諸法規類集』俘虜情報局、一九四三年
マコーマック、ガバン「戦争責任を考える―オーストラリア裁判で明らかになったこと」内海愛子、G・マコーマック、H・ネルソン編著『泰緬鉄道と日本の戦争責任　捕虜とロームシャと朝鮮人と』明石書店、一九九四年
村井吉敬「泰緬鉄道のロームシャ問題」前掲『泰緬鉄道と日本の戦争責任』一九九四年
モリス、トム「泰緬鉄道の思い出」前掲『泰緬鉄道と日本の戦争責任』一九九四年
ユレーン、トム「囚われの旅」前掲『泰緬鉄道と日本の戦争責任』一九九四年

第12章　移民たちのボネギラ

――ナショナル・アイデンティティの境界を訪ねて

山岡健次郎

1　ボネギラへ

メルボルンのサザンクロス駅から列車でおよそ三時間半、ヴィクトリア州とニューサウスウェールズ州の州境にオルベリーという街がある。オルベリー駅は、シドニー発の列車とメルボルン発の列車がそれぞれに乗り入れ合流する地点である。二〇世紀の半ば過ぎまでは、ヴィクトリア州とニューサウスウェールズ州でそれぞれの線路の軌間が異なっていたため、シドニーからメルボルンまで運ばれる乗客や貨物は、オルベリーで一度、別のホームの列車へと乗り換え・移し替える必要があったという。

オルベリーの中心部から南東方面へ車で一五分ほど移動すると、広大なオーストラリア軍基地が広がっている。その基地を通り過ぎた一角に、「ボネギラ移民受け入れ訓練センター（Bonegilla Migrant Reception and Training Centre）」が国定の記憶遺産として残されている。第二次世界大戦中は軍用施設であった一帯をオーストラリア政府は戦後、ヨーロッパからの移民を一時的に収容するための施設へと転用した。その後、移民受け入れ施設と

図1　ボネギラ移民受け入れ訓練センター（筆者撮影、2023年2月13日）

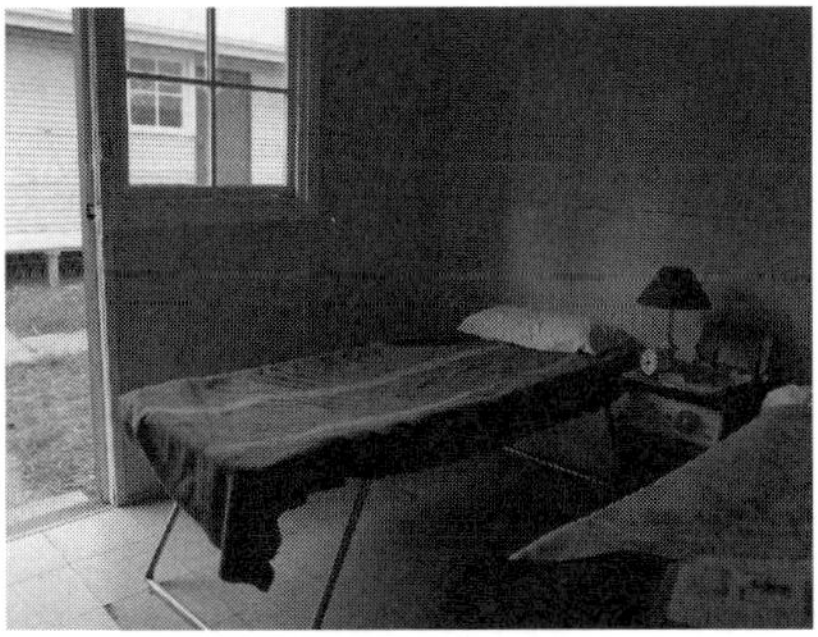

図2　ボネギラのバラック内部の展示（筆者撮影、2023年2月13日）

しての役割を終え、敷地は再び軍へと返還されるが、ブロック19と呼ばれる一角だけが国定遺産として保存されることとなった。

州境を流れるマリー川を遡ったヒューム湖畔に、その施設はひっそりと佇んでいる。かつてボネギラを通じてオーストラリア社会へと入場した人々とその家族が思い出を共有し継承する場として、同施設は整備され、様々な展示が一般の見学者にも開放されている。いかにも軍用といったバラックがいくつも並び、ベッドや洗面所やトイレなどの基本的な設備の他にも、広い食堂や教会、さらには娯楽のためのダンスホールなど、移民たちの往時の生活の様子がよくわかる展示となっている。

同じような移民受け入れセンターはオーストラリア各地に設置されたが、その中でもボネギラは最大であり、一番長く運営（一九四七〜一九七一）された施設であった。航路でヨーロッパからやってきた移民たちは、メルボルンの港に到着するやいなや今度は列車に乗せられ、周囲の地域コミュニティからは隔絶されたボネギラへと直行することになる（当時は、ボネギラの収容施設のすぐそばまで引き込み線が敷かれていた)。

オーストラリアへ渡航するにあたって移民たちは、二年間の労働契約を結んでいた。オーストラリア国内において労働力が不足している分野に職場を割り当てられ、そこで最低二年間は働き続けるという契約である。そして二年後には、引き続き同じ職場で働き続けるか別の場所に移るかは各人の自由となる。ボネギラの最も重要な機能とは、そのようにしてやって来た移民たちと面談し、各人にオーストラリア各地での職場を割り振ることにあった。さらにボネギラに送られるヨーロッパ移民は英語が第一言語ではないため、一日も早くオーストラリア社会へ同化できるようにと英語教育も行われていた。一九四七年から一九七一年までの間にオーストラリア全体で約二五〇万人もの新規の移民が受け入れられたが、そのうち三〇万九〇〇〇人あまりがボネギラを通過している。最も多い時期には、毎月約一万人がボネギラに到着していた。

2 戦後のヨーロッパ移民受け入れ

第二次世界大戦中に日本軍によって北部ダーウィンを空爆されたことは、オーストラリア国家と社会にとって忘れ難い出来事となった。もともと潜在していたアジアの脅威が露骨に顕在化したように受け止められ、このままではアジアに飲み込まれるのではないかという不安に駆り立てられていった。「人口を増やさなければ、滅びるしかない(populate or perish)」という掛け声のもと、戦後のオーストラリア政府は躍起になってヨーロッパからの移民を呼び寄せようとする。

もっとも望ましいのは英国系移民に違いないが、この際、非英国系ヨーロッパ人でも構わない。背に腹はかえられぬ。アジア人よりはマシである。非英国系ヨーロッパ人をオーストラリアの主流英国系へと同化させることで、「オーストラリア人」を増やそうとした。アジア人を「オーストラリア人」に変化させることなどは到底無理だが、白人でキリスト教徒のヨーロッパ人であれば何とかなるのではないか。

移民リクルートのためにオーストラリア政府が目をつけたのが、戦後ヨーロッパに残留していた難民（Displaced Person）たちであった[1]。第二次世界大戦中にナチスドイツがヨーロッパにおいて占領地域を広げ、各地から捕虜や労働者をドイツ国内へと強制移動させていた。ドイツ敗戦に伴い、そうした人々の出身国への帰還が促されるわけだが、自らの出身国がソビエトの支配下に置かれた人たちの中には帰国を拒む者たちも少なくなかった。そのような人々がドイツやオーストリアの難民キャンプに大量に残留し、戦後のヨーロッパの復興を妨げる「難民問題」となっていた[2]。

と同時に、戦争で荒廃し労働力不足が深刻化している西側の欧米各国は、戦後に形成されたそうした難民キャンプを貴重な労働力プールとみなすようになる。教育程度の高い、あるいは高度な専門技術や専門知識を持つ若者の難民の争奪合戦が、キャンプにおいて繰り広げられた[3]。オーストラリアもこの競争に参入していく。ヨーロッパから遠く離れた南半球への移住という点で明らかに不利であったため、オーストラリア政府は、戦争の被害をほとんど受けていない点や、土地の豊かさと広大さをアピールするチラシを作成しキャンプで配布した。渡航費の支給や到着後の支援など、難民たちにその魅力をあの手この手

（1）この段階では、オーストラリア政府は「移民」と「難民」を区別していないし、「難民」を特別に保護しようともしていない。オーストラリア政府が難民保護を法制度化するのは、一九七六年にインドシナ紛争からの「ボートピープル」が漂着して以降である。

（2）シェファード（二〇一五）

（3）シェファード（二〇一五）一六章

で訴えかけた。こうして一九四七年以降、国際難民機関（ＩＲＯ）の仲介で、非英国系ヨーロッパ人の難民たちを「未来のオーストラリア人」として受け入れる政策が動き始める。

このとき、他のヨーロッパ各国とオーストラリアとの立場の違いが浮き彫りになる。オーストラリア政府は最初から、移民を労働力としてだけではなく「国民」として受け入れる気満々であった。他のヨーロッパ各国のように戦後復興に必要な労働力ということであれば、その位置付けはあくまでも「ゲストワーカー」であって、必要なくなった時点で帰国してほしい存在ということになるであろう。それに対してオーストラリアは、当初から移民たちに定着してもらうことを目的としていた。すなわち、帰国してもらっては困る、という立場であった。

ただしもちろん、オーストラリア政府が選り好みしなかったという話ではない。とりわけ国内世論を気にかけていたため、より同化しやすく、オーストラリア社会にとって負担の少なそうな人材を求めた。しかしそうした人材は、キャンプにおいてすぐにも枯渇し始めたため、受け入れのハードルはどんどん下がっていった。最初は単身で心身ともに健康な若者に限定していたが、時間の経過とともに妻帯者や子連れの家族も受け入れるようになっていき、出身国も多様化していった[4]。こうしてオーストラリア政府は、ヨーロッパの難民キャンプから合計で一七万人あまりの難民たちを受け入れた（そのうちの半数以上が、ボネギラへ収容された）。

ヨーロッパの「難民問題」が終息に向かう中でオーストラリア政府は、イタリア、オランダ、西ドイツ、ギリシャなどのヨーロッパ諸国との間に二国間の移民送り出し協定を結び、さらなる移民を貪欲に求め続けた。キャンプからやってくる難民たちの場合は、行き

（4） Pennay（2010）p.1.

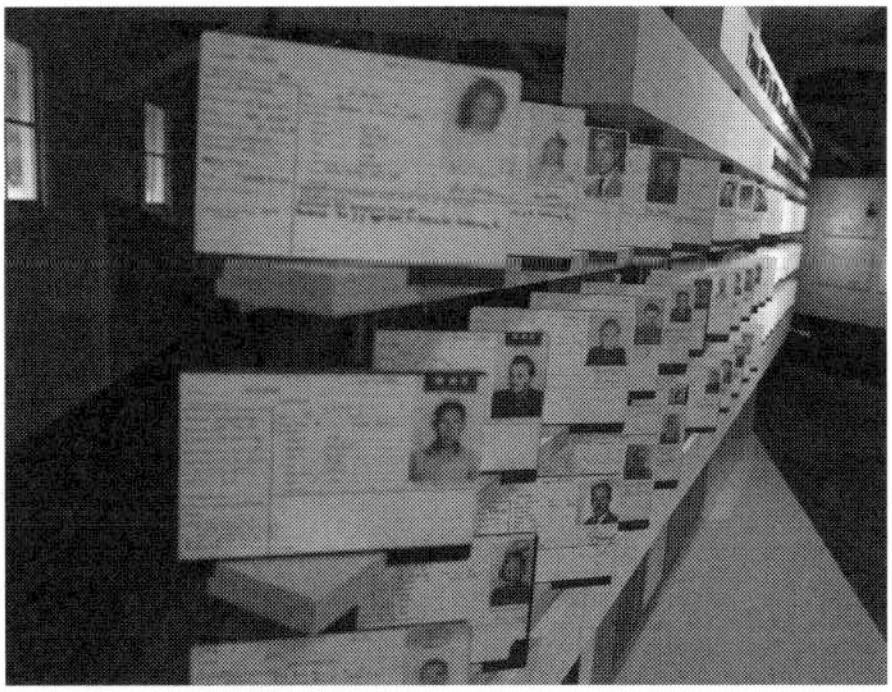

図3　ボネギラに収容された移民たちのIDカード（筆者撮影、2023年2月13日）

場のない劣悪な状況から抜け出すためなら一時的にボネギラに収容されることも許容できるかもしれない。実際、三食まともに食事できるだけで天国のようだった、という思い出を語る元ボネギラ住人たちも少なくない[5]。対照的に、二国間協定でやって来た移民の場合、僻地のボネギラに送り込まれて職場を割り当てられるまでひたすら待たされる無為の日々は、耐え難いものとして記憶されることになる。実際、ボネギラでは二度（一九五二年と一九六〇年）ほど、移民たちが「暴動」を引き起こしている。こうして一九六〇年代初め頃から徐々に、ボネギラのような移民受け入れセンターを経由することなく、同郷のネットワークを頼って移民たちは都市部に住み着くようになっていく[6]。その後も移民受け入れは引き続いていたが、段階的に移民受け入れセンターの役割は縮小していくこととなった。

3　ナショナル・アイデンティティの変容とボネギラの意味づけ

戦後のヨーロッパ移民の受け入れ過程を見てきたように、オーストラリア政府は新たな「オーストラリア人」を増やすことを大きな目標としていた。それにあたって、従来のナショ

（5）Pennay (2010) p.14.

（6）Dellios (2017) p.124.

ナル・アイデンティティを柔軟化していった。「オーストラリア人」とはすなわち、アングロ・ケルティック系の英国臣民であるというこだわりを捨て去り、非英国系のヨーロッパ人であっても、白人であれば、英国系住民に同化させることで「新・オーストラリア人」を創造できる、という方針転換が図られた。

この「新・オーストラリア人」創造プロセスの始まりに、ボネギラなどの移民収容センターが位置付けられたと言える。ボネギラにおいて移民たちは、オーストラリア社会に馴染むための最低限の準備を整え、その上で各地の職場に散らばっていく。そして時間の経過とともに徐々にオーストラリア社会に同化していき、やがては旧来の英国系オーストラリア人と見分けがつかなくなる・・・はずであった。

が、実際は、思い通りには事は運ばなかった。移民選別のハードルが段階的に下げられていったことからもわかるように、数を呼び寄せることが優先され、定着し同化していくプロセスについては楽観視していたにすぎなかった。誰もが「オーストラリア人」になりたいはず、という根拠のない思い込みをなかなか捨てきれずにいた。しかし実態は、多くの移民が帰化を選択せず外国人の地位にとどまった[7]。

帰化のためには元々の国籍を放棄し、英国臣民としての忠誠を公に表明する必要があったが、移民たちにとってはそうまでして「オーストラリア人」になるメリットが見当たらなかった。戦後にやってきた難民たちにとっては、もしかしたら自国に戻れる機会がやってくるかもしれず、そのためには国籍を放棄するわけにいかなかった。後にやってきた契約移民たちの場合も、職場や地域社会の中で日々痛感させられる差別と偏見にうんざりしていて、法律上で「オーストラリア人」になったからといってそうした差別や偏見がなく

（7） Jordens（1997）Chap.8.

なるとは到底思えなかった。

結果として、一九五〇・六〇年代を通じて多くの非英国系ヨーロッパ移民がオーストラリア社会に入ってきたが、「新・オーストラリア人」の数は大して増加しなかった。当初思い描かれていたナショナル・アイデンティティは、明らかに現実と乖離していたと言える。

その証拠に一九六〇年代に入った頃から、オーストラリア政府は移民の「同化」という言葉に換えて「統合」という表現を用い始める(8)。非英国系ヨーロッパ人を主流英国系オーストラリア人へと造り変えるというプロジェクトを諦め、同化できなくても仲間だと言い張ることにした。こうした挫折と妥協が、一九七〇年代以降の多文化主義の下地を準備することとなった。

同化できずにいた非英国系ヨーロッパ移民たちの多くが、都市部に形成された同郷のコミュニティを頼ってオーストラリアでの生活の基盤を築いていった。主流オーストラリア社会に冷遇される移民たちにとって結局のところ拠り所となったのは、もともとのエスニック・アイデンティティであった。オーストラリア政府の劇的な方針転換としてしばしば語られる「白豪主義から多文化主義への転換」というストーリーも、額面通りに受け取るわけにはいかない。移民のエスニック・アイデンティティを追認せざるをえないところまでオーストラリア政府が追い込まれ、どうにかしてそれらをナショナル・アイデンティティとして包摂できないものかと苦心した末の試み、とみなすこともできそうである(9)。

地球上のどこで生まれ育った人間であっても、オーストラリアという土地にやって来れば、もともとの出自を捨て去ったり負い目に感じたりする必要もなく、社会の一員として尊重され堂々と振る舞うことができる、というのが多文化主義の目指す社会像である。

(8) Jordens (1997) p.148.

(9) Jordens (1997) p.165.

「オーストラリア人」であることと特定のエスニック・アイデンティティを持つことは何ら矛盾せず両立しうるし、それどころか「オーストラリア人」という地位は、あらゆるエスニック・アイデンティティを損なうことなく包摂しうる。あれほどアジア人を怖れ、非英国系ヨーロッパ人を主流オーストラリア人へと改造し同化させようとしたかつての偏狭な心性はどこへやら、寛容さに満ち溢れた広い心の持ち主としての「新生オーストラリア人」の誕生である。

こうして、人種や民族に関わらず「オーストラリア人」になるための扉は万人に開かれている多文化主義オーストラリアにとっては、白豪主義・同化主義の象徴であるボネギラのような移民収容センターは都合の悪い過去となった。結果として、多文化主義が推し進められた一九七〇年代以降、ボネギラは公的言説やメディア上から姿を消し急速に忘れ去られていった[10]。

このような振幅の激しい自己像の変化に、オーストラリア社会は必ずしもうまく対応できなかった。一九九〇年代に入って、多文化主義へのバックラッシュが目立ちはじめる。アジア系住人の増加は人々の不安を掻き立て、最も典型的には、海上の道からやってくる「ボートピープル」に対する反発というかたちをとった。その不安に、「9・11」が重なった。イスラームと結び付けられた移民たちは、警戒され怖れられ排除されていった[11]。

このように多文化主義の「行き過ぎ」が問題視されはじめ、過去に対する眼差しにも変化が見られるようになった——戦後に受け入れた非英国系ヨーロッパ人たちは、今や立派な「オーストラリア人」として統合されている。それに比べてアジアや中東からやってくる連中ときたら、自分たちのコミュニティに閉じこもっていて得体が知れない。オーストト

(10) Dellios (2017) p.125.

(11) ハージ(二〇〇三)

ラリア社会に安全と安心を取り戻すためには、白豪主義時代のよき遺産を受け継がなくてはならない――こうして、ボネギラが、「統合」の成功物語として語られる文脈ができあがっていった。[12] そのような再評価の動きの中で、ボネギラは記憶遺産として登録されたのである。

(12) Dellios (2017) Introduction.

以上のようなボネギラへの意味づけの変遷を辿ることで、オーストラリアのナショナル・アイデンティティの変化を跡づけることができるであろう。まず、戦後のボネギラは、英国系の出自へのこだわりを断ち切るための場として位置づけられた。それは、同化に適した「新・オーストラリア人」を創造する「通過儀礼としてのボネギラ」であった。次に、ボネギラが社会から隠され忘れ去られる時代がやってくる。人種主義や同化主義と結びついたボネギラの機能は、多文化主義的理念とは相容れない。それは言わば、「過ちとしてのボネギラ」であった。そして、多文化主義がもたらした社会不安と対照された時に浮かび上がってくるのが、「誇りを持って回想されるべきボネギラ」だろう。現状への不満を抱える人々は、ボネギラという過去を美化するようになる。ボネギラ自体は過去の一つの出来事に違いないが、その意味はつねに、〝現在〟に規定されてきたと言える。

4　移民たちのボネギラ

以上のような時代ごとのナショナル・アイデンティティと結びついた「通過儀礼としてのボネギラ」、「過ちとしてのボネギラ」、「誇りを持って回想されるべきボネギラ」はどれも、現実のボネギラとは一致しない。ボネギラを通じた同化がうまくいった試しなどないし、多文化主義理念で一刀両断できるほどボネギラの歴史は軽くない。その反対に、ボネギラを美化したところで、オーストラリア社会に蔓延る差別や偏見を糊塗できるわけでもない。

つまり、ナショナル・アイデンティティを思い描くオーストラリア国家の立場からボネギラを位置付けようとするかぎり、真の歴史プロセスからは乖離していくことになる。そこで、視点を移民の側に移してみよう。

図4　オーストラリア入国ゲートの様子（筆者撮影、2023年2月11日）

例えば、戦後にヨーロッパの難民キャンプからやってきた難民たちは、「オーストラリア人」になりたくて遠路はるばる移民してきたのではない。難民キャンプでの先の見えない日々に絶望し、別のどこかで人生を再出発させたいという切実な願いを持って、縁もゆかりもない土地への移住を決意したのである。彼らにとってボネギラは、混乱した人生の行路を整理し直し生活を再建するために通過しなければならない場所であった。もちろん彼らも、一日でも早くオーストラリア社会に溶け込みたいと願ったであろうが、実際には英語のアクセントなどの些細なことで日々自分がよそ者であることを思い知らされてきた。「オーストラリア住人」には違いないが、果たして自分が「オーストラリア人」になりきれているかどうかは心許ない。

あるいはまた、多文化主義政策のもと移住してきたアジア系移民にとっては、ボネギラに象徴される人種主義・同化主義が過去のものとなったとはどうしても思えない。「あなたも対等なオーストラリア人ですよ」と言われても、鼻白む思いがするばかりだ。各人の出身文化が尊重されることになっているはずだが、主流オーストラリア社会が示すアジアに対する無知と無関心にはいつも驚かされる。(13) 結局のところ、いつまで経っても社会に統合されない「欠陥品」のような扱いを甘受しなければならない。

この「移民たちのボネギラ」という視点からオーストラリアの戦後の歴史を振り返るとき、オーストラリアのナショナル・アイデンティティが失敗続きであったことがよくわかる。同化主義も多文化主義もつねに、そのアイデンティティに同一化できない他者を生み出してきた。

にもかかわらず、戦後のオーストラリア社会は基本的にそれなりに安定し繁栄を享受してきたとも言える。少なくとも、社会的な対立が先鋭化し政府が機能不全に陥るといった事態は発生していない。このことは、ナショナル・アイデンティティの必要性に関して、一つの疑問を投げかけているのではないか。

オーストラリア政府は繰り返しナショナル・アイデンティティを描き直し、なんとかしてそれを実現させようとしてきたが、現実のオーストラリア社会は、それなしに十分に機能してきたと言いうる。民主政治にとって統一的なナショナル・アイデンティティは不可欠であるかのように、これまでの政治理論では論じられてきた。しかしオーストラリアの歴史は、果たしてそれが妥当なことであったか、という重大な疑念を投げかけている。戦

(13) 飯笹（二〇〇七）が明らかにしているように、オーストラリアのシティズンシップ教育においては、ヨーロッパの歴史については詳細に取り上げられるのとは対照的に、アジアに関しては非常に粗雑な扱いとなっている。人権について学ぶ教科書の中で「ハニック」という架空の儒教世界をでっち上げ、アジアを他者化している（一四八―一四九頁）。

後のオーストラリア社会は、ナショナルな統一性なしに、バラバラな他者同士がそれなりに配慮し合いながら暮らしを成り立たせてきた。

そのような社会状況を可能にする条件とは何だったのか。オーストラリア国家や社会は、繰り返しその「寛容さ」を自賛してきた。マイノリティ文化を尊重する多文化主義こそは、そうした寛容さの実践に他ならない。しかしすでに見てきたように、主流オーストラリア社会による寛容さは、社会的な統一を達成できていない。だとするなら、ここで視点を逆転させる必要があるのではないか。

ナショナル・アイデンティティの文脈の中では、寛容される側に位置付けられてきた移民の側こそが、主流社会を寛容してきた、と考えることはできないだろうか。じつのところ、移民たちが示す寛容さが、オーストラリア社会を安定的に機能させる鍵を握っていたのではないか。この「マイノリティがマジョリティを寛容する」という視点の転換こそが、「移民たちのボネギラ」という歴史的視座がもたらす地平であると言える。

オーストラリア社会は、ボネギラを通じて移民たちを受け入れているつもりでいた。しかし実際に起こっていたことは、ボネギラを通じて移民たちの側が、オーストラリア社会を収容し馴致していた(reception and training)、ということではないのか。「他者」に許されてあることによって、オーストラリアの今日の多様性は維持されてきたのである。

ボネギラという空間は、オーストラリア国家にとって内でもなければ外でもない間(in-between)に位置していた。境界と言うと国境のように閉ざされたイメージを抱きがちであるが、本来境界とは、相互交渉が生じる場としてある。境界は閉ざされてしまうと、その創造的な機能を失うことになる。ボネギラでは、内に向かっても外に向かっても閉ざされていなかったがために、そうした境界の創造的性格がよく現れたと言える。移民たちは辛抱強く主流オーストラリア社会と相互交渉を続けてきた。その寛容の実践がオーストラリア社会を変化させてきた。それこそが、ボネギラについて真に「遺産化」すべき歴史なのではないだろうか。

［参考文献］

飯笹佐代子『シティズンシップと多文化国家―オーストラリアから読み解く』日本経済評論社、二〇〇七年

シェファード、ベン（忠平美幸訳）『遠すぎた家路―戦後ヨーロッパの難民たち』河出書房新社、二〇一五年

ハージ、ガッサン（保苅実・塩原良和訳）『ホワイト・ネイション―ネオ・ナショナリズム批判』平凡社、二〇〇三年

Dellios, Alexandra, *Histories of Controversy: Bonegilla Migrant Centre*, Melbourne, Melbourne University Publishing, 2017.

Jordens, Ann-Mari, *Alien to Citizen: Settling migrants in Australia, 1945-75*, Sydney, Allen & Unwin, 1997.

Pennay, Bruce, *Picturing and Re-Picturing Bonegilla*, Wodonga, Specialty Press, 2016.

Pennay, Bruce, *Receiving Europe's Displaced: Bonegilla Reception and Training Centre 1947-1953*, Wodonga, Parklands Albury Wodonga, 2010.

第13章　海の領域化が生む「越境者」たち

鎌田真弓

はじめに——海の境界

「海は広いな大きいな・・・行ってみたいなよその国」[1]。大洋を望むとき、その見えない向こう側へと海が繋がることを思い起こさせるフレーズだ。今日でも小学校の音楽の教科書に載っているようなので、若い読者も馴染みがあるだろう。

一方で地図を開いてみると、海にも国境線が引かれている。加えて漁業水域や排他的経済水域（EEZ）、環境保全区域、海底資源の開発区域など、様々な境界線が引かれた地図を見つけることができる。海を旅することがあれば、私たちはたくさんの境界を通過するが、領海でも無害通航[2]は認められているので、大概の場合は上陸するまで国境を越えたことにすら気づかない。

海の境界は陸上よりも複雑だ。海上・海中・海底とその深度によって多様な資源が蓄えられ、利用方法も獲得方法も異なるからである。水産資源を含む生物資源や、海水に含まれる塩やミネラル、あるいは、波そのものがエネルギー資源として使われることもあれば、

（1）『海』（作詞：林柳波、作曲：井上武）。一九四一年に発表された文部省唱歌で、今日でも小学校の一年生の歌唱教材として挙げられている［文部科学省・小学校学習指導要領・音楽（https://www.mext.go.jp/a_menu/shotou/cs/1319991.htm）］。

（2）国連海洋法条約によって、すべての国の船舶は、沿岸国の平和、秩序または安全を害しない限り、他国の領海を通航する権利を有しており、沿岸国はこの「無害通航」を妨害してはならない、と定められている。

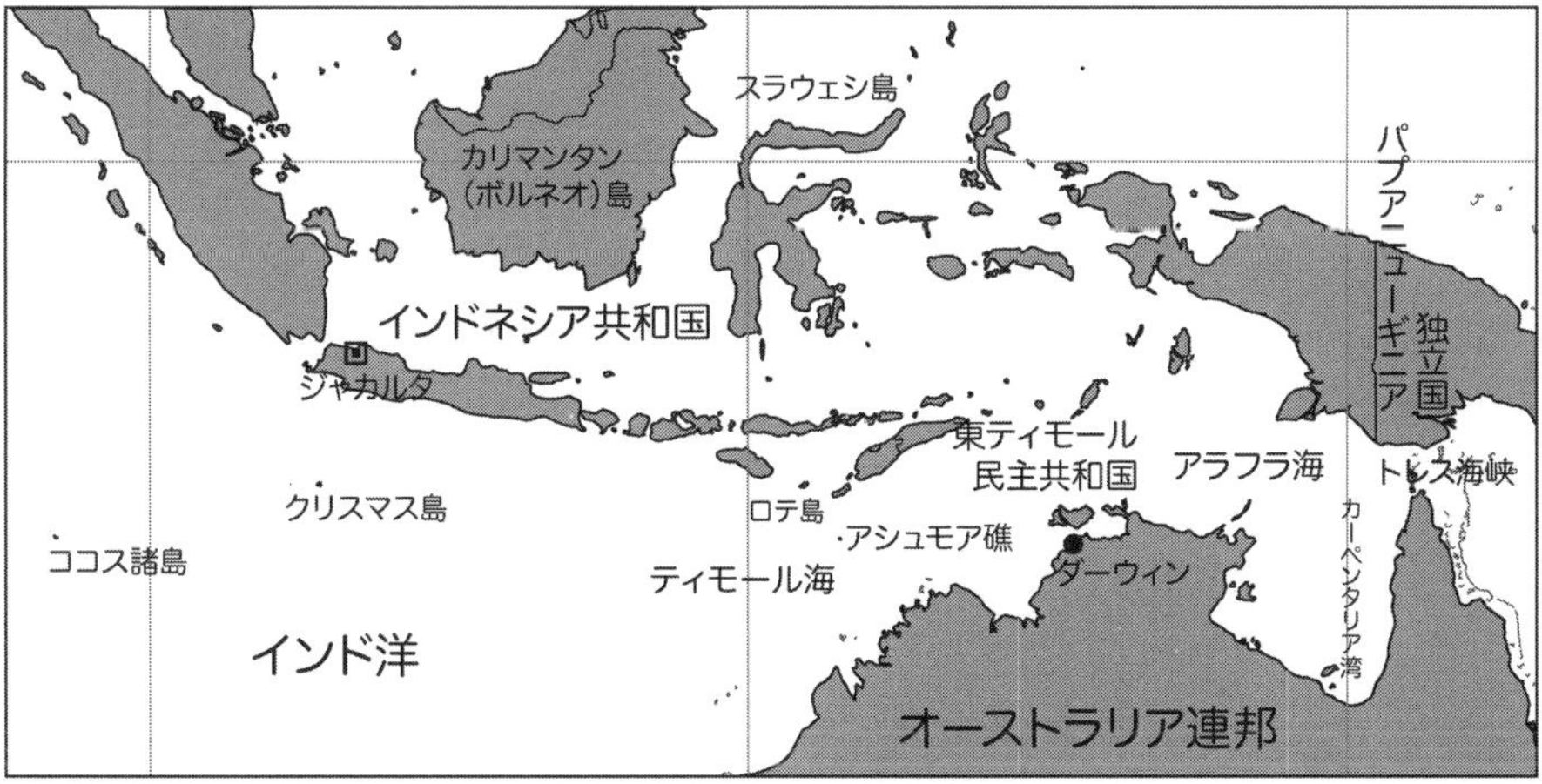

図1　オーストラリアとインドネシアの間の海域

景観が観光資源にもなる。鉱物資源となれば、海底からさらに深い場所へと採掘が進む。様々な自然保護区域もある。私たちが通常目にする地図上の境界は、主権国家や資源開発者がその内側の権利を確保するために創り出されたものである。

　また、地図上には記されることのない境界も存在する。例えば魚介類は、深度、水温や水質、季節や潮の流れによって、種類も漁法も違う。漁師たちは求める獲物に応じて漁具や漁場を選んで漁をしてきた。そこには線引きできる境界ではなく、彼らの経験と相互作用から生まれる「境目」が存在する。また、そうした境目を越える交易のネットワークも張り巡らされてきた。こうした活動が展開する海では、「越境者」という発想はない。

　このように、海には人の活動によって生まれる千変万化の「境界」が層を成していて、一見してわかる標識や柵はない。海を行き交う人びとも多様で、陸地を目指す乗客や乗船員もあれば、海を生業の場とする漁師や採掘現場の技術者もある。また境界を管理して違法行為を取り締まる人たちもいる。それぞれに関係する特定の境界以外は、その存在すら気づかれない。ところが時として、それまでの活動が「越境」行為となり、「違法」にすらなってしまう。警備船によって、突如として越えられない境界線が海上に出現することがあるのだ。

本章では、オーストラリアとインドネシアの間の海域に焦点を当て[3]、その海域に創り出された境界と、その境界が分断する人びとの移動について考えてみたい（図1）。

(3) オーストラリアとパプアニューギニアの間のトレス海峡に関しては、本書第3章を参照

1 海の領域化

オーストラリアへの植民は港から始まった[4]。植民者たちにとって、海は本国と移住地を繋ぐ道で、下船地が移住地への境界を越える場所だった。土地を求めてやってきた植民者たちは、水産資源にさほど関心を示さなかった。捕鯨や毛皮のためのアザラシ漁は行われたものの、金をはじめとする鉱山開発や、牧畜業や農業といった大陸の資源が「開拓」を進めた原動力であった。沿岸地域の先住民も魚介類を利用していたが、航海術を持つ海洋民族はいなかった。

一九世紀後半に豪北部の主要な産業となった真珠貝漁（第2章参照）が、豪政府の北部海域への関与の動因となった。連邦結成（一九〇一年）以降は、州政府が各州の漁業法によって実質的に漁業域を管理し、連邦政府の管轄権は入国管理や通関業務に限られていた。当

(4) 南出（二〇二一）

時の領海は沿岸から三カイリで[5]、真珠貝漁は公海での操業が主であったし、北はオランダ領東インドで、海の境界線が問題とされることはなかった。それよりも豪政府にとって重要だったのは、白豪主義政策（コラム2参照）に基づいた、真珠貝漁で働くアジア系労働者の出入国管理であった。

インド洋からアラフラ海の海域で、境界策定が動き出したのは第二次大戦後である。一つ目は、前述の真珠貝漁での権益を睨んだ大陸棚の管理、二つ目はオーストラリアとインドネシアとの管理海域の交渉、三つ目は海底ガス田・油田を巡る権益に関わるものである。

豪連邦政府による本格的な水域管理は、戦後の日本との真珠貝漁に関する外交交渉によって始まる。一九三〇年代に始まった日本船によるアラフラ海への出漁は、真珠貝採取業への脅威としてだけでなく、日本海軍の情報収集活動が豪政府に警戒感を抱かせていた（コラム4参照）。戦後、連邦政府は「真珠貝漁法」[6]（一九五二年）と「漁業法」[7]（一九五三年）を成立させて、大陸棚に対する管轄権を宣言した。これは、外国船による大陸棚の固着性生物の漁を全面禁止するもので、アラフラ海で採貝漁をする日本船を排除することを目的としていた。しかし、プラスチック性のボタンの流通で真珠貝への需要が激減し、真珠貝漁が急激に衰退したことによって、当該海域の管理は喫緊の課題ではなくなり、日豪の外交交渉も自然消滅した[8]。

インドネシアの独立（一九四五年）によって、豪北部海域での新たな境界の策定が必要となり、その過程で複数の種類の海洋境界が作られた（図2-1、図2-2）。インド洋北東部からトレス海峡にかけて、オーストラリアとの間の海域は一〇〇〇カイリ以上におよぶ。前述のように、豪政府はこの海域で一方的に大陸棚宣言をした。一九七一～七二年に両国

（5）一カイリ＝一八五二メートル
（6）Pearl Fisheries Act 1952
（7）Fisheries Act 1953
（8）鎌田（二〇一六）

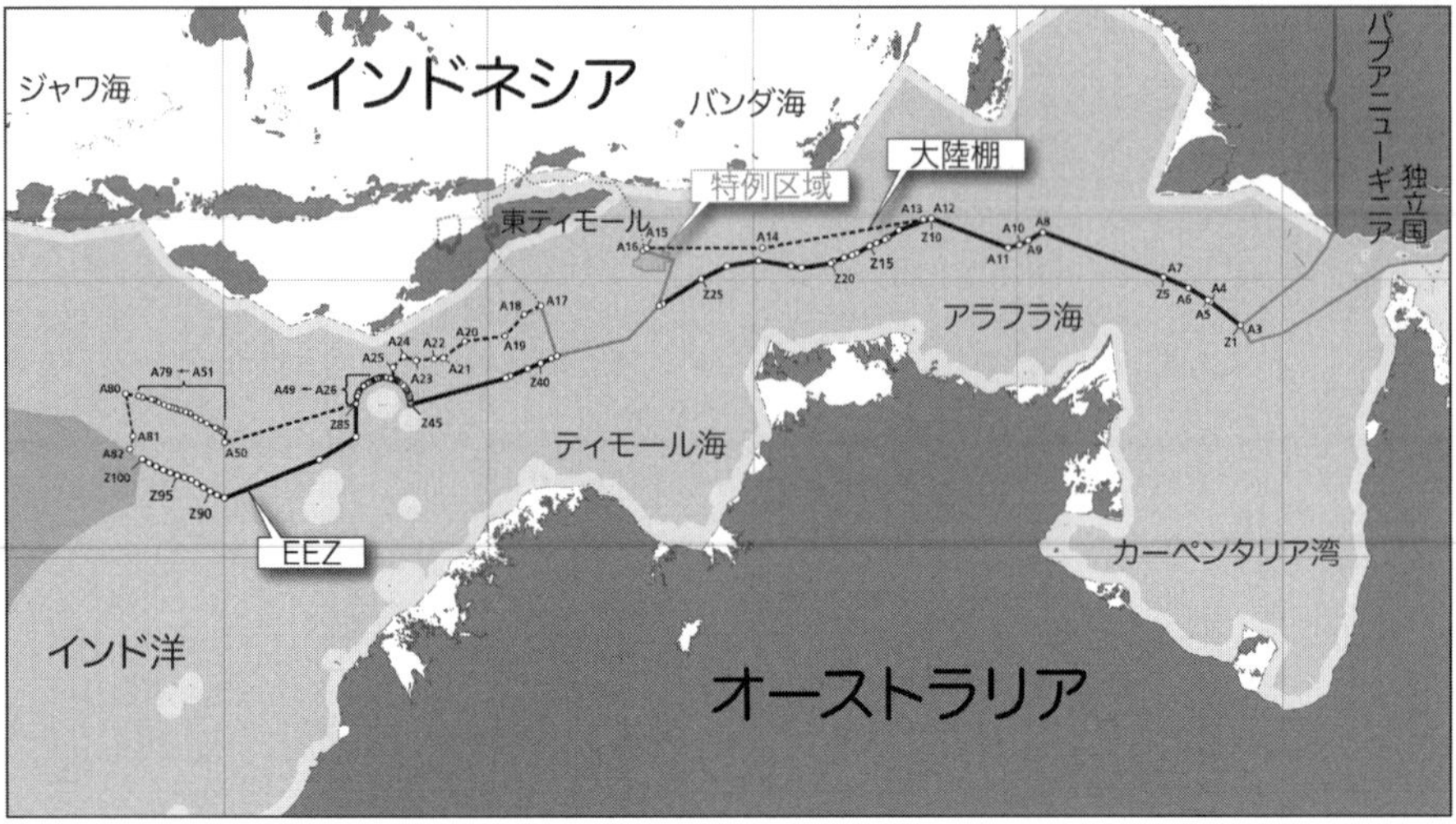

図2-1　オーストラリア－インドネシアの海洋境界

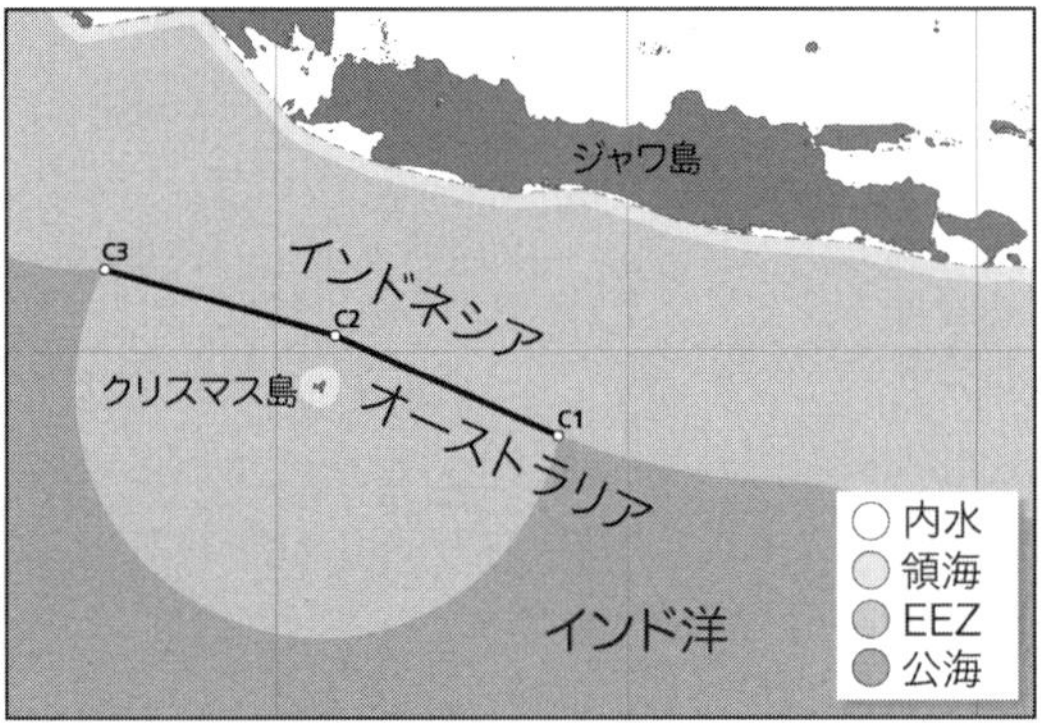

図2-2　クリスマス島周辺海域
(Sovreign Limits, 'Australia–Indonesia Maritime Boundary Brief' をもとに筆者作成)

は「大陸棚協定[9]」に署名（一九七三年発効）、ティモール・ギャップを除いたティモール海からアラフラ海の海底領域の境界が画定した。ただし、その上部の水域はこの協定の適用外であった。

さらに豪政府は、一九六八年に漁業水域を一二カイリに、一九七九年には一二カイリから二〇〇カイリに拡大することを宣言した。一九八〇年にはインドネシアも二〇〇カイリの経済水域を宣言し、一九八一年には、両国の経済水域が重なる水域で「暫定的漁業監視実施ライン[10]」が合意された。その結果、海底はオーストラリア、海面までの海水域はインドネシアに帰属する広い区域が生まれた。一九九七年には両国は「海域条約[11]」でインド洋にかけての大陸棚とＥＥＺに合意したものの、未批准のままで画定にいたっていない区域がある。

ティモール島の南部の油田・ガス田があるティモール・ギャップと呼ばれた海域では、一九八九年にオーストラリアとインドネシアの間で共同開発地域と地域内での配分比率が決められた。東ティモールの独立（二〇〇二年）を受けて、豪政府は当国との開発協定に合意、二〇一八年には両国の海洋境界が画定して、ガス田開発による収入配分が決められた（図3）。

こうした「境界」策定の基盤となる国際海洋法は、陸地中心主義で「沿岸国家によって決められた領域的主権国家体制に追随するものにすぎない」と松本は指摘する[12]。つまり、策定された「境界」は主権国家の国境の延長であって、人びとの生活に基づく空間という発想は無い。

しかし当該海域では、遅くとも一七世紀初頭から、インドネシア諸島の漁民たちが漁を

（9） Agreement Establishing Certain Seabed Boundaries
（10） Provisional Fisheries Surveillance and Enforcement Arrangement Line
（11） Australia-Indonesia Maritime Delimitation Treaty
（12） 松本（二〇一六）二八八頁

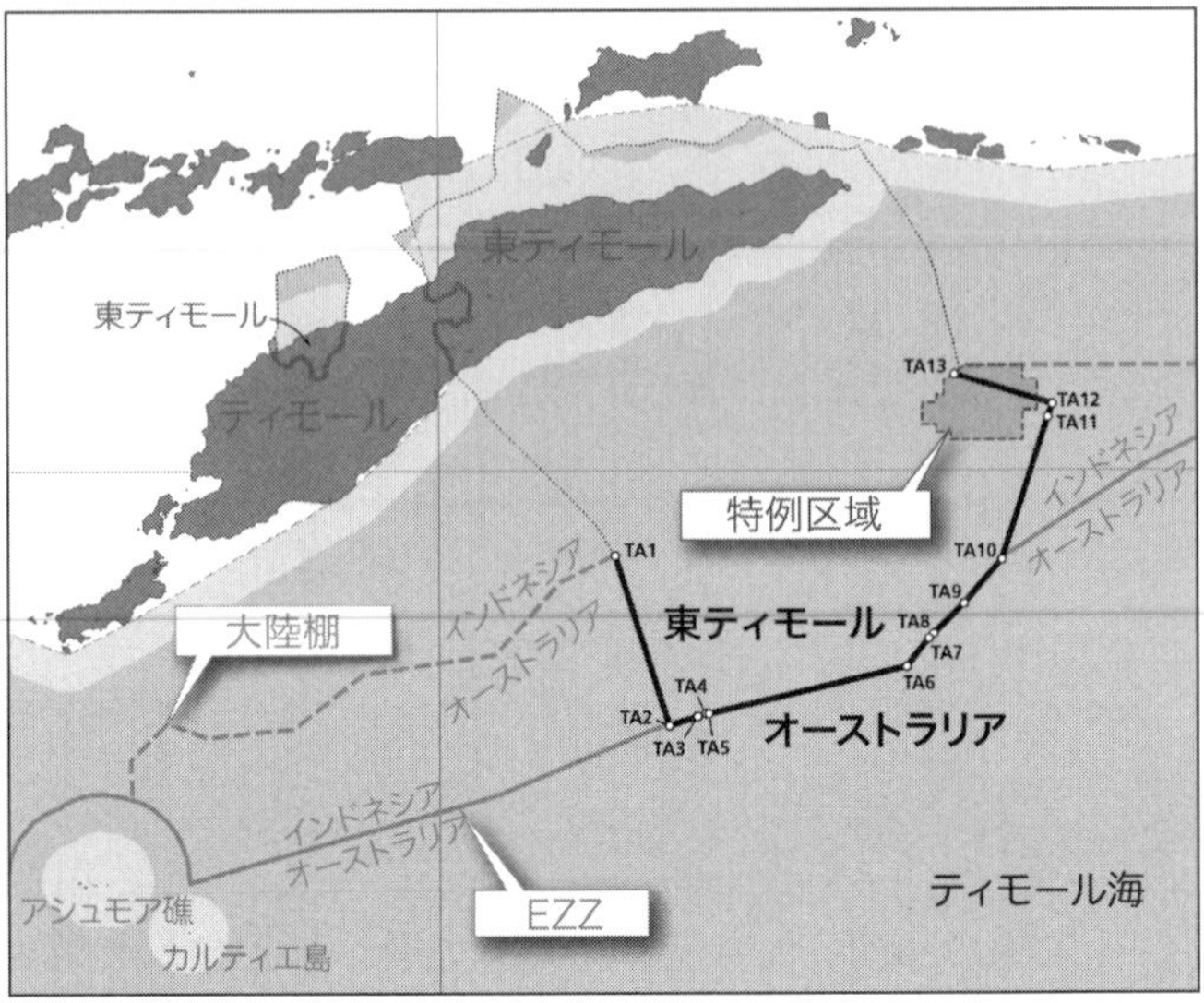

図3　オーストラリア―東ティモールの海洋境界（ティモール・ギャップ）
（Sovereign Limits, 'Australia–Timor-Leste Maritime Boundary Brief' をもとに筆者作成）

して、ナマコ・真珠貝・高瀬貝・鮑・海亀・フカヒレなどの希少海産物は、中国を中心とした交易ネットワークで取引されていた。豪北部の沿岸でナマコ漁をしていたマカッサン[13]とアボリジニの人たちとの交易があったことは良く知られている。[14]

インドネシアとの間の管理海域策定のためのプロセスで、豪政府は一九七四年にインドネシア政府と覚書を交わし、この海域を伝統的な漁場としてきたインドネシアの漁民に対して、豪側の管理水域内の特定区域での漁を認める特例を設けた。[15]さらに両国が二〇〇カイリの経済水域を宣言して暫定的な漁業監視ラインを設けた後の一九八九年には、新たなガイドラインとともに、伝統的漁法のみを認める約五万平方キロメートルに渡る海域が設定された。インドネシアとの覚書（Memorandum of Understanding）によって定められたので、「覚書区域（MoU Box）」と呼ばれている[16]（図4-1、4-2）。

（13）　スラウエシ島のマカッサル出身の漁民で、豪北部沿岸のキンバリーやアーネムランドで主にナマコ漁を行っていた。マカッサル人、バジャウ人、ブギス人、ブトン人、マドゥラ人など複数の民族から構成されていたと考えられている。

（14）　村井（二〇一六）、長津（二〇一九）、長津（二〇二一）

（15）　一九六八年にオーストラリアが漁業水域を三カイリから一二カイリに延長した時に、アシュモア礁、カルティエ島、セリンガパタム礁、ブラウズ島、アデル島は、インドネシア漁民の伝統的かつ自給のための漁に限って認めるという通告を出した。一九七四年にはインドネシアと覚書を交わし、上記アデル島を除く海域での漁を認めた。ウミガメ漁は全面禁止となった［鎌田（二〇一七）］。

（16）　覚書の正式名称は「オーストラリアとインドネシア共和国政府によるオーストラリアの排他的漁業区域および大陸棚におけるインドネシアの伝統的漁民の漁に関する覚書」

この措置によって、制限付きではあるが、インドネシアの漁民は伝統的な生業の場を維持することができた。同時に、新たな「境界」の策定によって、彼らは「越境」活動を強いられることになったのである（第4章参照）。

図4-1　アシュモア礁周辺海域

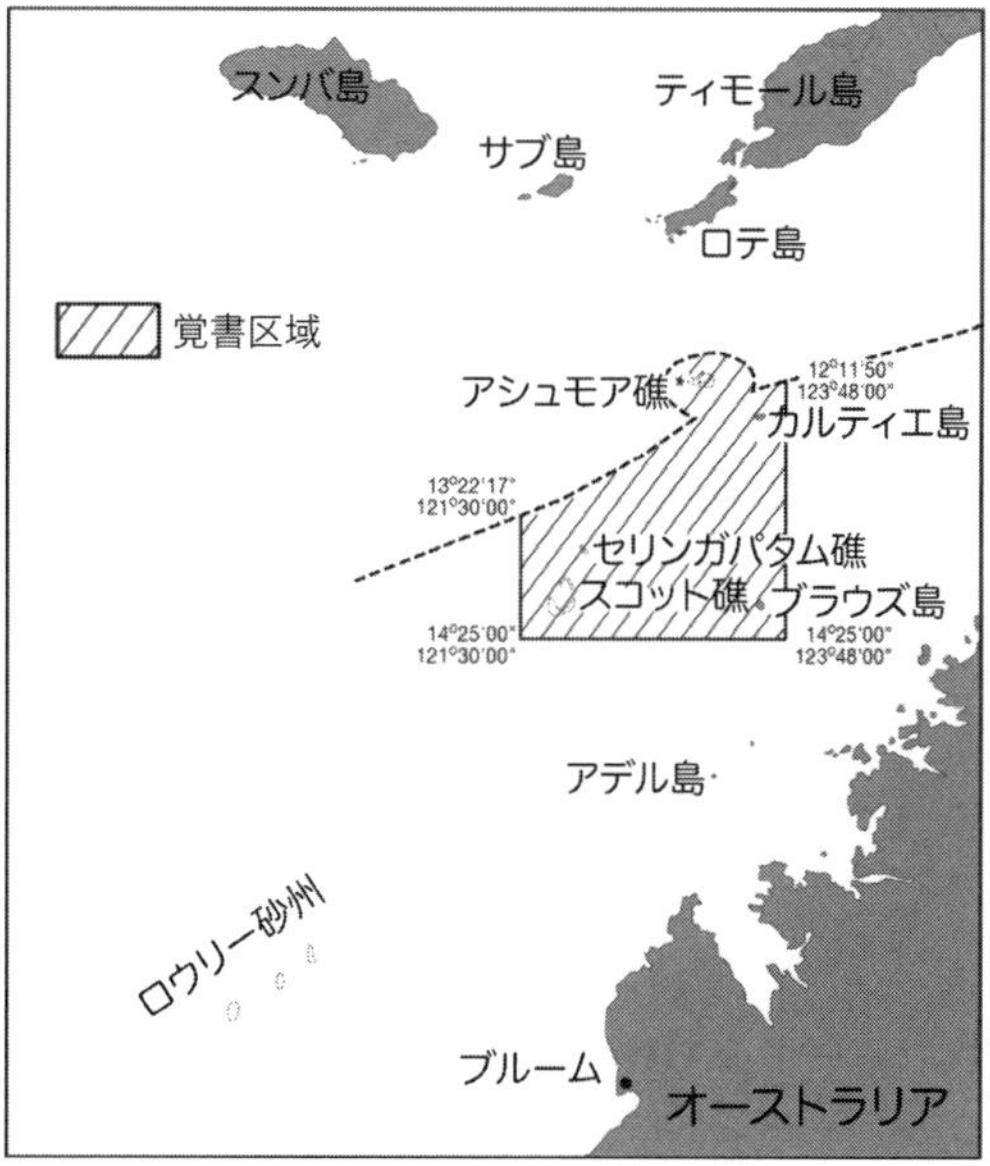

図4-2　覚書区域 (MoU Box)

〔CartoGIS, Australian National University 'Seabed boundaries off the northwest coast of Australia' (http://asiapacific.anu.edu.au/maponline) をもとに筆者作成〕

2　生業の海の分断

本書でも松本や長津が論じるように（第3章、第4章参照）、海を生活や生業の場としている人びとがいて、海にも、諸集団間の社会的境界に基づく空間の「境目」が複層的に存在する。こうした相互作用から生まれる「境目」は開放的で、人々の頻繁な往来を生む。インドネシア諸島とオーストラリア大陸の間の海で、かつて「東南アジアとオーストラリアはつながっていた」[17]のである。

インドネシアの漁民とオーストラリア先住民の交易が絶たれたのは、一つには、先住民がオーストラリアの植民地・連邦／州政府の「保護」の対象となって、外部集団との接触が制限されたこと、もう一つは、白豪主義政策によってアジア人の上陸に対する管理体制が作られたことによる。一九〇七年には、サウスオーストラリア州が、ノーザンテリトリー沿岸での外国人による漁を禁止した[18]。

それでも、豪北部海域でのインドネシア漁民による小規模な漁は続けられた。各州が沿岸漁業の管轄権を持ったものの、大陸南部に位置する行政府は予算も装備もなく、人口が希薄な北部海岸の「辺境」の監視は不可能だったからである。たとえば、ナマコの漁場で現在「覚書区域」に含まれるアシュモア礁は、ティモール島の西南端にあるロテ島から約一四〇キロメートルに位置していて、豪側からは三二〇キロメートルである。しかも英国からオーストラリアに管轄権が移譲されたのは一九三三年だ[19]。豪北部海域での主要産業と

(17)　村井（二〇一六）一四頁

(18)　ノーザンテリトリーはサウスオーストラリア植民地の一部で、連邦結成後の一九一一年にサウスオーストラリア州から連邦に管轄権が移譲された。ノーザンテリトリーの自治政府が承認されて準州となったのは一九七八年である。

(19)　英国からはウェスタンオーストラリア州に管轄権が移譲されたのだが、一九三八年に当州が連邦政府に管轄権を移譲、その結果、連邦の直轄地であったノーザンテリトリーに組み込まれた。

図5　ロテ島の伝統的な帆船（筆者撮影、2015年8月）

位置付けられていた真珠貝漁に関しては、州・連邦政府とともに沖合での外国漁船（主に日本船）の操業やアジア系労働者の入国に神経を尖らせていたが、インドネシア漁船に対しては、さして関心を払わなかった（図5）。

前述の「覚書区域」は、豪政府がインドネシア漁民の生業活動に譲歩した結果だといえる。それではなぜ、そうした譲歩をしたのか。

一つには、インドネシア漁民の活動が、小規模で自給自足的な生業活動であるという豪側の誤解があったからである。[20] オーストラリアの国家形成とともに「有色人」の入国や上陸数は激減したが、それ以前は、毎年二〇〇〇人を超えるマカッサンが豪北部沿岸でナマコ漁と加工をしていたといわれる。ナマコはマカッサルに持ち帰られ、交易ルートにのって中国へと輸出された。交易品には、真珠や高瀬貝やべっ甲やフカヒレなどの海産物も含まれていただろう。[21] 二つめは、一九七〇年代は豪国内で先住民の土地権運動が高まり、先住者の「伝統的」な権利が認知されつつあったからである。オーストラリアの管理海域拡大によって、伝統的漁場を奪われることになったインドネシア漁民に対する倫理的対処の必要性が感じられていたといえる。

とはいえ、海に引かれた境界線は、入域可能な人びととその活動内容を選別するもので

(20) Campbell and Wilson (1993) p.35.

(21) 村井（二〇一六）三七頁

あった。海面から海底に至る境界線を「越境」するインドネシアの漁民には、豪政府が一方的に定めたルールに従った活動のみが許されたのである。

3　ボートピープルを阻む海の壁

豪連邦政府が、北部海域での外国船の違法操業の取締りに乗り出したのは、インドネシアと覚書を交わした一九七四年以降である。連邦政府は海軍と空軍を投入して毎月の巡視を開始し、初年度には、ウェスタンオーストラリア州北西部の海域で四〇〇隻の台湾及びインドネシア漁船が目撃された[23]。特にキンバリー沖の岩礁や砂州での高瀬貝漁やフカヒレ漁が問題視されて、インドネシア漁船に「侵略」されているようだと連邦議会で報告され、政府はこの問題に対処することを決定した[24]。

小さな漁船による違法操業を「侵略」とは大袈裟な表現だが、二〇〇〇年代以降のボートピープルに対する強硬な諸策（第8章、第9章参照）に通底する言説である。

オーストラリア国家建設の歴史において、「北」は常に脅威と不安の元凶だった[25]。英国本国から遠く離れた島大陸の北にあったのは、文化的に異質なアジアであり、人口の大きい中国からは貧しい移民が流れ込んで、植民地社会の調和的発展を乱すと考えられた。また、日露戦争以降の大日本帝国の拡大は、軍事的な脅威であった。第一次大戦後の日本による赤道以北のドイツ領の獲得、太平洋戦争期の東南アジア地域の占領と、ダーウィン空襲やニューギニア島や周辺の島々での激戦など、「北からの脅威」は戦争で現実となった。

（22）オーストラリアでは、土地や領海内の海域は州に帰属するので、連邦行政府は沿岸警備機関を持たなかった。

（23）豪管理水域で操業が認められていたのは、特定区域でのインドネシア漁民による伝統的漁と、アラフラ海での日本（一九五九－六三年）と台湾（一九七五－九〇年）のトロール船のみである。

（24）Campbell and Wilson（1993）pp.36-39.

（25）Fitzpatrick（1997），Walker（1999），Burke（2008）

二〇世紀半ば以降は、マレー半島やインドシナ半島での共産主義の脅威が出現した。また、西パプアや東ティモールに対する膨張主義的政策をとるインドネシアとマレーシアの対立も、「北」の脅威と不安を掻き立てるものであった。

このようにオーストラリアでは、国外からの侵略と国内の調和を乱す可能性のある者を排除することで、植民者が築いた豊かで民主主義的な社会の発展を希求してきた。そして人口が希薄な豪大陸北部は、無防備な「空白地域（empty north）」と認識された。つまり、北の海岸線を侵略から守る国防政策と、異質な人びとを排除する移民政策は、オーストラリア国家の安全保障にとっての二本柱であったといえる。

したがって、境界を侵害するインドネシア漁民の違法操業は、この脅威に対する不安――脅威のエートス――に合致するものだった[26]。豪政府は管理水域の監視を強化し、違法操業の漁船に対しては、漁獲物や漁具・漁船の押収と廃棄・焼却処分、船長や乗組員に対する罰金や収監措置など、より強硬な措置をとるようになった。一九八七年には沿岸監視局が設立され、税関・漁業管理局・豪軍の協働体制が組織され、一九九九年には豪税関・国境警備局が、二〇一五年には豪国境警備隊が創設された[27]。

沿岸管理体制の拡充に伴って、拿捕される違法操業船の数も増えていった。一九八六年度には一五隻のインドネシア漁船を拿捕、二五七人を強制送還し、一九八八年度には四二隻を、一九八九年度には六〇隻の違法操業を発見している。沿岸監視能力の増強は、「不審船」の発見にも功を奏した。一九八八年度にはベトナム難民を乗せた三隻の船を、一九九〇年度には四隻の難民船と一五五人を収容し、七一隻の違法操業船を拿捕して六四七人の漁民を強制送還した[28]。漁船の違法操業を管理するための境界は、密航船を阻止する境界

(26) Fitzpatrick (1997) pp.98–99. 飯笹（二〇一六）二六六頁

(27) 連邦成立以降オーストラリアの税関（Customs Office）は税関業務だけでなく出入国管理も管轄し、ヒトとモノの出入国の管理をしてきた。沿岸監視制度の拡充とともに、一九九九年には税関職員が武器を携帯することが可能になり、二〇一五年には豪国境警備隊に統合された。豪国境警備隊は連邦法の執行機関として、密輸摘発を含む国境取締、コンプライアンス、捜査、入国管理業務、拘留業務、税関業務を担当し、現在は内務省に属している。

(28) ACS (1987–1992)

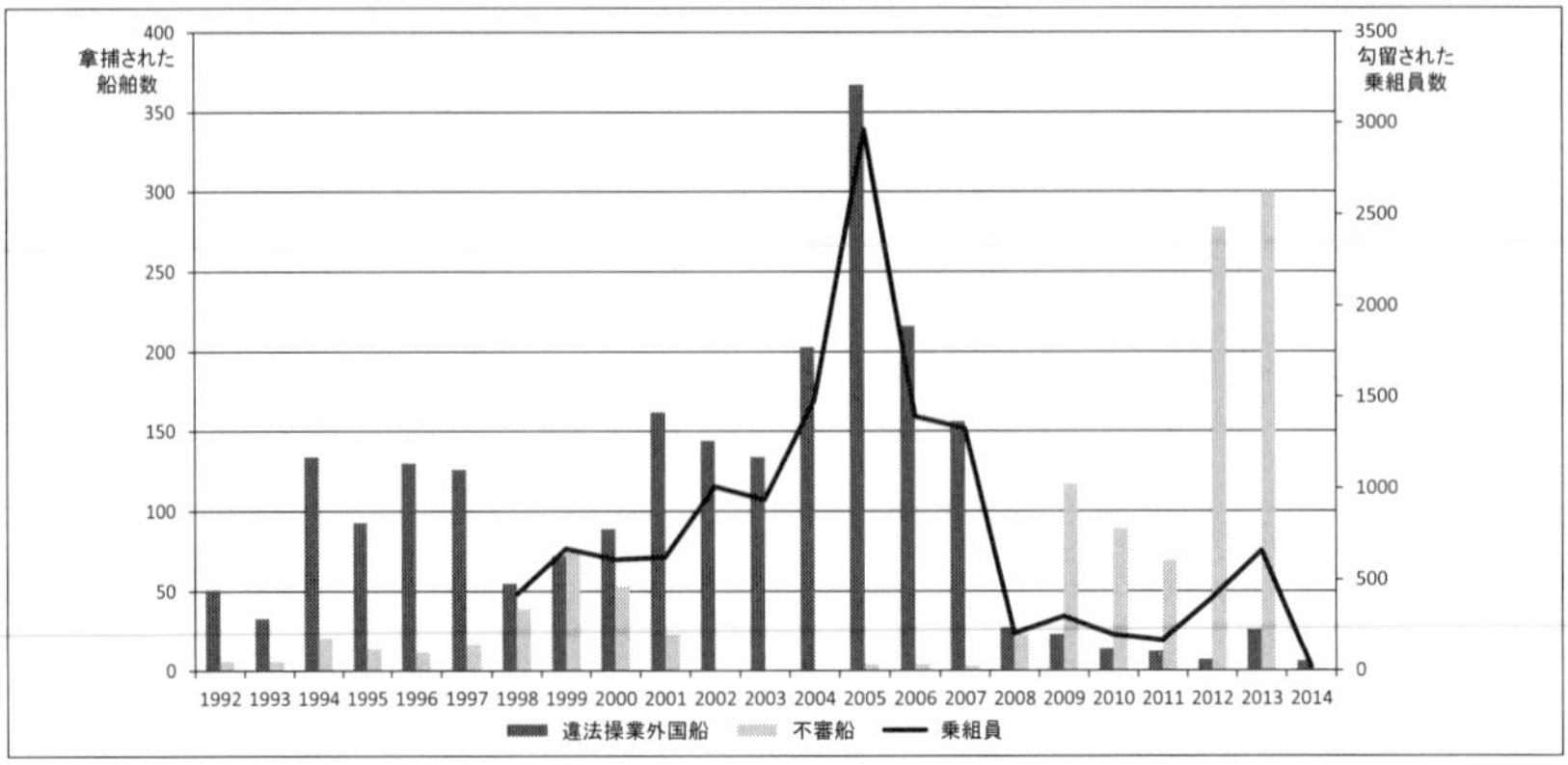

図6　豪管理水域内で拿捕された違法操業外国船・不審船数および勾留された乗組員数
（ACS, *Annual Report* および AFMA, *Annual Report* より筆者作成）

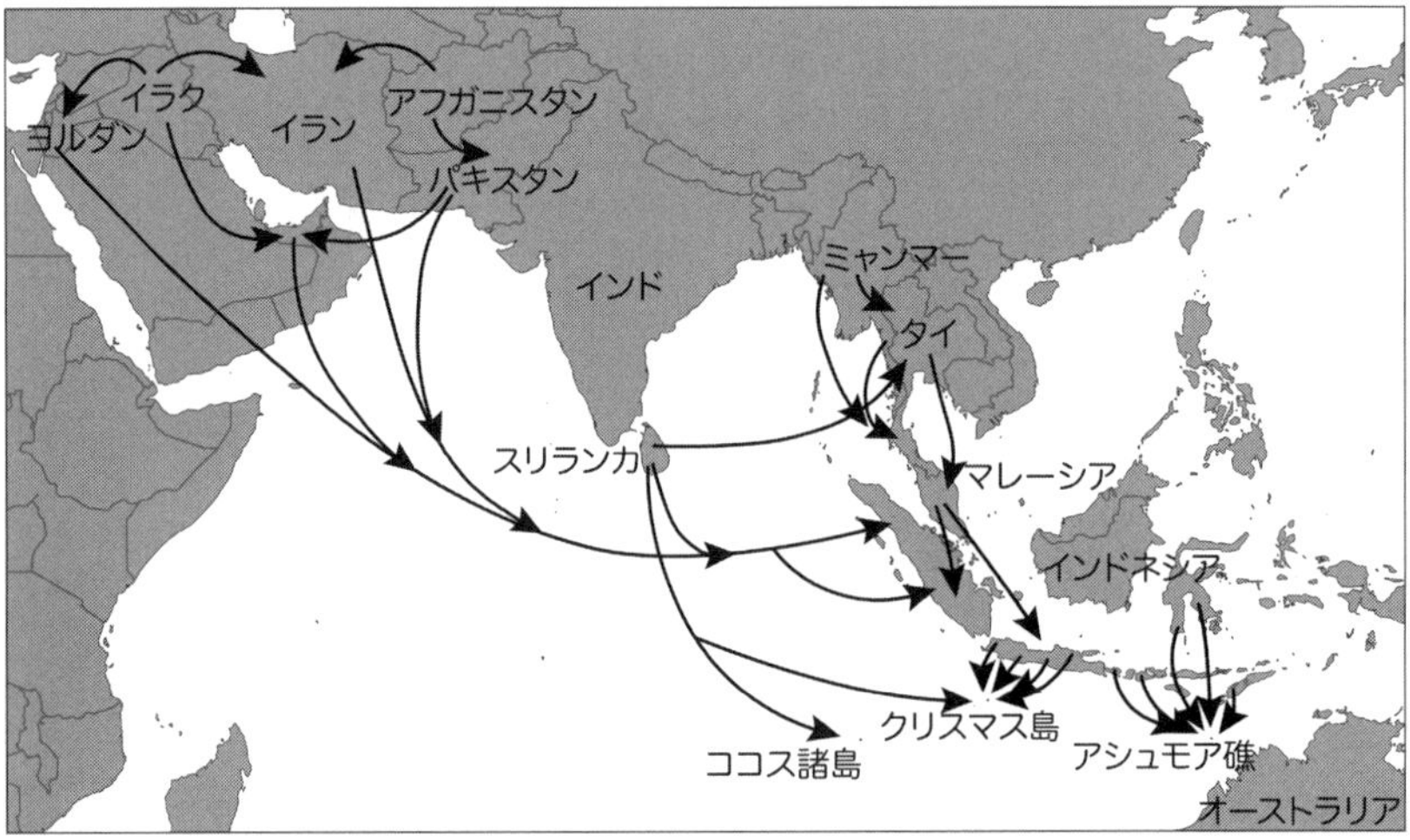

図7　オーストラリアへ向かうボートピープルのルート
（UNODC, 'Migrant Smuggling to Australia and Canada by Sea' in *Transnational Organized Crime in East Asia and the Pacific A Threat Assessment*, 2013, p.43. をもとに筆者作成）

としても機能することになったのである。同時に、インドネシア漁民の「ボートピープル移送者」としての越境活動が監視の対象となっていった（図6、図7）。

豪政府による管理体制の厳格化は、この海域を漁場としていたインドネシア漁民の生活に打撃を与えた。一般的にインドネシアの漁師たちは船主から船を借りて、漁獲物の売上から借船料や漁具・燃料費などを支払うので、拿捕・収監された漁師は大きな借金を背負うことになった。また船や漁獲物の押収や焼却処分によって、船主も大きな打撃を被った。「覚書区域」を漁場としてきたロテ島のある漁村では、二〇〇〇年には一〇〇隻以上あった帆船が、その後一〇年間で数隻にまで激減した[29]（図8）。

図8　放置されたままの漁船、ロテ島（筆者撮影、2015年8月）

とはいえ、漁場が狭められたり、不漁による経済的困難に陥ったりしても、漁民たちは柔軟な適応力を示してきた。都市に出る若い人たちもあれば、監視の目をかいくぐって違法操業をしたり、エンジン付きの小型ボートを購入して沿岸で商品価値の高い魚を獲ったり、あるいは、アガルアガルの養殖に転向する人たちもいた。

こうした中で、一九九〇年代中頃から顕著になったオーストラリアを目指す難民[30]の増加とその移送は、苦境にある漁民にとって「商機」となった。密航幇助が罪になることは承知していても、

（29）　長津・間瀬（二〇二一）八五—八九頁

（30）　正式には庇護希望者（asylum seekers）であるが、ここではわかりやすくするために「難民」と称する。

図9　豪国境警備隊の巡視船、木曜島（筆者撮影、2018年8月）

その収入は魅力的だったし、もし豪当局に捕まって収監されても、服役中の待遇は人道的であることも知られていた[31]。

他方、豪政府は、一九九〇年代に急増したボートピープルを不法入国者と位置付け、上陸拒否、豪国外での強制収容、国外退去といった徹底したボートピープル対策を制度化していった[32]（第8章参照）。密航船の乗組員に対しても、より厳しい措置をとるようになった。この強硬な政策は、先に述べた「北からの侵略」言説を継承し、かつボートピープルを正式な手順への「列に割り込む人（queue-jumper）」と非難することによって、豪国内世論の支持を得ていた。

二〇一三年には「主権国家の境界作戦」を開始し、オーストラリアに向かう不審船を拿捕して、インドネシア側に追い返す措置をとり、密航者が通り抜けられない「壁」を海上に設置したのである。さらに豪政府は、衛星通信技術を駆使した監視網を構築し、インドネシア当局との協力関係を強化して、ますます強固な「壁」を築きつつある。二〇一八年からは、インドネシア側からは沿岸警備隊が、豪側は豪国境警備隊と漁業管理庁が参加して、両国の管理水域が接する海域で合同での巡視作戦を行っている[33]（図9）。

それだけではない。本書の第9章で論じられているように、豪政府は密航予備軍を国内

（31）　長津・間瀬（二〇二一）八九–九四頁

（32）　飯笹（二〇一六）

（33）　Australian Border Force 'Indonesia and Australia conclude joint management operation', September 30, 2022.

で収容するようインドネシア政府に働きかけて、インドネシアをボートピープルのトランジット・ゾーンから、海上の境界までの緩衝地域へと転換させた（第9章参照）。密航者を阻止するためのオーストラリアの「壁」は、インドネシア国内にまでも前進したのである。共産主義勢力の自国への侵入を未然に防ぐために、英領マラヤや南ベトナムに派兵した「前進防衛戦略」を彷彿させる。

現在もオーストラリアは、ボートピープルに対して完全に国境を閉ざした政策を続けている。密航者を阻止する堅固な壁はインド洋にも及び、スリランカからのボートピープルを発見して送還するために、スリランカ海軍や沿岸警備隊との協力関係も強化されている。[34]

おわりに——海洋安全保障と周縁化される移動者たち

今日のオーストラリアでは、同国の非軍事的な海洋安全保障戦略の重点分野として、違法漁業・難民移送・違法薬物の密輸の取締りと、これらの監視活動での国際協力が挙げられている。[35] これまで述べてきたように、インドネシアとの海域境界の画定のプロセスで、外国船の違法操業とボートピープル移送は「北からの脅威」として同一化され、主権の侵害に関わる安全保障問題として対処されてきた。豪政府は、インドネシア漁民や密航者の侵入を防ぐために海上に「壁」を築き、インドネシアの内政まで介入した。

ところが昨今は、当該海域の管理をめぐって、インドネシアがリーダーシップをとる状

（34）二〇一〇年代初頭から、スリランカからのボートピープルも顕著になり、特に二〇二二年からの深刻な経済危機で脱出者が急増した。二〇一二年から二二年の一〇年間にスリランカに送還された密航者は計一三一四人に上る［Sri Lanka Navy, Count Human Smuggling, May 10, 2023 (https://news.navy.lk/counter-human-smugling/2023/05/10/202305101015/)］。

（35）Commonwealth of Australia (2021)

（36）正式名称は「人身密輸、人身取引及び関連する越境犯罪に関するバリ・プロセス」で、ＡＳＥＡＮ加

況も生まれている。「バリ・プロセス」と呼ばれる不法移民や人身密輸などの越境犯罪に対する地域協力の枠組み[36]は、二〇〇二年に豪政府の主導で始まったものであるが、インドネシアが独自の関与を始めている[37]。また、「違法・無報告・無規制（ＩＵＵ）漁業」に対しても、豪政府以上に厳しい措置をとっている。ジョコ・ウィドド現大統領は、海洋国家ビジョンを掲げて海洋経済重視の姿勢を示しており、ＩＵＵ漁業対策は、自国の海洋資源に対する主権行使を具現化するものだからだ。したがって両国が隣接する海域での、豪側による外国船の違法操業[38]の取締りは、インドネシアにとって歓迎すべきことだといえる。

前述の豪・インドネシア当局の合同巡視作戦は、こうした両国が共有する海洋安全保障への関心に基づいて、「海洋協力の行動計画[39]」（二〇一八年署名）で発表された活動の一つである。行動計画には、両国の海軍、沿岸警備当局、研究機関といった複数の組織が共同で行う具体的な協力活動がリストアップされた。さらに両国は、二〇二二年、ティモール海とアラフラ海でのＩＵＵ漁業根絶のために協力強化を図ることに合意した。二〇二三年の両国の外務・防衛担当閣僚会議の共同声明でも、この協力体制の拡充が発表されている[40]。

東南アジアとオーストラリアを繋ぐ海に、今日では、オーストラリアとインドネシアの協働の成果としてさらに厚い壁が築かれている。この壁のような境界によって、選別された移動者のみの越境が許され、海を生業の場としてきた人たちが共有してきた空間や開放的な「境目」は消滅しつつある。海に生きる人たちは「越境者」となり、彼らが繋いできたその海で周縁化された存在となっている。

盟国や豪州・日本など四五か国およびＩＯＭ（国際移住機関）やＵＮＨＣＲ（国連難民高等弁務官事務所）などの国際機関が参加する地域協力の枠組みである。その他、欧州諸国やカナダや世界銀行などの国・機関がオブザーバーとして参加している。

（37） 飯笹（二〇一八年）

（38） インドネシアは、タイ、マレーシア、台湾、韓国、中国、フィリピン、日本など多数の国に自国の海域での操業を認めているが、ＩＵＵ漁業が横行している。また、漁船の船籍・船主・乗組員の国籍は同一ではなく、特に乗組員は外国で雇われて奴隷的な労働を強いられている場合が多いと指摘されている。

（39） 'Plan of Action for the Joint Declaration on Maritime Cooperation Between the Government of Australia and the Government of the Republic of Indonesia', signed on March 16, 2018.

（40） 'Joint Statement on the Eighth Australia-Indonesia Foreign and Defence Ministers' 2+2 Meeting', February 10, 2023.

［参考文献］
飯笹佐代子「希望を求めて海を渡る―「ボートピープル」になった人びと」および「タンパ号事件とＳＩＥＶＸの悲劇」村井吉敬・内海愛子・飯笹佐代子編著『海境を越える人びと―真珠とナマコとアラフラ海』コモンズ、二〇一六年
飯笹佐代子「オーストラリアのボートピープル政策とバリ・プロセスの展開―難民保護をめぐる攻防―」『国際政治』第一九〇号、二〇一八年
鎌田真弓「アラフラ海の日本人ダイバーたち」前掲書『海境を越える人びと』
鎌田真弓「「境界」を越える人びと―豪北部海域における人の移動と境界管理」『オーストラリア研究』第三〇号、二〇一七年
佐藤百合子「ジョコ・ウィドド政権の基本政策」川村晃一編『新興民主主義大国インドネシア―ユドヨノ政権の10年とジョコウィ大統領の誕生―』アジア経済研究所、二〇一五年
長津一史「タマリンドが語るもう一つのオーストラリア史」鎌田真弓編『大学的オーストラリアガイド―こだわりの歩き方』昭和堂、二〇二一年
長津一史・間瀬朋子「アジアとオーストラリアを繋ぐ人びと―海域世界の視点から―」前掲書『大学的オーストラリアガイド』
松本博之「海域研究への道」前掲書『海境を越える人びと』
村井吉敬「海の民と先住民の交流史」前掲書『海境を越える人びと』
南出眞助「移民の歴史はすべて港から始まった―シドニー、ブリズベン、メルボルン、パース」および「アデレードと沿岸航路」前掲書『大学的オーストラリアガイド』
Australia, Commonwealth of, *Australian Government Civil Maritime Security Strategy: Delivering a secure, healthy and prosperous maritime future*, Belconnen, Department of Home Affairs, 2021.
Australian Customs Service (ACS), *Annual Report*, Canberra, Australian Government Publishing Service, 1986–2008.
Burke, Anthony, *Fear of Security: Australia's Invasion Anxiety*, Melbourne, Cambridge University Press, 2008.
Campbell, Bruce C. and Bu V. E. Wilson, *The Politics of Exclusion: Indonesian Fishing in the Australian Fishing Zone*, Perth, Indian Ocean Centre for Peace Studies, Monograph No. 5, 1993.
Fitzpatrick, John, 'European settler colonialism and national security ideologies in Australian history',

in Richard Leaver and Dave Cox (eds.), *Middling, Meddling, Muddling: Issues in Australian foreign policy*, St Leonards, Allen & Unwin, 1997.
Walker, David, *Anxious Nation: Australia and the Rise of Asia 1850–1939*, St Lucia, University of Queensland Press, 1999.

[Webサイト]
Australian Border Force（豪国境警備隊）： https://www.abf.gov.au
Australian Fisheries Management Authority（AFMA：豪漁業管理庁）： https://www.afma.gov.au
Department of Foreign Affairs and Trade（豪外務貿易省）：https://www.dfat.gov.au
Sri Lanka Navy（スリランカ海軍）： https://news.navy.lk/all-news/

第14章　オーストラリアの児童・ヤングアダルト文学にみる心の境界の克服

加藤めぐみ

はじめに――内なる心の境界

世界各地でこれまでさまざまな人びとの移動と越境が起こってきたなか、一方が決めた境を他方が越え、異なる人びとが出会い、新たな接触が起こると、そこには受容も軋轢も生まれた。往々にして既得権を持つ側が「異質なもの」「他者」に出会うと、それを排除することにより人権侵害や社会問題が引き起こされてきた。人びとの移動と越境が増し様々な他者同士が接している現在、文化の多様性を理解し共生社会を促進するための寛容性が叫ばれているが、それが社会で育まれるどころか、むしろ対立が先鋭化しているようにも見える。この対立が人びとの分断を生み、多くの地域や国で社会問題であり続けている。気候変動のように国境を境にして語れない問題とは異なり、人の接触は絶えず他者と自分を隔てる境界が問題となっている。

二〇世紀の終わりに哲学者のマーサ・ヌスバウムは、この他者への理解と寛容をはぐくむため、教育による「人間性の涵養」を主張した。ヌスバウムが主張する人間性、すなわち他者への共感力のある者とは、自身やその歴史・伝統を客観的に見ることができ、その帰属する地域や国のアイデンティティだけでなく他の地域の人びとに対しても同じ人類としての関心を持ち、さらに他者の物語を知的に理解することができる「ナラティブ・イマジネーション」を持つ者だ。そのような、自分と異なる他者に目を向け共感できる力を持つ「世界市民」を育てるためには、高等教育における一般教養教育の重要性と拡大が必要であるという[1]。

人類学者の山極壽一によれば、もともと共感力は一五〇人程度の集団で作用する顔見知りの仲間意識だという[2]。だが今や世界のグローバル化・ボーダーレス化により、それよりずっと多くの個人及び集団としての他者の物語を理解し共感しなければ社会的に共存することが難しい。すでにＩＴなど技術の進化によって他言語の壁を超えたり他者の背景を知ったりする手段は容易に手に入るはずなのに、そのような共存社会の実現は程遠い状況だ。これまで私たちは自分たちの物語を創り他者との差異化の手段としてきた。分断を乗り越え共感を生む必要に迫られている私たちは、物語をどのように捉えればよいだろうか。

ヌスバウムが『人間性の涵養』で主張したのは「共感力」を高めるための思想やカリキュラムをいかに大学教育に取り入れるか、ということだった。しかし高等教育を受ける社会の一部の人間だけに「人間性涵養の教育」を授けるだけでは、社会全般の大きな変化は望めない。本書のコラム12では、先に来た移民が後から来たものへの共感を育めず、不安と恐怖にとらわれて排他的になっていく作品を取り上げた。このような心の境界はいったん定着してしまえば取り除くのは難しい。もっと早期に、もっと広範囲に「共感力」を高めるような教育や方策が必要なのではないだろうか。これについて、幼少時に触れる物語や

（1）Nussbaum（1997）pp.1–14.

（2）山極壽一（二〇二三）

その読書体験が大きな役割を果たすのではないか。

オーストラリアでは、「他者」に向き合うことをテーマにした児童文学やヤングアダルト文学が多く書かれている。これは、若者が先入観や偏見に囚われる前に、異なる人びとを読者の視野に入れるとともに、身近には見えていない社会問題に触れ、さらには境界の内側にいる自分たち自身を問い直す試みになると考えられる。他者との心の境界を超える機会を若いうちに得るには、実際に「他者」と交流し理解することも大事であろう。さらに物語とは、読者の想像力を掻き立て、自分たち対彼らという二項対立的な認識を脱構築し、他者理解と寛容性を引き出す力を持っているのではないか。

オーストラリアの児童文学では、ブッシュ（オーストラリアの叢林、奥地）の動物や先住民の神話から借りた精霊の物語を除けば、主人公がヨーロッパ系であることが多かった。植民地開拓以降、書き手も読み手もイギリスやアイルランド系をはじめとするヨーロッパ系が中心の時代が長かった。だが近年では、移民や難民の子どもたちを主人公に据えて、その背景やオーストラリア主流社会との関わりを問う作品が増えてきている。そしてそれはマジョリティのオーストラリア人自身の背景も問い直すことに繋がっている。

本章ではそのような例として、移民・難民当事者の物語及び近年のオーストラリア児童文学、ヤングアダルト文学が貢献している他者理解について考察したい。

1　難民の子どもたちの声

保護者に連れられて新たな国に移動した移民や難民の子どもたちは、自らの選択で移動したわけではなく、環境の変化のなかでそのアイデンティティの揺らぎに苦労するだろうことが想像できる。さらに自分たちの葛藤だけでなく、新しい状況のなかでの周囲との摩擦や無理解に苦しむ場合もあるだろう。一方、子どもならではの適応力も発揮できるかも知れない。自らの物語を語ることは、自分の来し方とこれからを見つめる機会になるという例が、スーダン難民の子どもたちによる絵本『ロバは飛行機に乗れないの―オーストラリアに住むスーダン難民の子どもたちのサバイバル・ストーリー』だ。本書ではヴィクトリア州トララルゴンに住むスーダン人コミュニティの子どもたちによって、アフリカからオーストラリアに来るまでの二五編の経験が語られる。この物語と挿絵を集めたのはトララルゴンの小学校で児童支援の職員をしているシャロン・サンディーだった。スーダン難民の子どもたちが学校に定着できるよう支援していくなかで、サンディーは子どもたちが驚くべき物語を内包していることに気づき、それを収集し始めた(3)。

オーストラリアへのスーダン難民はひところ急激に増加した。オーストラリアは二〇〇一年までに、八〇〇〇人以上のスーダン難民を特別人道ビザなどによって受け入れている。多くのスーダン難民は故郷での逆境によりトラウマを抱え、さらに受け入れ先のオーストラリアへの知識もほとんどないまま移動してきているので、地域社会への定住に大きな困

（3）Hudson（2014）

難を抱えることになった。カーラ・ミルナーとニガール・カワジャによれば、異文化圏での定住を成功させるためには「文化適応（acculturation）」が必要であり、これにはホスト社会と新しくやってきた人びとの交流を継続的に行わなければならない。また移動してきた人びとは、自らの背景となる価値観を再検討し、ホスト社会の文化への統合の過程でそれを修正する必要があるという。まずは自らを振り返ることから始まるのであり、それを発信し、ホスト社会の理解を得ながらも自らもホスト社会との折り合いをつけなければならないのだ(4)。

これを子どもたちのレベルから始めたのが、本書を出版したNPO主宰の出版社キッズ・オウン・パブリッシャーだ。本書の表題はサンディ・ガラングという七歳の少女の「スティーブン・ザ・ドンキー」という物語からきている。ケニヤのカクマ難民キャンプで生まれたサンディとその家族は、飢えに悩まされるなどキャンプで不自由な生活を送るが、ロバのスティーブンが救いだった。自給自足のキャンプで畑を作るための水の運搬をするスティーブンは、家族だけでなく周りの人びとの生活を大いに助けていた。サンディの家族のオーストラリアへの受け入れが決まったとき、「ロバ

図1　*Donkeys Can't Fly on Planes*, Kids' Own Publishing, 2012

（4） Milner and Khawaja (2010) p.19.

は飛行機に乗れない」ので、家族はスティーブンを後に残さなければならなかった。そのときのサンディの悲しみも、後に残したキャンプの人びとをスティーブンが助けていることを考えると癒されるのだ。

その後、この出版社は『ロバは飛行機に乗れないの』をはじめとして二〇一二年から二〇二一年にかけてスーダン難民の子どもたちとその親の物語を四作にわたって刊行している。二作目の『私の世界で―南スーダンの父母からオーストラリアに住む子どもたちへの物語』以降は、子どもたちだけでなく、子どもたちに影響されて大人たちが語り始めた自らの物語を収集している。中には、いわゆる「ロスト・ボーイズ」と呼ばれる、第二次スーダン内戦で孤児になり避難生活を送ったアブラハム・マルクのような人もいる。マルクは一二歳で家を追われ、ケニヤのキャンプで一六年もの長い期間を過ごしたあと、難民とし

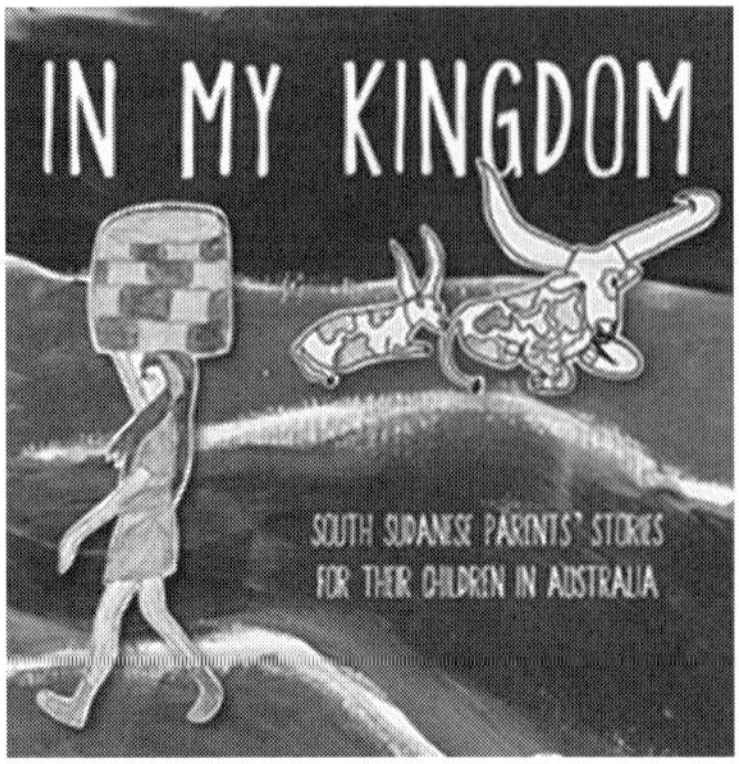

図2 *In My Kingdom*, Kids' Own Publishing, 2014

図3 *All the Way Home*, Kids' Own Publishing, 2015

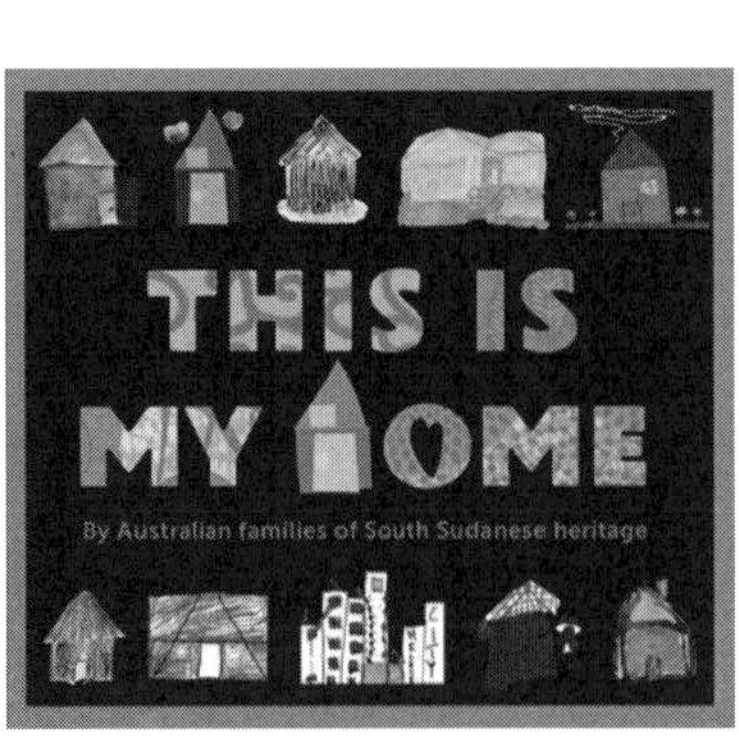

図4 *This is My Home*, Kids' Own Publishing, 2021

てオーストラリアに渡った。マルクは「自分たちの物語を伝えることで、子どもたちは故郷スーダンの生活と文化を知ることができる・・・紛争と混乱によって突然絶たれた子ども時代を語るのは、自分自身だけでなく、周囲の人びとにその来歴をよく理解してもらう助けになった」と述べている。(5)

難民の物語の収集は子どもに限らない。例えばオーストラリア政府移民省の職員だったアン＝マリー・ジョーデンスは、当時の多文化省の依頼を受けて難民とその家族のオーラル・ヒストリーを記録している。当事者と支援者のインタビューで構成した書籍『希望―オーストラリアに来た難民と支援者の語り』（第5部参照）には、第二次大戦後から二一世紀初頭までにオーストラリアに逃れてきたさまざまな出自の難民の経験が語られている。そういった当事者の物語はとても貴重であるが、一方で当事者だからこそ語れなかったり、一面的になってしまったりする場合もあるかも知れない。難民の物語を包括的、俯瞰的に語り伝えるには、実はフィクションという方法も有益ではないか。映画監督のピーター・ランデズマンは、ドキュメンタリー映画と劇映画の違いについて「ドキュメンタリーは記録映像と検証可能な事実に限られる。そうした縛りから解放されて対象の本質により迫れるのは劇映画だと考えている」という。(6) 劇映画のように、フィクションは作り事として批判を浴びたり、語り手の正統性を問われたりする。だがランデズマンが述べているように、当事者語りでは語りきれない何かがフィクションの作品にはあり、語られなかったことを補うような本質に迫る要素があるのではないか。本章では次に、オーストラリアの児童文学やヤングアダルトのフィクションに見る難民の物語について考察したい。

（5） Bell (2015)

（6） 境分（二〇一八）五四頁

2　境界を超えるヤングアダルト作品

ここから取り上げるのは、ジャッキー・フレンチの『避難場所』[7]、ザナ・フレイロウの『骨の雀』[8]、クレア・アトキンスの『私たちのあいだに』[9]のヤングアダルト小説三作品だ（いずれも邦訳なし）。オーストラリアでは、教育は州の管轄だったが、二〇一四年に国にまたがる新しいカリキュラムが導入された[10]。そこには「英語」（すなわち国語）の指導要領も書かれているが、教材については日本のような検定教科書はなく、何を読むかは教師の裁量に任されている。そこで出版社や教員組織が、文学作品を教室でどのように扱うかの教案を公開で提供していることが多い。この三作についても幾つかの教案があり、教材として取り上げやすくなっている。

（7）French (2013)

（8）Fraillow (2016)

（9）Atkins (2018)

（10）Australian Curriculum Assessment and Reporting Authority. https://www.acara.edu.au/（二〇二三年五月二八日アクセス）

『避難場所』

『避難場所』の作者ジャッキー・フレンチはベテランの児童文学作家で、その多くの作品が児童文学の賞を受賞し教材にも広く使われている。本書も二〇一四年のクインズランド州文学賞の児童部門賞を受賞している。本書は様々な出自の登場人物が、それぞれオーストラリアを目指すなかで時間や場所を超えて「避難場所」で出会うという物語だ。一四歳の主人公ファルシは、医師の父が当局に捕らわれてから祖母ジャッダ（ウルドゥ語で祖母を意味する）とオーストラリアへ逃れようとする。だがインドネシアから乗った船が難破、波間で気を失う。目が覚めたところは時空を超えたオーストラリアの黄金の浜辺だった。そこで過去から現在までにわたる移民・難民の子どもたちや先住民の若者に遭遇する。彼らは入植者に追われた先住民の若者、貧困を逃れてきたアイルランドの子、アウシュヴィッツを経たユダヤ難民の子、祖国での迫害を逃れたアフガン人、スーダン人の子どもや若者など、時代も背景もさまざまだった。彼らもそれぞれ夢見たオーストラリアという「避難場所」に行き着いていた。彼らは「黄金の浜辺」で皆が参加できるボールゲームに興じながら、それぞれが浜辺にたどり着いた理由を語り、その立場を理解し、新天地に夢見た希望を知る。「黄金の浜辺」は永遠の避難場所なのだが、皆、荒波や危険が迫る現実に戻ることを決意して各々の時代や状況に戻っていく。本作はこういった人びとがオーストラリアの歴史と社会を作る一員となっていること、オーストラリアが複合社会になった経緯があることへの気づきを読者にもたらしている。

図5　*Refuge*, Angus & Robertson, 2013

　作者フレンチは本作の意図として「オーストラリアは六万年も前から人びとが船に乗って次々とやって来ることからできた国。彼らが辿り着く浜辺は『大地と海が出会い、無限の可能性が秘められた場所』であることを伝えようとした」という。理想の避難場所で彼らが興じるボールゲームは、あらゆる老若男女がその背景、人種、言語が違っても自由に参加できる「オーストラリア的」な遊戯として描かれ、その平等性のメタファーとなっている。さらにフレンチは「オーストラリアはその多様性によって力があり、新しい人々の到着は希望的観測と展望をもたらしているのであり、船はこれからもやって来る。長期的に、現実的に、人道的に対応すべき」というメッセージを本作に込めたという。[(11)] 本作に登場する子どもたちの一部には、実際にオーストラリアにやってきた過去や現在の移民・難民を投影させている。幻の「避難場所」を舞台にしたファンタジー的なフィクションながら、史実を織り交ぜた作品であるところに現実味があり、若い読者にオーストラリアの社会史、移民史への興味を掻き立てている。

（11）　Jackie French ホームページ、https://www.jackiefrench.com/refuge（二〇二三年三月二日アクセス）

『骨の雀』

ザナ・フレイロウの『骨の雀』（二〇一六）は、オーストラリアの移民・難民収容所の収容長期化が、子どもにいかなる影響を及ぼしているか、またその子どもたちに希望はあるかを問う作品だ。語り手の主人公は　ビルマから逃れたロヒンギャ・ムスリムの九歳の少年サブヒで、母と姉クィーニィと共に収容所で暮らす。収容所で生まれたサブヒは、収容所と外界を隔てる鉄条網に囲まれたまま外の世界を知らずに育っている。

その収容所の暮らしが子どもにとっていかなるものであるか、本書では細かく語られていく。身長を測るのは鉄条網の金網のダイアモンド型の数。いつも食べ物が不足していて、そこに虫や人の歯が混ざっていることもある。「ゲスト」特に「人権活動家」の視察時は食事がいつもより良い。靴が足りず多くの収容者が裸足で歩いている。収容所職員には共感や同情心など皆無で、少しでも人間的な職員は長続きしない。これらのエピソードは著者が後書きで述べているように、実際に民間委託の収容所で経費削減と効率を上げる運営がされていることを明らかにしている。

アムネスティ・インターナショナルは「人権について考えるためのフィクション」として教案も含めて本書を紹介している[12]。確かにこの作品には、世界中で収容されている難民の人権侵害にあたる事例が描かれている。先に述べたような物資の不足や劣悪な待遇のほか、収容されている子どもの教育機会喪失の問題、名前で呼ばれず到着した船の番号や数字で呼ばれることでアイデンティティを損なう問題、期限の分からない収容という拘束の問題などである。そういった中でサブヒの母は息子にロヒンギャの物語を語るのをやめ、英語で話すようになり、それもやがて途絶えて鬱状態になっていく。時折子どもたちが目にする収容者の唇を縫い合わせるハンガーストライキや自傷や自死は、収容所生活に暗い影を落とす。

図6　*The Bone Sparrow*, Lothian, 2016

サブヒの収容生活に変化と希望をもたらしたのは、鉄条網という境界の外からやってきた少女ジミーだった。収容所の記憶しかないサブヒには、他の人々の物語が必要だった。また識字に困難を抱えるジミーは亡き母の物語を読ん

(12) Amnesty International (2022)

でもらう人を探していた。本書はそれぞれが抱えた物語を介して二人がつながり、物語中で物語とその意義が語られるというメタフィクションとなっている。両者の物語を結ぶのが「骨の雀」という象徴だった。物語の中では守り神ともなり、また雀という鳥は境を超えて飛べることから「自由」のメタファーでもあった（収容所では「自由」ということばは禁句で、おやつに供された「フリーダム・バー」というチョコレート菓子が配布されず回収されるシーンも出てくる。）。

本書は、晴れて解放される「いつの日か《サムデイ》」を待ち続ける子どもたちを直接救ったり、収容所が閉鎖されたり、という解決に結びつく結末を用意しているわけではない。だが物語によって境界に閉じ込められたサブヒ、その外側から来たジミーの双方にとって、境界を超えて他者を知り成長する機会が得られたことが強調されている。本書はイギリスでまず評価され、その後オーストラリアでの評価につながった。イギリスではさらに二〇二二年に劇作化され上演されている。演出を担当したエスター・リチャードソンは、本作について「（難民の収容という）オーストラリア的解決」がイギリスでも進められていることへの危機感とそれを人びとに知らしめることが上演の目的だったと述べている[13]。本作はこのように、若い読者だけでなく一般社会にも難民の収容問題とその人権について訴えることになっている。

『私たちのあいだに』

クレア・アトキンスの『私たちのあいだに』も収容所を巡る問題を扱っている。また先の二作と同様、ティーンエイジのハザラ人の難民少女とベトナム系オーストラリア人の少

（13） Fraillon et al (2022)

年という、いわゆる主流オーストラリア人ではない主人公の物語だ。イランから逃れて、ノーザンテリトリーの難民収容所に母と弟と暮らすアナヒータ（アナ）は、収容所の外にある学校に通ううちにジョノに出会い、互いに惹かれるようになる。だが学校以外の生活では、収容所の境界によって二人は阻まれている。この物語で際立つのは、ジョノのベトナム人の父ケニーが難民に向けるまなざしの厳しさだ。収容所の職員として働くケニーは、息子に近づく危険な存在としてアナを警戒するようになる。本作はこの三人が交互に語るポリフォニックな物語で、それぞれの視点を通すことによって、難民問題の見方の複数性を提供している。

ケニーは、かつて難民としてオーストラリアに受け入れられた姉のつてでオーストラリアに移民して生活を築いた。だが後から来る者たち、ましてや収容されるような人びとについては、自分たちの安定を脅かす存在とみなし受け入れることができない。難民の収容について問うジョノにケニーは「国境を守るためだ。国防だ。私たちの生活を守るためなんだ」と答える。そのためには自分たちも「白人のようにふるまう」のが得策だとも説く。またアナと親しくなろうとするジョノに

図7　*Between Us*, Black Inc., 2018

「ムスリムの奴らは親しげにしてくるが、不法入国者だ。こっそりと入って来る。九・一一のあとは気を付けなければいけない」と警告する。ケニーの言説や行動は、難民がどのように他者化されていくか、その過程を顕わにしているといえよう。ケニーのこの頑なな姿勢と二人の関係への疑心は、ジョノの反発とアナの不運を招く。二人が交わすそれぞれの物語はお互いの理解を生むが、それが収容所という境界と制度を超えて発展するのは容易ではない。

イランで父を殺害され、迫害を受けて母と異父弟とともに逃れたアナは、クリスマス島からナウルを経てウィッカムポイント収容所（ダーウィンに実在する）に送られた庇護希望者という設定で、まさにオーストラリア政府のボート難民政策を体現した物語となっている。その過程を知ったジョノは、やがて難民の背景、さらには自らの家族の背景について理解を深め、やがて家族との相互理解にたどり着き未来への希望が覗かれる。だがアナは庇護申請中のままシドニーの「コミュニティ収容」[14]となり、先が見えない宙ぶらりんの状況だ。それは本書の語りに表れている。前半では、母と姉が家を去りガールフレンドとも別れて失意にあるジョノの語りは断片的でむらがあり、アナの語りは安定しているが、収容が長引きジョノとの関係性も危うくなるアナの語りは徐々に先細り、その不安定さが強調される。

本作は自身の当事者性に気づき、他者に対する理解を深めるジョノの成長談であるとともに、アナのように正式に難民と認定されず収容生活を送る庇護希望者たちの閉塞的な状況を伝えている。後書きで述べているように、作者アトキンスは本作を書くにあたり、難民当事者、収容所関係者、教育関係者にインタビューし、リサーチを行った。本書はまさ

（14）　収容所ではなく地域社会の施設で暮らすこと

に執筆当時の政府によって施行された「オーストラリア国境警備法」（二〇一五）による厳しい排斥主義を告発する内容であり、若い読者にその状況のなかで実際に生きる難民や庇護希望者の現状を啓発するものとなっている。

おわりに

本章では児童文学、ヤングアダルト文学からみた移民・難民問題へのアプローチを中心に、その意義について論じてきた。絵本や児童文学、ヤングアダルト文学に広がりを見せている難民と社会によるその受容の必要性というテーマは、さらに劇画という媒体にも広がっている。例えばサフダール・アーメッドは『まだ生きている』（邦訳なし）で自身が行ったヴィラウッド入国管理収容所（第16章参照）でのボランティアの絵画活動から見た難民たちの物語を劇画化している。[15] 難民の背景を赤裸々に、率直に描いた本書は二〇二二年のニューサウスウェールズ州文学賞を受賞した。その冒頭では

図8　*Still Alive*, Twelve Panels Press, 2021

（15） Ahmed (2021)

W・H・オーデンの詩「難民のブルース」が引用されている。「役人が机を叩いて叫んだ／『パスポートがなければもう死んだも同じだ』／でも私たちはまだ生きている、そう、まだ私たちは生きているんだ」[16]。これはまさに収容された庇護希望者、難民として受容されない人びとの叫びそのものだろう。

だがその叫びはオーストラリアの一般社会に容易には届かない。難民収容所での診察経験を持つ医師で文筆家のヘソム・ラザヴィは「オーストラリアは分裂している。それにより受け入れてよい『良い』難民と、列に割り込んで来ようとする『悪い』難民とに分かれる。『招かれて』やってきた難民には手厚い保護をするが、『列に割り込んで』『不法に』来た難民には容赦ない」という。そして「難民を喜んで受け入れる層が三分の一、拒絶するのが三分の一で、残りの三分の一の中間層はどちらにもなり得るのであり、不確かな情報や外国人への偏見、政治的で権力志向を持つ者の存在がこの層の形成に影響している」とも指摘する[17]。

この層に影響を及ぼすには何が効果的なのだろうか。そこには教育、知識、そして物語の力の可能性もあるのではないだろうか。先に挙げた『私たちのあいだに』では、ジョノがアナに会いに伯母と収容所を訪ねたときの印象として「鉄条網がどこまでも、どこまでも、どこまでも続いている」と述べる。そしてアナたち船で来た難民を受け入れない社会について「なぜ船で来てはいけないんだ！」と叫ぶ場面がある。実際に難民当事者に会ったり状況を知ったりする機会がない一般の若者は、このような主人公の目を通してヌスバウムのいう「ナラティブ・イマジネーション」を掻き立てられ、問題の存在に気付くのだろう。

（16） Ahmed（2021）p.0.

（17） Razavi（2021）pp.27–33.

図9 『アライバル』河出書房新社，2011年

図10 『ティーカップ』化学同人，2023年

こういった物語は子どもたちに「移動する」「境を超える」「その境とは」「国境とは」「国とは」何かを問う機会を与えることになろう。そしてこのような境界を超えた人の移動と新たな出会いというテーマのオーストラリアの作品は、すでに日本でも紹介されつつある。オーストラリアでも著名な挿絵画家で作家のショーン・タンによる『アライバル』（原作は二〇〇六年刊）は、文章がない絵本で二〇一一年に日本でも出版された。本作は子どもをターゲットとしているというよりも、むしろ大人に語り書ける内容で、イメージを通してさまざまな人の移動と他者との出会い、共感と包摂を喚起する。またレベッカ・ヤングの絵本『ティーカップ』（原作は二〇一五年刊、二〇二三年九月邦訳刊行）も人の移動と新たな出会い、未来への希望を寿ぐ作品だ。

主人公の少年は船で新たな場所にたどり着くが、そこには境界の概念はない。このように若い読者に柔軟な視点を与える作品が日本でも紹介されるのは喜ぶべきことであろう。

［参考文献］
境分万純「『ザ・シークレットマン』監督ピーター・ランデズマンに聞く」『週刊金曜日』二〇一八年二月一六日、一一七二号
ジョーデンス、アン＝マリー（加藤めぐみ訳）『希望―オーストラリアに来た難民と支援者の語り』明石書店、二〇一八年
タン、ショーン『アライバル』河出書房新社、二〇一一年
山極壽一「オピニオン 科学季評 人類はどこで間違えたのか 共感力と技術、賢い使い方を」『朝日新聞』（朝刊）、二〇二三年三月九日
ヤング、レベッカ（文）マット・オットリー（絵）（さくまゆみこ訳）『ティーカップ』化学同人、二〇二三年
Amnesty International, 'Using Fiction to Explore Human Rights: *The Bone Sparrow* by Zana Fraillon', 2022（電子媒体、二〇二三年三月二日アクセス）
Ahmed, Safdar, *Still Alive*, Brunswick West, Victoria, Twelve Panel Press, 2021.
Atkins, Clare, *Between Us*, Carlton, Victoria, Black Inc., 2018.
Bell, Andrew, 'Stories from South Sudan: Parents Living in Regional Victoria Tell Stories, Inspired by Children', *ABC News*, June 27, 2015（電子媒体、二〇二三年七月二九日アクセス）
Fraillon, Zana, *The Bone Sparrow*, Sydney, Lothian, 2016.
Fraillon, Zana, Esther Richardson and S. Shakthidharan, 'Interview: Zana Fraillon, S. Shakthidharan & Esther Richardson Talk "The Bone Sparrow"', *Always Time For Theatre*, January 30, 2022（電子媒体、二〇二三年八月四日アクセス）
French, Jackie, *Refuge*, Sydney, Angus & Robertson, 2013.
Hudson, Sarah, 'Traralgon Locals Offer Aid to Refugees through Book', *The Weekly Times*, March 5, 2014（電子媒体、二〇二三年七月二九日アクセス）
Kid's Own Publishing, *Donkeys Can't Fly on Planes: Stories of Survival from South Sudanese Refugee*

Children Living in Australia, Abbotsford, Victoria, 2012.

Kid's Own Publishing, *In My Kingdom: South Sudanese Parents' Stories for Their Children in Australia*, Abbotsford, Victoria, 2014.

Kid's Own Publishing, *All the Way Home: South Sudanese Parents' Stories for Their Children in Australia*, Abbotsford, Victoria, 2015.

Kid's Own Publishing, *This is My Home*, Abbotsford, Victoria, 2021.

Milner, Karla and Nigar G. Khawaja, 'Sudanese Refugees in Australia: The Impact of Acculturation Stress', *Journal of Pacific Rim Psychology*, Volume 4, Issue 1（電子媒体、二〇一三年七月一〇日アクセス）

Nussbaum, Martha, *Cultivating Humanity: A Classical Defense of Reform in Liberal Education*, Cambridge, Massachusetts, Harvard University Press, 1997.　書名は神島裕子氏の『マーサ・ヌスバウム 人間性涵養の哲学』二〇一三年の訳を使わせていただいた。

Poppitt, Gillian and Ron Frey, 'Sudanese Adolescent Refugees: Acculturation and Acculturative Stress', February 23, 2012（電子媒体、二〇一三年七月二四日アクセス）

Razavi, Hessom, 'The Split State: Australia's Binary Myth about People Seeking Asylum', *Australian Book Review*, v.432, June 2021.

Young, Rebecca, *Teacup*, Gosford, NSW, Scholastic Press, 2015.

第15章

〈フォトエッセイ〉ロックダウンの中、シドニーから見えた境界線

金森マユ

1　初めての越境、グローバル市民としての自覚

未だ三歳にもならなかった幼少の頃、私は、母の意向で保育園代わりにと、都内の自宅の近所でアメリカ人の母親達が運営していたコミュニティー・ナーサリー・スクールに文字通り「放り込まれ」た。そのまま小学校入学まで毎日英語環境の中にいたので、かなりの程度英語を理解できるようになったが、自信がなかったせいか、英語をなかなか口に出せなかった。そこで、前述のナーサリー・スクールの先生に勧められ、英語上達のため、六歳の夏休みに一人でアメリカに三か月滞在することになった。それが私にとって、最初の国境を越える移動の体験だった。

一人といっても、行きの飛行機はその先生とホノルルまで一緒で、その後はフライトアテンダントさんに世話をしてもらったのを覚えている。特別にコックピットに入れてもらい、キャプテンの隣に座らせてもらった。ロサンゼルスに着くと母の友人が迎えに来てくれて、その人の家で夏休みを過ごした。案の定、日本に戻ったら、英語が「ペラペラ」に

なっていた。

その後、調布のアメリカンスクール・イン・ジャパンに入学した。カリキュラムはアメリカの教育法令に基づく私立校だったが、アメリカ人だけではなく、さまざまな国から児童・生徒が集まっていた。学校のモットーの一つはグローバル・シティズンを育成することで、今でも同校のウェブサイトをみると、「グローバルな教育」、「グローバルな思考」を掲げている。このような学校に一八歳まで通っていたこともあり、長い間自分は地球社会の一員、すなわちグローバル市民であることがもっとも良いことだと確信していた。

卒業した一九八一年にアメリカンスクール時代のボーイフレンドを追っかけてオーストラリアに渡った。そのボーイフレンドと一緒に暮らし、一九八四年にオーストラリアの移民省から永住権を頂いたが、国籍の取得までは考えなかった。自分はグローバル市民であり、日本国籍を捨てて、わざわざ他国の国民になりたいとも思わなかったし、国家というものに忠誠を誓って動員される偏狭なナショナリズムが戦争を起こすと学校で教わったように覚えている。

しかし、もしかするとそれは記憶違いで、日本人が戦争を起こしたのはナショナリズムのせいだとアメリカ人の多い学校で教わり、勝手にナショナリズムは戦争を起こすから良くないと感じていたからかもしれない。自分は国や国境に縛られない自由な身でありたいと思っていたことは確かで、国境は人間の想像でしかなく、その想像における人々の国境観の不一致が紛争を起こすもので、平和を望むなら国境などは超越するべきだと考えていた。理屈はともあれ、合理的に考えても住むことができる場所は多い方が良いと思っていた。ところが、コロナがそうした考えを大きく揺さぶった。

新型コロナが私たちの生活を大きく変えることになる前、私は世界各国に旅行や仕事で出掛けていた。特にシドニーと東京、そして子供の頃から家族の別荘があった信州信濃町の間を年に三往復していた。

仕事はオーストラリアと日本の関係をテーマにしたものが多く、舞台作品などは日豪間の往来が鍵になるような作品を創作し、発表してきた。手法の一つとして、乗り物とそれに乗っている時間や空間の再現にこだわってきた。乗り物は、移動民、国境を越える人間のモチーフでありメタファーの一つと言えるかもしれない。それ以上に私が重視していたのは、あちらでもこちらでもない時空間や、その往来のプロセスであったと思う。

二〇一八年頃から信州で一年程過ごそうと計画を進めていた。二〇二〇年の初め、横浜港にダイヤモンド・プリンセス号[1]が入港するかしないかの頃、長野県の黒姫山の麓にある空き別荘を購入した。日本の森林の中で創作活動をする予定で、引っ越しの準備や残っている仕事を片付けるためにオーストラリアに戻り、すぐに仕事でニュージーランドに向かった。新型コロナによってその後どうなるのか、想像さえしていなかった。

2　閉ざされる境界——グローバル市民から移動できない弱者へ

ニュージーランドからオーストラリアに戻ると世界は大変なことになっていた。各国でコロナ感染者、死亡者が相次ぎ、オーストラリアはその年の三月二〇日に国境を閉鎖した。他国からの入国を禁止しただけではなく、オーストラリア国内に住んでいる私たちも、特

（1）　二〇二〇年二月三日に横浜港に到着した大型クルーズ船の名前で、船内で新型コロナウイルスの集団感染が起きたため海上において検疫が実施され、すべての乗客、乗員の下船が完了するまでに一か月近くを要した。

別な人道的理由による許可を得ないと出国が許されなかった。父親が亡くなる直前に日本に帰国した友人は、最初は出国を却下されたが、医師の診断書や日本側からの手紙などを付けて再度申請し、何とか許可を得た。オーストラリアに戻った際には、二週間、政府指定の隔離用ホテルに滞在しなければならなかった。一方、ニュージーランド人の知人は叔母が亡くなる直前、ニュージーランドに戻りたいと申請したが、叔母は直接の親族でないという理由で許可が下りなかった。マオリ族出身の彼女は、叔母と姪の関係がヨーロッパ系オーストラリア人の解釈とは違うと嘆いていた。

コロナ禍初期のオーストラリアでは、国境だけでなく州境の閉鎖も早い時期に行われた。

私にとって国境閉鎖は初めての経験だった。伝染病から国民を守るために国家が国境を閉鎖するという出来事により、私のそれまでの、グローバルなアイデンティティを考え直さずにはいられなくなった。国境閉鎖というと紛争を思い起こすが、これはコロナとの戦争だと言っている人たちもいた。実際に経験したことはないが、今まで本で読んだように、確かに戦争が始まる時と同じ様なことが起きていた。買い占めが始まり、食糧や日用品が買えなくなった。ごく普通の、今まで特にレイシストだと思ったことのない人たちが、アジア人、特に中国出身の人たちの悪口を当然のように言い始めた。街に人通りが無くなり、店が閉まり、国境や州境が閉鎖され、警察や軍隊の存在が目立つようになっていった。

国境の閉鎖が続くなか、二〇二〇年の一一月にスコット・モリソン首相が訪日した。その時も、それ以降も、国を自由に出入りできる人とそうでない人がいることがはっきりと見えるようになった。政治家や有名人、スポーツ選手、一見国の利益につながる仕事をし、企業や大学などの確かな受け入れ先がある人たちなどは特別に許可が下りているようだった。他方で、私は国境移動ができない部類の人間になっていた。自分はグローバル市民どころか、弱者と言われる立場になったのだと理解した。

二〇二〇年のオーストラリアにおける国内の主な規制(2)

一月一九日	最初のコロナ陽性患者発生
三月一八日	オーストラリア政府―ソーシャル・ディスタンス、一〇〇人以上の集まり、高齢者施設に関する規制を導入。徐々に強化される（六月に一時緩和）
三月一九日	タスマニア州―帰州する同州住民を含む全ての「不要不急の」入州者に一四日間の強制検疫を実施
三月二〇日	オーストラリア政府―非居住者、非オーストラリア国民に対して国境を閉鎖し、限られた例外を除き、オーストラリア国民及び永住者の海外渡航を禁止
三月二四日	ウェスタンオーストラリア州・サウスオーストラリア州・ノーザンテリトリー―州境を閉鎖し、入州者に一四日間の自己隔離を課す。
三月三一日	オーストラリア政府―公共の場での集会を二人に制限し、合理的な理由なく居住地を離れてはならないと指示（一六の合理的な理由を列挙）
四月一一日	クインズランド州―同州住民と「特別免除」を受けた人を除き、州外からの入州を禁止
六月一日以降	オーストラリア全体で、規制が徐々に緩和され始める。
七月八日	ニューサウスウェールズ州・ヴィクトリア州―州境を閉鎖　（一一月二三日まで）
九月四日以降	ニューサウスウェールズ州・ヴィクトリア州―上記の規制が多少緩和される。

ロックダウン中、外出が許されない分、多くの人が自宅のリフォーム、庭の手入れ、パ

（2）　Knowlton（2023）を基に作成

《I'm falling from the sky》　デジタルコラージュ　写真、パスポート、ビザ　2021

《I'm stuck in the mangroves》デジタルコラージュ　写真、ビザ　2021

ン焼きなど、自宅で余暇を楽しむようになった。私も手料理や庭仕事に力を入れた。車道と歩道の間にあるネーチャー・ストリップは街の緑化のために地域行政が木を植え、周りの草刈りなどをしてくれる。家の前のガーデン・スペースとして、その家の住民が責任を持つこともできる。私も自宅の前のネーチャー・ストリップの雑草を抜き、花を植えた。すると、近所の犬がそこをトイレにして花を荒らすことに気づき、犬が入らないようにネーチャー・ストリップの周りに石を並べ、囲いを作った。それは生まれて初めて、「境界」というメタファーの意味合いを意識しながら自分から進んで作った囲いだった。

3 「懸念行政区」の指定、シドニーを分断するボーダー

コロナ対策の規制は強化と緩和が繰り返され、日々の感染者数やクラスターの発生によって目まぐるしく変化した。州により規制が異なったが、私の住むシドニーでは二〇二一年の半ばに再び厳しい規制強化が行われた。

シドニー東側のボンダイビーチやウラーラ、ポイントパイパーなどを含む裕福なホワイトカラーの多い町を擁するウェーバリー行政区に発生したクラスターが、移民やブルーカラーの多いシドニー西南の行政区へと広がった。それにより、シドニー西南の八つの行政区が「懸念行政区」(3)に指定され、その後、部分的に他の西南の行政区も加えられていった。「懸念行政区」という語が、当時、毎日行われていたニューサウスウェールズ州政府の記者会見、そしてそれを報道する機関やソーシャル・メディアを通して頻繁に使われるよ

（3）　原語では、Local Government Area of Concern。なお、Local Government Area（LGA）と呼ばれる行政区の境界線は、二〇一六年の行政改革によって定められたばかりの新しいものである。

二〇二一年七月―八月における「懸念行政区」の規制(4)

・「懸念行政区」（Local Government Areas（LGAs）of Concern）の語が使われ始まる。東から西南に、フェアフィールド、カンタベリー・バンクスタウン、ジョージーズリバー、リバープール、キャンベルタウン、カンバーランド、パラマッタ、ブラックタウンが「懸念行政区」に指定される。
・「懸念行政区」の在住者は自宅から五キロメートル以内に留まらなくてはならなくなる。
・「懸念行政区」の数が右の八区から一二区に増える（図1）。
・ほどなく、全てのシドニー在住者が自宅から五キロメートル以内に留まらなくてはならなくなる。違反に対する罰金は最大五〇〇〇ドルに。警察の取締りも強化
・ニューサウスウェールズ州全体で一万四〇〇〇人の警官が、新しい規制やガイドラインを住民が遵守しているかを監視する職務（Covid dutyと呼ばれる）に従事。オーストラリア国防軍五〇〇人も増員
・「懸念行政区」の住民を対象に、屋外レクリエーションを禁止。認可労働者（Authorised Worker）として許可されない限り、仕事のために他の行政区に行けなくなる。
・カンタベリー・バンクスタウン行政区のすべての認可労働者は、仕事のために同地区を離れる場合、三日ごとにCOVID-19の検査が義務付けられる。
・フェアフィールドとカンバーランドの行政区の高齢者介護・医療従事者に、定期的なCOVID-19の検査が義務付けられる。
・「懸念行政区」の住民を対象に夜間外出禁止令が午後九時から午前五時まで施行され、住民の屋外レクリエーションも一日一時間だけに制限される。

（4）主としてニューサウスウェールズ州保健省のウェブサイトの情報に基づき作成

うになった。その当時、日本語メディアは「感染懸念地域」と訳していたが、感染者の数で地域の境界を区切っているわけではなく、あくまで行政区（LGA）を単位としているので、「懸念行政区」の方が正しい訳のように思う。

二〇二一年の七月末から八月にかけ、ちょうど東京オリンピックのためにオーストラリアから四七二人のアスリートをはじめ多くのオリンピック関係者やジャーナリストが訪日していたころ、シドニーの規制は強化され、しかも、それは「懸念行政区」を対象にしたものが目立った。

最初に「懸念行政区」に指定された八つの行政区の住民は、自宅から五キロメートル以内に留まらなくてはならなくなった。この規制は後にシドニー全域に課されることになるが、屋外レクリエーション禁止、夜間外出禁止などはこれら八つの行政区だけに課された。マスコミ報道によると、「懸念行政区」を中心に警察や軍隊が集中的に見回っているとのことだった。これらの地域には移民が多く住んでおり、祖国での迫害の経験から、軍隊の存在に対してヨーロッパ系オーストラリア人よりも強い恐怖を感じる住民がいることも、一部マスコミやSNSで問題になった。(5) 以上のような規制政策は「二つのシドニー」を浮き彫りにした。国境やその他のボーダー間を移動できる人たちと、許可なしでは移動できない人たち。家の中という安全なボーダー内で仕事ができる人たちと、安全なボーダーの外に出ないと仕事ができない人たち。夜間に外出できる人たちと、そうでない人たち。(6)

私の住んでいたマリックビル(7)という町があるインナー・ウェスト行政区は、「懸念行政区」ではなかったが、シドニー市街の西南にあり、「懸念行政区」と隣接していた。いつも散歩をしていたクックス川を隔てた向こう側のカンタベリー・バンクスタウン行政区は

(5) Dovies (2021), Pockett (2021) を参照

(6) Baker and Wade (2021), Johnson (2021), Ngoc Pham (2021) を参照

(7) 現地の先住民の言語による地名は、ブラナミング

「懸念行政区」だった。この川のこちら側の人たちは夜遅くまで出歩けるが、向こう側の人たちは夜間の外出を許されなかった。川のこちら側に住んでいる人は仕事であちら側に行ける。しかし、あちら側からは特別許可がないとこちら側に仕事で来られない。マリックビルの工事現場の入口に、「懸念行政区」に住む作業員を立ち入り禁止とする告知が、その地図とともに掲示されるようになった。当時、マリックビルもクックス川の向こうにある町アールウッドも、日によって八人から一三人ほどの、ほぼ同数の感染者数が発表されていたにもかかわらずである。

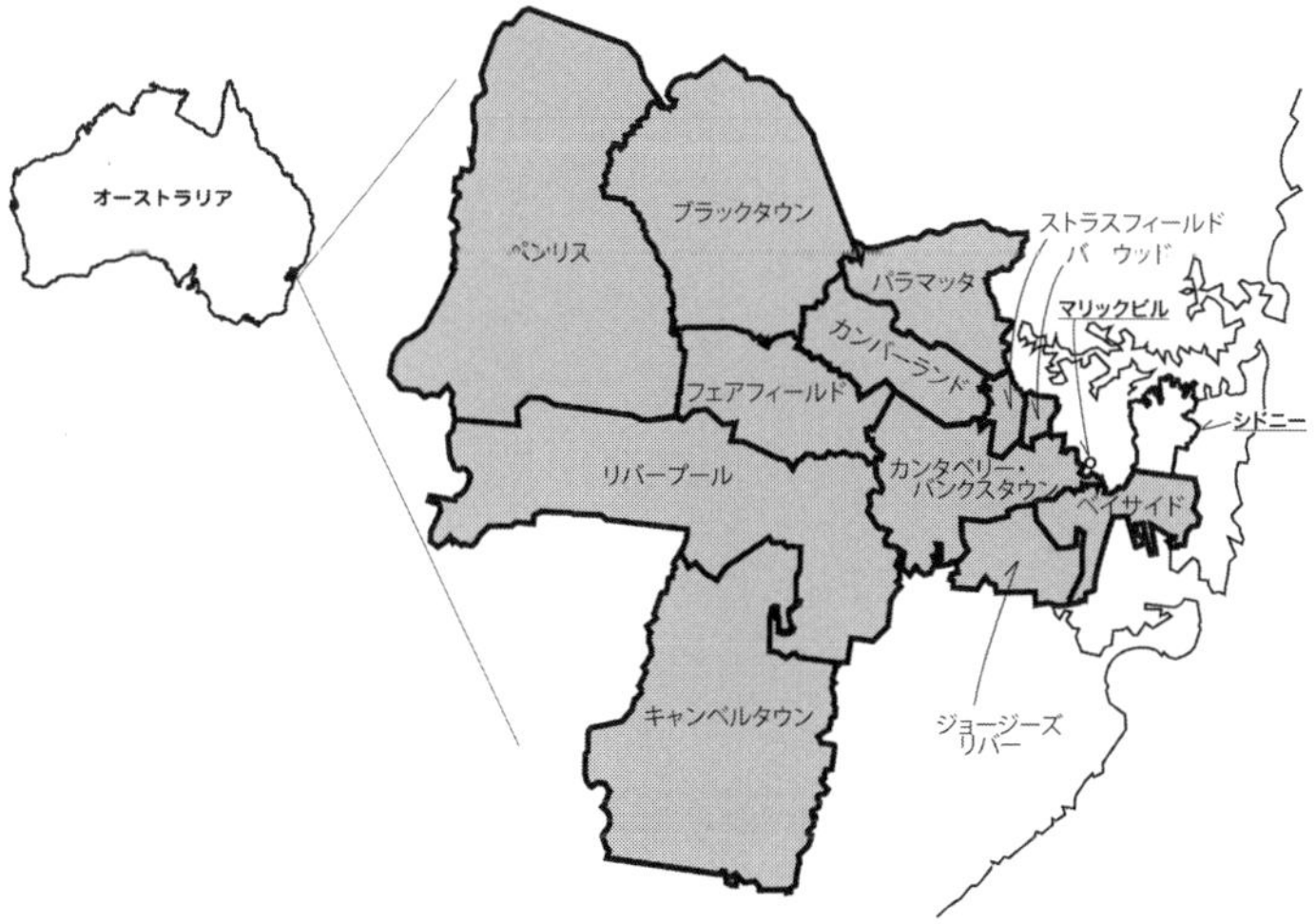

図1　感染の「懸念行政区」に指定されたシドニー大都市圏の12の行政区（グレー部分）

その後、規制が強化され、結局はシドニーに住むすべての人たちが家から五キロメートル以内に留まらなくてはならなくなった。違反に対する罰金は最大五〇〇〇ドル。警察や軍隊までが出動して取り締まっていた。二〇二一年の冬、私はボーダーのことを考えながらマリックビルを歩き、ボーダーの写真を撮り続けた。

マリックビルの工事現場　デジタル写真　2021

川の向こう岸はアールウッド　デジタル写真　2021

クックス川に掛かる橋の向こうはアールウッド　デジタル写真　2021

友達と外での運動は許された。クックス川アールウッド側　デジタル写真 2021

インナーウェストLGAとカンタベリー・バンクスタウンLGA境界線　デジタル写真2021

左、マリックビル、インナーウェストLGA、中央、クックス側（境界線）、右、アールウッド、カンタベリー・バンクスタウンLGA

4　コロナ禍が過ぎて

二〇二二年の二月、オーストラリアの国境がやっと開放された。その年の四月、二年半ぶりに日本の家族と会い、そして、リモートワークもベテランになっていた私はパートナーと信州で購入した空き別荘で創作活動をするための準備を再開した。しかし、八月に私だけは住居のリフォームのために日本に帰国したが、国境の壁は依然として強固だった。日本国籍を持っていないパートナーが日本に入国できるまで、その年の一〇月まで待たねばならなかった。

その後パートナーの在留資格などの手続きを経て、現在やっと信州で暮らし、日本での創作活動を進めている。私はもう自分がグローバル市民などとは思っていない。随分、惚れていたと思っているくらいだ。グローバル市民というものは少数の特権であり、それが普通だと思っていた自分が恥ずかしくも思える。

ボーダー（border）の語源は一四世紀後半に使われていた古フランス語の*bordure*で、紋章術における盾を囲む色の帯に由来しているという。紋章は人のアイデンティティを意味し、盾は戦いの際に私たちを守ってくれる。

そう言えば、コロナ禍の最中、仕事上で対人関係の問題を抱えカウンセラーに相談をした時に、自分と他人との間に健康的なボーダーを作ることが必要だと助言してもらったのを覚えている。何もかもが上手く行っている時は、ボーダーのことを考えたり、自分のアイデンティティを主張したりしなくても良いのかもしれない。
さて、シドニーでは現在、人々は当時はっきりと見えていたいくつものボーダーなどなかったことのように振る舞っている。嫌な思い出を忘れてしまいたいかのように、コロナ禍の日々に関しての論議すら避けているようにみえる。国家や地域だけでなく、親しい人間同士の間にも「境界」が存在することを強く意識させられたコロナ禍の経験から得た教訓を振り返り、言葉で表し、十分な議論を尽くすことが、今、とても大切なのではないかと思う。

［参考文献］

Baker, Jordan and Matt Wade, 'A Tale of Two Sydney: 'We're in the Same Storm, but Different Boats', *Sydney Morning Herald*, August 23, 2021（電子媒体、二〇二三年五月二〇日アクセス）

Dovies, Anne and Sarah Martin, 'Military to Help Enforce Sydney Lockdown as NSW Reports Record 239 Local Covid Cases', *The Guardian Australia*, July 29, 2021（電子媒体、二〇二三年五月二〇日アクセス）

Johnson, Paul, 'Western Sydney's COVID Lockdown Raises Questions on Q+A about Racism and Classism', *ABC News*, July 30, 2023（電子媒体、二〇二三年五月二〇日アクセス）

Knowlton, Cassidy, 'A timeline of Covid-19 in Australia, Two Years on, 2020', *Time Out*, February 20, 2023（電子媒体、二〇二三年五月二〇日アクセス）

Ngoc Pham, Sheila, 'Sydney Lockdown: If We're All in This Together, Let's Ditch the Scapegoating', *The Guardian*, July 27, 2021（電子媒体、二〇二三年五月二〇日アクセス）

Pockett, Daniel, 'Using Military Language and Presence Might not be the Best Approach to COVID and Public Health', *The Conversation*, August 17, 2021（電子媒体、二〇二三年八月二日アクセス）

第16章　パンデミック禍のオーストラリアで立ち現れた「境界」の諸相

飯笹佐代子

はじめに

移動に関する研究において、近年最も注目された社会科学者の一人として、モビリティーズ・スタディーズを牽引してきたイギリス人のジョン・アーリ（一九四六―二〇一六年）をあげることができる。アーリは従来の研究が「定住」を前提としたものであることに疑義を呈し、さまざまな移動の形態が社会的諸関係を構築しているとの観点から、「モビリティー（移動性）」を考察の軸に据えた新たなパラダイム転換の必要性を主張した。この「移動論的転回」とも称されるパラダイムは、社会科学における考え方に大きな影響を与えた。

アーリは『モビリティーズ―移動の社会学』（原著は二〇〇七年、邦訳は二〇一五年に刊行）において、SARSを例に挙げ、ウイルスがグローバルな移動によって瞬く間に世界中に拡散することを警告している。その一方で、国境閉鎖をはじめとする移動規制についてはほとんど触れていない。もし、アーリがCOVID-19によって引き起こされたパンデミック禍により越境活動が中断された世界をみることができたならば、どのような議論を展開したであろうか。

周知のように感染対策としての境界閉鎖は、世界規模で人びとに大きな混乱と苦難を強いることとなった。なかでもオーストラリアは、「要塞オーストラリア（Fortress Australia）」という言葉が国際的なメディアにしばしば登場するほど、厳格で長期にわたる国境閉鎖を行ったことで知られる。二〇二〇年三月に閉じられた国境が完全に開放されるまでに、二年近くも要した。この間に閉鎖されたのは国境にとどまらず、州境や自治体の行政区の境界などにも及んだ。こうした境界の閉鎖は、人びとの境界認識に変化をもたらしただけでなく、時に不平等や差別を表出させる境界にもなり得た。同時に、これまで見えていなかった既存の境界が新たな意味を持ったり、隠れていた境界が可視化されたりもした。本章では、こうした種々の「境界」に注目する。人びとの境界にまつわる体験や境界認識の変化に光を当てながら、そこから得られる示唆について考えてみたい。

1　突然の国境閉鎖――要塞オーストラリア？

帰国できない人びと

豪政府が国境を閉鎖したのは、世界保健機関（WHO）がCOVID-19をパンデミックとしてみなすことができると発表した九日後、二〇二〇年三月二〇日であった。[1] バイオセキュリティ法に基づく緊急事態の宣言が発出され、[2] 外国人の入国と、オーストラリア国民及び永住者の出国（渡航）が原則として禁止され、特別な事情がある場合は申請して許可

（1）　この日時点でのオーストラリア国内の累計感染者総数は、八四七人（死者七人）であった（表1参照）。https://covidlive.com.au（二〇二三年六月一日アクセス）

（2）　Biosecurity (Human Biosecurity Emergency)（Human Coronavirus with Pandemic Potential）Declaration 2020. https://www.legislation.gov.au/Details/F2020L00266（二〇二三年六月一日アクセス）

表1　新型コロナ感染者の累計（オーストラリアの国境閉鎖時・開放時・最新※）　単位：人

	オーストラリア全体	ウェスタンオーストラリア州	ニューサウスウェールズ州	日　本（参考）
国境閉鎖時 2020/3/20時点	847 （うち死者7）	64 （うち死者1）	353 （うち死者5）	988 （うち死者不明）
国境開放時 2022/2/21時点	3, 049, 655 （うち死者4, 929）	3, 572 （うち死者10）	1, 259, 503 （うち死者1, 839）	4, 532, 648 （うち死者22, 037）
最新 2023/5/8時点	11, 472, 222 （うち死者20, 410）	1, 322, 111 （うち死者1, 039）	3, 998, 984 （うち死者6, 773）	33, 611, 963 （うち死者74, 688）

※日本のデータが存在する最新日の2023年5月8日とした。

［出典：オーストラリアについては https://covidlive.com.au、日本については https://covid19.mhlw.go.jp（厚生労働省）のデータに基づく］

を得ることが必要とされた。また、オーストラリアに入国する際には誰もが自費によるホテルでの一四日間の隔離が義務付けられた。海外に在留していたオーストラリア人の帰国は可能であったが、感染対策として入国人数の上限が設けられた上に、高額に跳ね上がった航空運賃を支払う余裕のある人は少数に過ぎなかった。何とかチケットを購入できたとしても、フライトの欠航が相次いだ。

なお、入国可能な帰国者には、オーストラリアの国民とともに永住者も含まれ、パンデミック禍において先進諸国のほとんどが自国の国籍保持者と永住者の帰国を受け入れている。それに対して日本では当初、帰国者の入国は日本国籍を持つ人に限り、日本に生活基盤があるにもかかわらず永住者の入国を拒否したことで問題となった(3)。こうした措置は、少なくとも先進七か国（G7）諸国では唯一日本だけであり、居住実態を無視した国籍による線引きは、きわめて異例であったことを特筆しておきたい。

ただし、オーストラリアでは一時的とはいえ、自国民に対してさえも強硬な手段で入国を拒否したこ

（3）　日本経済新聞（二〇二三）。日本人の配偶者や子供も含む。なお、特別永住者（戦前から日本に居住する在日コリアンおよび台湾出身者とその子孫）に限っては当初より入国制限の対象外とされた。

とがあった。二〇二一年五月初旬、インドでの感染者の激増を背景に、直前の一四日間にインドに滞在した人は帰国が禁じられ、しかも違反者には最大で禁錮五年と六万六六〇〇豪ドル（約五六〇万円）の罰金を科されることが、豪政府によって発表されたのだ。当時インドには一時滞在中のオーストラリアの国民や永住者が九〇〇〇人ほど足止めにされており、うち約六〇〇人が持病持ちなどの感染リスクの高い人たちであった[4]。即座に裁判に訴えたインド系オーストラリア人もいた[5]。

（4） Mao (May 1, 2021)
（5） 小暮（二〇二一）

恣意的な入国許可

実はこの頃、堅固な要塞と化したはずのオーストラリアに、米ハリウッド関係者などが続々と入国を許され、特にシドニーではこうした著名人を見かけることが急増するという、奇妙なことが起こっていた。映画制作などの仕事が目的とはいえ、かれらはアメリカなどと比べて格段に感染者の少ないこの地で、自由にビーチやバー、ナイトクラブを堪能した。しかも、入国時に義務付けられている一四日間のホテルでの隔離期間を、郊外の「豪邸」などで優雅に過ごすスターたちもいた[6]。オーストラリアの人びとは、こうした「セレブ」たちと、帰国することで罪にさえ問われる自国民との、豪政府による理不尽な対応の違いを目の当たりにし、国境とは突然閉鎖されるだけでなく、誰が越えるかによって恣意的に開かれたり閉じられたりすることに、あらためて気づかされた。

実質的にインド系オーストラリア人が主な対象となった入国拒否措置は、帰国の権利の侵害や差別との批判が相次ぎ、豪政府は二週間足らずでこれを撤回し、インドからの帰国者のためのチャーター便も手配した[7]。しかしながら、入国違反でオーストラリア国民が有

（6） Mao (April 1, 2023)

（7） 小暮（二〇二一）

罪になるという前代未聞の措置が講じられたこと自体が、オーストラリア社会に与えた影響は看過できないだろう。

ある保守系新聞のコラムニストは、この措置に人種差別を感じ取り、「恐怖、無知、無能によって引き起こされた」と非難した。さらに、たとえばイギリスから逃れてくる白人のオーストラリア人に対して同様の渡航禁止令を出すことはあり得ないだろうとも述べている。[8]この発言は、人種に基づく入国制限を設けた、かつての白豪主義を彷彿させる。

(8) Bolton in Westcott (2021)

人種と防疫の境界

オーストラリアのネイション形成において白豪主義が重要な役割を果たしたことは、本書のコラム2でも紹介されているとおりである。他方で、アリソン・バッシュフォードの研究が明らかにしているように、[9]それが防疫制度の展開とも密接な関わりを持っていたことは、案外知られていないのではないだろうか。オーストラリアが連邦国家として誕生した二〇世紀初頭、ヨーロッパ諸国において厳格な防疫は医学的に無効であると見做されていた。

(9) Bashford (1998)

ところがまさしくこの時期に、オーストラリアでは防疫に関する本格的な行政や実務の形が確立されていき、一九〇八年防疫法は、人種に基づく移民規制を定めた一九〇一年移住制限法と相互に関連性を有するようになっていった。たとえば移住制限法の第三条は、感染症または伝染性の病気に罹患している者を禁止移民として明確に指定している。その目的は、汚染されているとされたアジア人から白人オーストラリアの人種的純血性を守るためであった。国境は、非白人の移民を排除するだけでなく、同時に防疫のための防波堤ともなるべきとされた。移民規制と防疫政策が手を携えながら、島国であるオーストラリアは「地理的な免疫力」を持った、人種的に純血で新しく清潔かつ健康的で風土病のない唯一の大陸というイメージを創出したのである[(10)]。こうした同国に特殊な歴史的文脈は、オーストラリアの長期にわたる厳格な国境閉鎖やインドからの帰国者に対する過剰とも言える措置と無関係ではないだろう[(11)]。

(10) Bashford (1998)

(11) ボートピープルが乗ってきた密航船や違法操業で拿捕された漁船が焼却処分されるのは、現在では阻止するための見せしめ的な側面が強いが、本来は主に防疫上の理由による。

2 国内における境界の閉鎖

パンデミック禍のオーストラリアで閉じられたのは国境だけではない。国内の州境や、州によっては行政区レベルの境界も閉鎖された。

ウェスタンオーストラリア州――「島の中の島」となった州境閉鎖

八つの州・準州のほとんどが、州境の出入りを制限し、州間を移動する人たちは主要道路に急きょ設置された警察の検問所で、長い列に並んで移動の許可証明を示さなければならなくなった。国境と異なっていたのは、規制の対象がオーストラリア国民であろうと外国人であろうと区別されなかったことだ。中でも他州に比べて面積は大きいが人口密度の低いウェスタンオーストラリア州は、二〇二〇年四月から七〇〇日間近くも州境を閉じたことで、「世界最長の境界閉鎖のひとつ[(12)]」と評された。連邦政府が二〇二一年二月二一日に国境を完全開放した後も同州は翌月の三月三日まで外国からの渡航者を受け入れず、そ

(12) Marcus (2022)

の後もブースター接種を条件に移動を許可する方針をとった[13]。注目すべきは、同州首相が州境の開放を発表する際に、州内の感染者を最小限に抑えることができたのは、「島の中の島」のような厳しい措置を講じたゆえと表現していることである[14]。

興味深いのは、州境の閉鎖によって、住民のオーストラリアに対する地理的空間認識が変化していったことである。それまで多くの人びとにとって、州や準州の境界は、それを実際に越えたとしても気づかないほど意識されていなかったという。ところが州境が閉ざされ、監視や取締りが行われるようになると、これまで見えなかったボーダーが可視化されるようになった。ニューサウスウェールズ大学の研究者らがオーストラリア人のCOVID-19体験に関する研究プロジェクトのために二〇二〇年と翌年にかけて実施したインタビュー調査において、ウェスタンオーストラリア州在住のある母親は次のように述べている。

私が一年前、子供たちにニューサウスウェールズ州、ヴィクトリア州、クインズランド州の州首相は誰かと尋ねたとしたら、正直言って、かれらは州首相が誰なのかどころか、州首相が何なのかさえ知らなかったでしょう。それが今では、誰もがすべての州首相を知っているし、全ての異なる州についてよくわかっています。そして、それぞれの違いについてもとても意識していて、私たちは国民から州民へと変わったのです[15]。

この発言は、ウェスタンオーストラリア州における感染対策としての州境閉鎖が州民としての意識に変化をもたらし、彼女にとって州がいわば「国家」に匹敵するほどの新たな

(13) BBC (2022). なお、二〇二二年三月三日時点での同州の累計感染者は一万四五八九人(うち死者一一人)で、前月二一日より一万人以上も増加したものの、この時点では国内の州・準州の中で最小であった。https://covidlive.com.au (二〇二三年六月一日アクセス)

(14) Marcus (2022)

(15) Butler and Lupton (2023) p.13.

図1　州境開放後のウェスタンオーストラリア州カラサ空港（2022年8月）
州都パースとの間に1日4便が発着（写真提供：鎌田真弓）

意味を持つようになったことを示唆している。

また、全国規模で行われた一連のインタビューにおける顕著な特徴として、研究者らは自州と他州の住民をそれぞれ「私たち」と「かれら」という言い方で表現する人たちがいたことを挙げている。とはいえ、それは感染者を多く出した他州の政策を批判したとしても、その州民への敵対を意味しているわけではない。自分たちは州境閉鎖によって感染から守られる「バブル」の中にいる安心感を覚えつつ、感染者の多い地域で困難な時を過ごしている友人や身内に共感し、かれらとの直接的なつながりの喪失を感じていたという。[16]

シドニー大都市圏——浮き彫りになった「二つのシドニー」

州境だけではなく大都市圏における行政区の境界もまた、感染対策のために閉じられたが、それが住民に与えた影響は州境の閉鎖とは状況を異にしていた。

第15章に詳述されているように、ニューサウスウェールズ州のシドニー大都市圏では二〇二一年七月から八月にかけて、二〇一六年に画定されたばかりの行政区の単位のうち、

（16）Butler and Lupton (2023) pp. 13-14.

計一二が感染に関する「懸念行政区」として指定され、そのボーダーが日常生活を支配するようになった。留意すべきは、二〇一六年の国勢調査においてシドニー大都市圏で世帯所得の中央値が最も低かった五つの行政区のうち四つ（フェアフィールド、カンタベリー・バンクスタウン、カンバーランド、キャンベルタウン）がこの「懸念行政区」に分類され、深刻な経済的打撃を被ったことである。[17]

当初、これら四つの行政区では、シドニーで最も裕福な五つの行政区（モスマン、ハンターズ・ヒル、ウラーラ、クーリンガイ、レーンコーブ）に比べて桁違いに多いCOVID-19感染者が発生した。厳しい規制のもとで前者に住む人びとは仕事を失う可能性が高く、より貧しくなり、狭い家に多人数の家族が住んでいるために、子供たちに十分な学習機会を確保することも難しかった。対照的に後者の裕福な行政区では、当初はそれほど規制も厳しくなく、海岸沿いを散歩したり、公園でハイキングをしたり、ビーチでパドルを漕いだりすることができた。またホワイトカラーの職種で在宅勤務への切り替えが容易な人も多く、一人になれる部屋のスペースにも恵まれていた。[18]

フェアフィールドの住民は、家族に対するロックダウンの経済的な負担だけでなく、住民を監視する警察の存在感の高まりについても懸念を示し、自分たちが「犯罪者のように扱われている」と語った。[19] 同じく感染の「懸念行政区」として指定されたブラックタウンに住む高校生は、「政府が僕たちはみんな同じ船に乗っていると言っているのはおかしい。同じ嵐の中にいるのに、それぞれ違うボートに乗っている」と不満を口にした。[20]

結局のところ、ほどなくしてシドニー大都市圏全体が一律に、自宅から五キロメートル以内に留まらなくてはならなくなるなどの厳しい規制を敷かれることになるが、感染対策

(17) Baker (2021)

(18) Baker (2021)

(19) Johnson (2023)

(20) Baker (2021)

は以前からあった経済的格差（それは同時に、教育や生活の格差でもある）による二つのシドニーのボーダーを浮き彫りにした。「懸念行政区」に指定された住民たちに、あらためて差別されているという実感と不満をもたらすことになったのである。

3　ホテルという変則的で拡張された国境空間

ＣＯＶＩＤ-19によるパンデミック禍で可視化されるようになったのは、上述のような国境や州境、行政区境といった、地図上に存在する境界線だけではない。いわば変則的で拡張された国境空間の一部として、ホテルという空間も注目を浴びることとなった。それは感染対策としての隔離の場と、庇護希望者を拘禁する代替収容施設という、全く異なる二つの空間に分けられる。

帰国者たちの隔離空間

国境閉鎖後に外国からの観光客が消えたホテルの客室は、帰国者や特別に入国を許可された外国人のための隔離空間となり、そこでの滞在の様子がＳＮＳ等で盛んに紹介され、人びとの目に触れることとなった。

ホテルで隔離期間を過ごした帰国者たちを対象とした調査[21]によると、ホテルでの隔離とそこに至るまでの体験は、もちろん不自由な生活への不満は出たものの、ある意味「特権」的な要素が強いという。かれらは、祖国の突然の国境閉鎖によって海外に取り残されたが、

（21）　Lobo and Barry（2023）

希少な航空便の座席を法外な運賃で確保できるような、帰国する能力を持った少数の人びとであり、ミニバーや冷蔵庫のある広々とした冷暖房完備のホテルの部屋で、比較的快適な生活を送ることができたからである[22]。

中には、豪政府がチャーターしたカンタス航空787‐9ドリームライナーで帰国できた人たちもいた。これまでもカンタス航空はオーストラリアの先住民に敬意を表するために、先住民アートが描かれた機体を特注しており、787‐9ドリームライナーは、同国を代表する世界的な先住民画家、エミリー・カメ・ウングワレー[23]（一九一〇頃―九六）が描いた《ヤム・ドリーミング》の赤色のモチーフで彩られている（図2）。調査を実施した研究者らは、この機体をチャーターした豪政府による初の本国送還フライトが、同国のパンデミック管理の成功を象徴するメディアにおける視覚的なスペクタクルであり、また、一部の裕福な国民と永住者の帰還が政府お墨付きの「権利」であることを見せつける広報活動ともなった、と述べている[24]。

図2　カンタス航空787‐9ドリームライナーの機体
国境閉鎖後、この飛行機がオーストラリアへの帰国者を乗せた最初のチャーター機となった（写真提供：iStock）

代替収容施設としての拘禁空間

指摘しておきたいのは、防疫のための隔離とは異なる目的でホテルはすでに以前から国

（22）　Lobo and Barry (2023) p.25.

（23）　オーストラリア中央の砂漠地帯で先住民の伝統的な生活を送りながら、儀礼のためのボディ・ペインティングを描いていたが、ろうけつ染めの制作を契機に七八歳で絵筆を握り、亡くなるまでのわずか八年間に三〇〇〇から四〇〇〇点の作品を制作した。

（24）　Lobo and Barry (2023) p.26.

境管理レジームに組み込まれていたということである。世界的にも多くの国で一九九〇年以降、特に移民や庇護希望者を収容・拘禁するためにホテルが利用されてきた[25]。オーストラリアでは、ホテルが学校、軍の兵舎などとともに「代替収容施設」として位置付けられ、ナウルやマヌス島の収容施設（第8章参照）から治療のためにオーストラリア本土に搬送された庇護希望者や難民たちが収容された。この場合のホテル空間は、二週間という期限限定で過ごす帰国者たちの隔離生活とは全くの別世界であり、チェックアウトの期限もなく、収容者に身体的、精神的に計り知れない悪影響を与える「行政的、そして明らかに懲罰的な拘禁の場[26]」に他ならない。たとえば、ブリズベンとメルボルンの代替収容施設のホテルでは通常一部屋に二人以上が収容され、常に警備員の監視下に置かれる。ホテルのジムを利用できるのは一日せいぜい数時間でしかなく、移動制限はパンデミック禍の前でも代替収容施設のホテルの方がオーストラリア本土のあらゆる拘置所よりもはるかに厳しかったという[27]。

そうしたブリズベンの代替収容施設でパンデミック禍に起こった以下の出来事について、グリフィス大学の二人の研究者らが写真とともに報告している[28]。二〇二〇年四月、ブリズベンで最初のロックダウンが行われた日、交通量の多い道路を見下ろすカンガルー・ポイント・ホテルのバルコニーで、国外収容所から治療のために搬送され、拘禁状態にある人たちが自由を求める手書きの嘆願書を掲げていた（図3）。ソーシャル・ディスタンスを取ることもできない上に、彼らが外気を吸える空間はこのバルコニーだけであった。やがて彼らの支援者が大勢集まってホテルを取り囲むようになり、収容者全員が強制的に他の施設に移送される二〇二一年四月までの五四週間にわたって、抗議運動が続けられた。

（25） Gibson（2003）

（26） Burridge（2023）p.5.

（27） Burridge（2020）

（28） Ubayasiri and Balle-Bowness（2023）. この出来事を撮影したK. ウバヤシリの写真は以下にも掲載されている。https://www.kuimages.com.au/borders（二〇二三年八月一日アクセス）。なお、本章の写真はウバヤシリ氏本人の承諾を得た上で転載した。

図3　代替収容施設カンガルー・ポイント・ホテルのバルコニーで抗議する収容者たち［出典：Ubayasiri and Balle-Bowness (2023) p.12］

当初、支援者たちはバルコニーの収容者たちを励ますために、地上の警備員の頭越しにキャッチボールを試みようとしたり、詩を読み聞かせたり、路上で歌ったり踊ったりした。その後、難民たちはバルコニーに出ることさえ禁じられた。

　ここでは、一見何の変哲もない郊外のホテルの境界壁が、いつしか国境へと変貌した。支援者たちはその境界を超えてホテルの私有地に入ることはあっても、難民たちがその境界を越えることはない。厳密には、彼らはオーストラリアにいるのではなく、空港の出国ラウンジのような、どこでもない、宙ぶらりんの境界の間（はざま）にいるのだ。そして、ホテルの所有者が、豪政府から収容の運営を受託していた警備保障会社からホテルを取り戻した時、その国境は崩壊し、ホテルの敷地も再びオーストラリア本土に戻っていった。[29] 感染対策としての隔離のためのホテルと同様に、こうした変則的な国境は変幻自在に現れたり消えたりするのである。

　二〇二二年一月には、メルボルンにある代替収容施設のパーク・ホテルが、テニスのオー

(29)　以上、Ubayasiri and Balle-Bowness (2023) pp.12–16より

図4　先端の尖ったフェンスに囲まれたヴィラウッド入国管理収容所（右）この敷地内への不法侵入は刑法で禁じられているとのオーストラリア政府による警告（左）（筆者撮影、2023年9月）

ストラリア・オープンに出場するために豪州入りしたノバク・ジョコビッチ選手（セルビア国籍）がワクチン非接種を理由にビザを取り消されて二度も収容されたことにより、国内外から注目を浴びた。カンガルー・ポイント・ホテルもパーク・ホテルも収容者は去り[30]、現在は普通のホテルとして稼働している。他方で、れっきとした収容所はオーストラリア国内に依然として存在している。その多くは人里離れた僻地に立地しているが、ヴィラウッド入国管理収容所はシドニーの中心部から西へ電車で四〇分程の距離にある。そのフェンスに囲まれた、名称がどこにも示されていない建物（図4）もまた、私たちと収容者を隔てる拡張された国境空間の一部なのである[31]。

4　「境界」への想像力

本章では、COVID-19のパンデミックを契機に立ち現れた、さまざまな「境界」についてみてきた。何より、国境が国家権力によってこれほど容易に閉鎖されて

(30)　その後、地域社会で暮らしている人たちもいるが、豪政府はかれらの定住を認めず、第三国への難民申請か祖国への帰還を求めている。

(31)　正式名称は、Villawood Immigration Detention Centre. 一九七六年に合法的な移民が手続きのために一時住居するホステルとして開設され、後に非正規移民や庇護希望者を対象とする収容所となった。

しまうことは、誰にとっても想定外の出来事だったと言える。その一方で、国境は決して堅固な要塞ではなく、誰が越えようとするかによって開閉自在であること、また、ホテルという空間が、防疫のための隔離にせよ、収容施設の代替にせよ、国境管理に組み込まれており、国境が多形（polymorphic）であることにも気付かされた[32]。さらに、これまでほとんど意識されてこなかった州や行政区の境界が、突然存在感を示すようになり、国内の移動さえも阻むばかりか、州民としての意識にも影響を及ぼし、あるいは行政区の境界が住民間のさまざまな格差のボーダーとして露わになった。

だが、そもそも、国境に関して言えば、これまでも決して万人に等しく開かれていたわけではなかった。多くの人びとは自らの移動の自由を謳歌しながらも、それを享受できない人びとがいることを知っていたはずである。むしろ、移民・難民の受け入れに関して、人道よりも国益に基づく厳格な国境管理を支持していた人も決して少なくなかっただろう。また、国家にとって好ましくないと見做されるボートピープルを排除するために境界が伸び縮みするという（第8章を参照）、国境管理の恣意性にも気付いていたかもしれない。ただ、パンデミック以前は、それらはあくまで「他者の経験」に過ぎず、自分とは関わりのないことだったのだ。

人類学者の門田岳久は、コロナ禍における自らの欧州への越境体験をオートエスノグラフィーとして論じた中で、次のように主張する。

コロナ禍以前においては国際移動における国境の困難さを「他者」の経験として見なしてきた西洋や先進国の人々（多くの観光者や研究者、そして私はここに含まれる）にとっ

（32） 多形な国境（polymorphic borders）については、Burridge et al.（2017）を参照

ては、この一時的な国境封鎖に伴う国際移動の困難さのおかげで、自らの特権的な立場を相対化し、それを支える権力関係を検討する機会となるはずだ(33)。

また、難民問題を専門とするオーストラリアの法律家マドリン・グリーソンは、コロナ禍で国境や国内の境界に阻まれ親族や友人と離れ離れになった人びとの経験と、オーストラリアに辿り着いたものの配偶者や家族の呼び寄せを禁じられた難民たちの境遇とを重ね合わせる。そして、こうした共感が、より人道的で公正な難民政策に変えていく契機となることに期待を寄せる(34)。

再び移動の自由を手に入れた今、多くの人びとにとって「境界」の存在感は急速に薄れつつあるかもしれない。それでも、「境界」にまつわる経験や気づきを共有したからこそ、理不尽で恣意的で変幻自在な国境／境界で翻弄される人びとに想いを馳せることができるだろう。それはオーストラリアに限らず、日本や他国の人びとも同様である。

本章の冒頭で、アーリの「移動論的転回」について言及した。それを踏まえ、我田引水との誹りを覚悟であえて言うならば、今こそ「境界論的転回」が求められるのではないだろうか。それは、移動のみならず「境界」への想像力を常に持ち続けることであり、ポスト・パンデミックの時代となってもなお、一部の人びととの移動の自由を阻み続ける、非人道的で正義や公平性から逸脱した「境界」の政治を問い直すことである。

(33)　門田（二〇二一）五三頁

(34)　Gleeson（2021）

［参考文献］

アーリ、ジョン（吉原直樹・伊藤嘉高訳）『モビリティーズ――移動の社会学』作品社、二〇一五年

小暮哲夫「「帰国禁止措置は無効」　インド滞在中の豪州人が国提訴」『朝日新聞』二〇二一年五月五日

門田岳久「虚構のボーダーレス――パンデミック下の国境管理と日常に関するオートエスノグラフィー」『立教大学観光学部紀要』第二三号、二〇二一年
日本経済新聞「永住者再入国制限、米欧が日本問題視（国際法ルールと日本）」『日本経済新聞』（朝刊）二〇二〇年七月二八日
Baker, Jordan and Matt Wade, ‘A Tale of Two Sydney: ‘We’re in the Same Storm, but Different Boats’, *Sydney Morning Herald*, August 23, 2021
Bashford, Alison, ‘Quarantine and the Imagining of the Australian Nation’, *Health: An Interdisciplinary Journal for the Social Study of Health, Illness & Medicine*, 2 (4), 1998.
BBC, ‘Western Australia: Isolated State Reopens Two Years into the Pandemic’ *BBC News*, March 3, 2022（電子媒体、二〇二三年八月一〇日アクセス）
Burridge, Andrew, ‘Towards A Hotel Geopolitics of Detention: Hidden Spaces and Landscapes of Carcerality’, Short Symposium: Border Hotels: Spaces of Detention and Quarantine, *Politics and Space*, Vol. 0(0), 2023.
Burridge, Andrew et al., ‘Polymorphic Borders. Territory, Politics’, *Governance*, 5 (3), 2017.
Butler, Ella and Deborah Lupton, ‘Bubbles, Fortresses and Rings of Steel: Risk and Socio-spatialities in Australians’ Accounts of Border Controls during the COVID–19 Pandemic’, *Social & Cultural Geography*, July 27, 2023.
Gibson, Sarah, ‘Accommodating Strangers: British Hospitality and the Asylum Hotel Debate’, *Journal for Cultural Research* 7(4), 2003.
Gleeson, Madeline, ‘Unpicking the Legacy of the Tampa’, *Inside Story*, September 3, 2021（電子媒体、二〇二三年八月一日アクセス）
Johnson, Paul, ‘Western Sydney’s COVID Lockdown Raises Questions on Q+A about Racism and Classism’, *ABC News*, July 30, 2023（電子媒体、二〇二三年八月一〇日アクセス）
Lobo, Michele and Kaya Barry, ‘Visualising Quarantine: Spacetimes of Chartered Aircraft and Mandatory Hotels’, Short Symposium: Border Hotels: Spaces of Detention and Quarantine, *Politics and Space*, Vol. 0 (0), 2023.
Mao, Frances, ‘Celebrities in Australia Anger Stranded Citizens over “Double Standard”’, *BBC News*, April 1, 2021（電子媒体、二〇二三年八月一日アクセス）

Mao, Frances, 'Covid: Australians Could Face Jail or Fines If They Return from India', *BBC News*, May 1, 2021（電子媒体、二〇二三年八月一日アクセス）
Marcus, Lilit, 'Western Australia Ends One of the World's Longest Border Closures', *CNN Travel*, March 3, 2022（電子媒体、二〇二三年八月一〇日アクセス）
Ubayasiri, Kasun and Ari Balle-Bowness, 'A Photo-journalistic Exploration of COVID, Refugees, and Brisbane's Polymorphic Border', Short Symposium: Border Hotels: Spaces of Detention and Quarantine, *Politics and Space*, Vol. 0(0), 2023.
Westcott, Ben, 'Australian Government Accused of Racism over Threats to Imprison Travelers from India for Five Years', *CNN*, May 3, 2021（電子媒体、二〇二三年八月一日アクセス）

第5部

作品から「移動」と「境界」を考える

——文学・演劇・ドラマ・音楽・映像作品・ノンフィクション

文学

ミシェル・ド・クレッツァー（有満保江・佐藤渉 訳）『旅の問いかけ』現代企画室、二〇二一年

移動の時代における旅と境界――ポストコロニアル後の小説

有満保江

従来、小説は個としての主体、アイデンティティを確立させるためにヨーロッパで発達してきた文学形式のひとつである。大航海時代にヨーロッパ人が未知なる世界を知ることによって主体が脅かされ、個としての存在を確認するために小説が発達したとされ、小説は植民地の産物であるといわれる(1)。一九世紀が移民の世紀、二〇世紀が亡命者、難民の世紀であるならば、二一世紀はIT技術の発達によって情報のグローバル化が進む一方で、戦争や紛争によって人が移動し、民族、言語、文化のボーダーが消滅する時代でもある。その結果、国家や土地、文化や民族に根差す確固たる主体を軸に書かれていた小説は、変容を余儀なくされている。そんな世界的な状況の中でオーストラリアは、二〇世紀後半から洋の東西を問わず、世界各地から移民や難民を受け入れ、多文化社会を形成している。そこでは多様な民族、言語、文化が共存し、やがてはそれらの混淆が起こり、ボーダーは次第に消滅している。現在のオーストラリアの、ことに移民作家たちのナショナリティや民族的、文化的アイデンティティの境界が、見えにくくなってきているのが現状である。つまり読者は、現在のオーストラリアの小説を読むだけでは、作家の属性を特定することが困難になっている、ということである。オーストラリアの移民作家たちは、個の属性から切り離された空間のなかで作品を書いているのが実状であろう。そしてこの変容する小説

の好例として『旅の問いかけ』があげられる。

『旅の問いかけ』(2) はミシェル・ド・クレッツァーによる長編小説である。この作品は、スリランカ出身のシンハラ人である男性ラヴィと、白人系オーストラリア人の女性ローラという、年齢、性別、出身地、民族的・文化的背景のまったく異なる二人が、それぞれの理由で旅をする物語である。ラヴィは祖国の民族的対立による内戦のために、自らの選択でオーストラリアにたどり着く。一方のローラは遺産を元手に自らの意志で祖国オーストラリアを離れて世界を旅してまわる。二人にとってそれぞれの旅は、自己探求の旅であり人生の意味を問いかける旅でもある。やがてふたりはシドニーで出会う。そこはあたかも国際線のトランジットのロビーのように、世界各地から多種多様な人びとが訪れ、出会い、すれ違い、そしてまた別々の方向に別れていく。ラヴィは他の多くの難民たちのように、オーストラリア人としてこの地に溶け込むことができず、スリランカへ帰国する。一方のローラは、故郷シドニーに落ち着くこともなく、再び自分探しの旅に出る。二人が歩む道は、一時的に接点がありながらも再び終わることのない人生という旅をとおして、答えのない問いかけを続けていく。この作品では、二人の人物について語る章が交互に描かれているが、この設定は移民である作者自身の分裂するアイデンティティを象徴的に示していると思われ、二人の存在それぞれが作者の、

『旅の問いかけ』現代企画室、2022年

ひいては広い意味でのオーストラリアの移民の分身であると考えられる。

『旅の問いかけ』の著者ド・クレッツァーは、スリランカ生まれで一四歳の時に家族とともにオーストラリアに移住、メルボルンとパリで教育を受け、やがて作家となった。彼女はこの作品でオーストラリアの最も権威あるマイルズ・フランクリン賞を受賞し、ほかにも数々の重要な文学賞を受賞している。彼女の作家としての成功は、故郷を離れて多文化社会に生きるオーストラリア人の、分裂し浮遊する複雑なアイデンティティを作品に投影し、新しいオーストラリア人とは何かを問いかけているところにあると思われる。スリランカ人のラヴィの描写からは、作者自身の故郷であるスリランカの民族紛争による悲惨な内戦の様子が映し出され、白人系オーストラリア人のローラの描写からは、世界各地から訪れる移民たちに囲まれながらなお、自分自身の本来の故郷であるヨーロッパの過去の歴史や記憶が交錯する不安定なアイデンティティが映し出されている。そうした二人の人物をパラレルに描写することによって、複数の視点から現在のオーストラリア人の複雑な心情に迫り、未だ大地に根差すには至っていない定義不能な移民たちを、著者ならではの手法によって描き出している。

実際、ド・クレッツァーは、一方で登場人物たちが現実に移動し行動する状況をリアリズムの手法で描写しながら、他方では彼らの目に見えない記憶や空想、心理状態など、時空を超えた非現実の世界を描写している。このような描写が作品のいたるところに散りばめられることによって、小説のなかの登場人物の――そのほとんどが移民、難民であるが――実際に描写されている行動や思考の背後にある、過去の経験やできごとの詳細が明らかにされていく。さらに作品を読み進めていくうちに、このリアリズムと非リアリズムの交錯が、多文化社会が織り成す複雑な文化的混淆を描きだしていることがわかってくる。この小説からは近代小説の、統一されたアイデンティティ、すなわち、一つの国家、文化、そしてエスニシティから成るという原則はもはや通用しなくなっている。このように国家、文化、エスニシティのボーダーを超える多文化社会、あるいはグローバル社会は近代小説の従来の概念を変えつつあるといえよう。

ド・クレッツァーは、多文化社会が生み出した移動の時代の作家であり、従来の小説では当然と考えられていた固定的な主体を作品に表象するのではなく、複眼的で差異のアイデンティティを表象する作家である。作品に登場するのは多文化社会オーストラリアに生きる人びとであるが、グローバル化時代といわれる現代の、どこにでも存在している移動する人びとに当てはめることのできる、普遍的な人びとであるといえよう。この作品が高く評価される由縁は、オーストラリアを舞台としながらも、この時代を生きる人間の真実が、壮大なスケールで語られているところにあるといえるだろう。

［注］

（１）三浦雅士『小説という植民地』福武書店、一九九一年、二〇–二一頁

（２）原題は De Kretser, Michelle, *Questions of Travel*, Sydney, Allen & Unwin, 2012.

文学

個人の意識から世代の広がりへ

岩城けい『さようなら、オレンジ』筑摩書房、二〇一三年、『サウンド・ポスト』筑摩書房、二〇二三年

湊　圭史

岩城けいのデビュー作『さようなら、オレンジ』（二〇一三）は、オーストラリアを舞台に日本とアフリカの紛争国からの難民の交流を描き、ディアスポラ・アイデンティティを主題とした小説として日本語文学の中で特異な位置を占める。岩城は『さようなら、オレンジ』の後、『Masato』（二〇一五）、『ジャパン・トリップ』（二〇一七）、『Matt』（二〇一八）、『サンクチュアリ』（二〇二〇）と着実に作品を発表し、最新作『サウンド・ポスト』（二〇二三）では一人親となる男性を主人公に、デビュー作の主題——異文化の衝突、英語、技術・芸術、「家族」のかたち——を語り直している。ここではデビュー作と最新作を並べ、主要主題がどのように引き継がれ、また発展しているかを見てみよう。

岩城の小説の中心主題は、異文化環境におけるアイデンティティの揺らぎと再構築である。『さようなら、オレンジ』では、アフリカ人女性サリマが難民としてオーストラリアに移住した後、職と英語学習の場を得て社会的自我を確立してゆく。サリマと深く交流する日本人女性「ハリネズミ」（サリマがつけたあだ名）も第一子を亡くすという不幸がありながら、「書く」ことを自身の核として見出すに至る。二人はオーストラリア社会に対する立場の違いから緊張を孕んだ関係をもちながら、信頼できる友人同士としてシスターフッドを築きあげる。

『サウンド・ポスト』筑摩書房、2022年

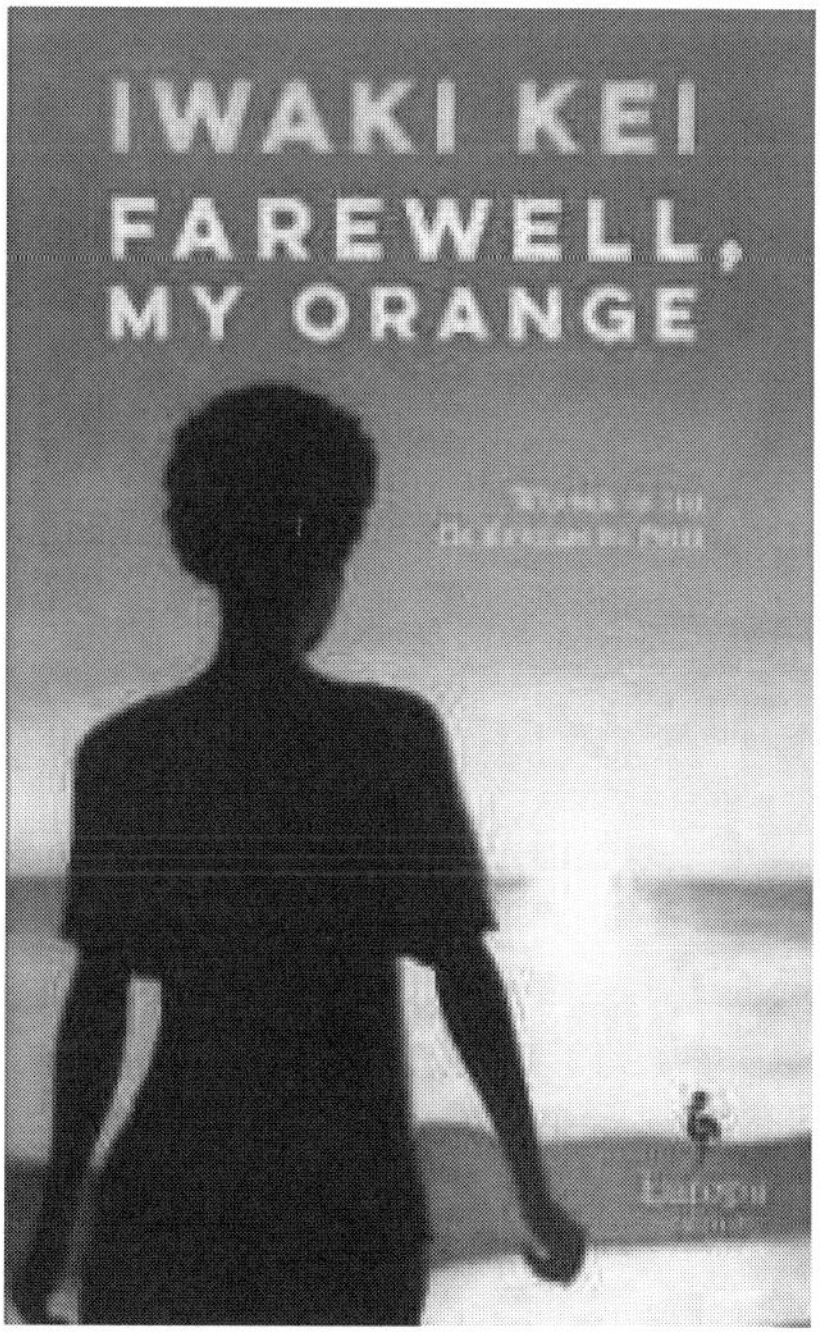

『さようなら、オレンジ』英語版、2018年

『サウンド・ポスト』では、オーストラリアで和食シェフの崇が妻亡き後、日本語の通じない娘を育ててゆく。本格的に和食を学ぶ機会がなかった崇は、友人でレストラン経営者の瑛二と共にオーストラリア人客の好みを掴むことで店を軌道に乗せている。しかし英語を真剣に学ぶ機会がなくもともと寡黙な性格もあって、決してオーストラリア社会に適合しているわけではない。崇が周囲の社会とつながりをもつのは、娘メグの養育における必要、特にメグの習い事のバイオリンとネットボールを通じてである。ここには日本人男性がジェンダー役割を再構築していく姿も見える。

　彼女・彼らのアイデンティティを揺らがせる要因はまず何といっても英語である。サリマはまったく英語を知らず、崇は最低限の英語だけで暮らし、「ハリネズミ」はオーストラリアの大学で創作を学ぶ機会もあったというように知識レベルは大きく違う。ただし、多民族国家でありつつ英語を絶対的マジョリティ言語とする国にあっては、英語を母語とする者たちとの間に存在する差異がアイデンティティを常に揺らがせる。オーストラリア人男性と結婚し、長年英語で暮らしてきたにも関わらず異国での暮らしに精神のバランスを失ってゆく、サリマらと同じ英語学校のクラスで学ぶイタリア人女性「オリーブ」の存在も効いている(「オリーブ」の立ち位置は、山本道子著『ベティさんの庭』(一九七二)――第六八回芥川賞受賞作――の主人公で「戦争花嫁」のベティさんと比較してみたい(注))。

言語によって生じる揺らぎを、登場人物たちは他の活動やコミュニケーション方法によって乗り越える。サリマの食肉処理や崇のシェフとしての仕事は社会との確実なつながりとなる。また、「ハリネズミ」の小説創作や崇の娘メグのバイオリン演奏(またその付き添いで講師のコメントを書きとり、音楽的教養はなくともメグの演奏に言語に変わるコミュニケーションを見出す崇のあり方)は、単純に周囲の社会にはつながらないものの、目標を遠くに置くがゆえにより精密に世界における自らの位置を測る方法を示している。岩城作品の魅力の一つは、世界との関わりにおけるこうした多面性、多層性を書き得ていることだ。

デビュー作『さようなら、オレンジ』と最新作『サウンド・ポスト』を並べてみてもっとも印象的なのは、この作家が「家族」のかたちについて多角的に思いを巡らせていることだ。言い換えれば、岩城作品は、家族という小単位の共同体の文化が、国家という大規模な共同体の文化とどう干渉し合い、個人に影響しているかについてのケーススタディである。家族が文化の違いの暴力性から個人を守る防波堤となり、文化の違いが閉塞的になりがちな家族を開放的にする要因となる。

家族という主題からは、岩城の作家としての進展も読み取れる。それは『サウンド・ポスト』においては「世代」の問題が登場していることだ(『Masato』や『ジャパン・トリップ』ですでに「世代」の問題がとりあげられている)。個人の意識、現在に集中していた『さようなら、オレンジ』から時間性が広がることより、上にあげたような主題群をさらに柔軟に語るようになっている。次作以降、より大きなスケールの作品へと展開していくことを期待したい。

〔注〕 山本道子『ベティさんの庭』では、進駐軍兵士のオーストラリア人マイクと知り合って結婚、渡豪した日本人女性・柚子が、ベティさん（洗礼名エリザベスから）として三人の息子を育てあげるが、その後オーストラリアの環境に馴染めず、徐々に心の安定を失ってゆく様が描かれる。柚子と『さようならオレンジ』の「オリーブ」では出身地も性格も大きく異なるが、だからこそ、合わせて読むとディアスポラ的環境がもたらす困難の深刻さを考えさせられる。この二人がともに食用の果樹の実の名前をもっているのは偶然だろうか。

演劇

S・シャクティダラン『カウンティング&クラッキング』

三世代の人々の生き様を描く壮大な物語

佐和田敬司

オーストラリアとスリランカを行き来しながら、三世代の人々の生き様を描く壮大な物語である本作は、二〇一九年にシドニー・フェスティバルとアデレード・フェスティバルで初演されて大きな反響を呼び、二〇二二年に英国エディンバラ・フェスティバルでも上演された。キャストは、オーストラリアを含めて六つの国から一七人が集結した。まさに、物語の登場人物と俳優の身体が、世界を縦横に移動しながら作り上げられた舞台といえる。

物語は、主人公である中年女性ラーダとその大学生の息子シダータが、オーストラリアで亡くなったラーダの母の遺灰を、シドニー近郊のジョージズ川に流すところから始まる。儀式を執り行うヒンズーの僧侶に、ラーダは自分の祖父アパの遺灰を、まだ適切に葬れないままアパートに置いてあることを告白する。かつてラーダはスリランカのコロンボに暮らしていたが、シダータを腹に宿したまま、オーストラリアへ渡ってきた。シダータは英語しかしゃべれずスリランカのことを何も知らない今時のオージーの若者で、ラーダもオーストラリアの生活になじんでいた。しかし二〇年前にスリランカの内戦で死んだと信じていた夫のティルーが、生きて彼女に電話をかけてきたときから、ラーダの時間は過去へ、コロンボへと引き戻される。

ラーダの祖父アパはスリランカの民衆に人気のあった政治家で、ラーダはコロンボの屋敷でアパにかわいがられて育った。アパには、ヴィンサンダという盟友がいた。しかしスリランカで話される二つの言語、シンハラ語とタミール語のうちシンハラ語のみを公用語とする政策を実行しようとするヴィンサンダと、アパは袂を分かつ。アパはシンハラとタミールの共存を訴えスリランカの分裂を止めようと一人奮闘するが、すでに一部のタミールの若者は過激化して「タミール・イーラムの虎」となり、ヴィンサンダたちスリランカ政府は「虎」の掃討を開始、シンハラ系住民の暴動とともにコロンボは内戦状態に陥る。ラーダの夫ティルーはアパが贔屓にしていた果物屋の息子で、アパの支援で教育を受け、建築家になりラーダと幸せな結婚生活を送っていた。しかし妹が「タミール・イーラムの虎」に加わったことでティルーも命の危険にさらされ、内戦の混乱のなか行方知れずとなった。刻々と動乱が広がっていく中、ラーダは、夫が死んだと確信し、またアパをもテロによって失い、ついに、腹に宿した子供を守るため、コロンボの屋敷を売り払って両親が滞在するオーストラリアへ逃れることを決断する。

『難民たちの物語：カウンティング&クラッキング／ボーイ・オーバーボード〜少年が海に落ちたぞ!』オーストラリア演劇叢書15巻、オセアニア出版社、2022年

シダータは母ラーダのコロンボ時代のことを何も知らなかった。そして、会ったことのない父ティルーが、妻と子のいるオーストラリアをめざし、密航業者の手配で粗末な難民船に乗ろうとしている状況に、シダータは

激しく動揺する。ラーダは、祖父アパの話、そしてヴィンサンダの息子でジャーナリストとなり、やはりテロによって命を落としたハーサの勇気ある生き様の話を、初めてシダータに語って聞かせる。こうしてついにシダータは自分のルーツを知った。それは、シドニーのラーダのアパートに置かれていたアパの遺灰を、適切に葬る資格を身につけたことを意味していた。そしてラーダとシダータたちは、シドニー近郊のヴィラウッド入国管理収容所で、ティルーと出会い抱擁する。

シダータの心の旅は、スリランカだけにはとどまらない。通っている大学で、アーネムランドのイルカラから来た先住民ヨルングの女性リリーと、シダータは出会い、愛を育む。シドニーのジョージズ川から海へ出て、イルカラを流れる川へ、そしてスリランカへと、水が流れていくたとえを用いて、シダータはその三つの場所を「家」として行き来する自分を、恋人に語る。オーストラリアに生まれ、その大地に抱かれながら、家族の愛を通してスリランカとのつながりを取り戻したシダータの姿は、作者の言葉を借りれば「移民が社会に適合するために自分の一部分を捨てることを求められず、むしろ自分たちのすべてを提示してみせる」理想のオーストラリアを象徴するものとして描かれている。

作者はまた、自らの作品を「真実の集まる神聖な場所」と呼ぶ。自分の家族から主要登場人物たちを創造し、さらに彼の周囲にいるスリランカの人々から取材して実際の彼らの言葉を台詞に取り入れていったという。このように、作者一人の想像力ではなく多くの人々の証言や記録を用いてテクストを作り上げる手法が用いられることにより、様々な経験をした人々の「真実」の物語が舞台に集められ、作者の家族やスリランカのコミュニティにとって、過去を整理し未来へ向かう癒やしの空間になったのである。

タイトルの「カウンティング&クラッキング」も、アパのモデルだった作者の曾祖父が言った言葉から来ている。劇中でアパは、コロンボの内乱の中、ガンジー的な理想に基づく民主主義を主張するラーダに対して、自らの出身の村の話をする。村では、伝統的な酒づくりが行われ見事に運営されていたが、ある時イギリス人たちがやって来て酒づくりを管理しようとした。怒った村人たちは酒の瓶を全部割ってしまったという。かつてガンジーが言ったような、人々があまねく参加する理想の民主主義を、自分たちは追い求めない。むしろ自分たちにとっての「民主主義とは、ある範囲の内で頭数を数えること（counting）、しかしその範囲を超えたら割ってしまうこと（cracking）だ。（注）」つまり、自分たちの内では民主主義を実行しても、外からの介入に対しては酒の瓶を割るようにはじき出す、ということを、このタイトルは意味している。

日本では二〇二二年に、作者シャクティダランを招いて日本語訳によるリーディング上演が行われた。日本語台本は拙訳『難民たちの物語—カウンティング＆クラッキング／ボーイ・オーバーボード〜少年が海に落ちたぞ！』（オーストラリア演劇叢書15巻、オセアニア出版社刊）に収録されている。また、作者を含め日本での上演に関わった人たちの発言は、日本演出者協会国際部編『国際演劇交流セミナー二〇二二 年鑑』で読むことができる。

［注］　S・シャクティダラン、（佐和田敬司訳）「カウンティング＆クラッキング」『難民たちの物語—カウンティング＆クラッキング／ボーイ・オーバーボード〜少年が海に落ちたぞ！』オーストラリア演劇叢書15巻、オセアニア出版社、二〇二二年

ドラマ

収容所を支配する狂気の中で拠り所を失い彷徨う人びと

『ステートレス—彷徨のゆくえ— (Stateless)』

オーストラリア公共放送（ＡＢＣ）制作、二〇二〇年

飯笹佐代子

本作は南オーストラリアの砂漠地帯にある非正規入国者の収容所を舞台とする、大物俳優をそろえた六回シリーズのドラマである。二〇二〇年二月にベルリン国際映画祭で上映され、翌月からオーストラリア公共放送（ＡＢＣ）によってテレビ放映された。その後、ネトフリックスから世界配信され、日本語の字幕付きで観ることができる。

有刺鉄線のフェンスに囲まれたこの収容所には、主に中東やアジア、アフリカからの庇護希望者や難民が拘留されている。そこに突如、ドイツ人を自称する若い白人女性が収容されるという設定は、いかにもあり得そうにないフィクションにみえる。ところが、これは驚くことに実話に基づいているのだ。二〇〇四年、精神疾患を患っているドイツ出身の元客室乗務員コーネリア・ラウが、オーストラリアの永住権を持っているにもかかわらず、旅券偽造と不法入国の容疑でバクスター収容所（二〇〇一年から〇七年まで稼働）に四か月間拘留されたことが発覚した。この事件は豪政府の失態として当時メディアで大きく取り上げられた。

ドラマにおいては、イヴォンヌ・ストラホフスキー演じるソフィーという名のドイツ系オーストラリア人がバートン収容所に拘留されたというように脚色されている。この架空のバートン収容所には、難民認定されたの

ドラマ　『ステートレス―彷徨のゆくえ―』からのシーン（出典：ネトフリックス）

に受け入れ先がなく、出発の準備をしたまま旅行鞄とともに屋外で七年も待ち続ける高齢の男性や屋根の上で抗議を続ける収容者たちが登場する。職員による日常的な暴力などとともに、実在の収容所でもよくみられる光景だと言える。

物語は、ソフィーに加えて三人の人生を絡ませながら展開していく。タリバンの迫害から逃れ、インドネシアのクパンから妻子と密航船で渡豪を試みるアフガニスタン人アミール（役者はフェイザル・バジ）。より高い収入を得るために、収容所の運営を請け負う警備会社に看守として転職した三児の父親キャム（同、ジェイ・コートニー）。そして、首都キャンベラの移民省から赴任したばかりで、収容所内の人権侵害を暴こうとするメディアと対峙し、収容政策を正当化しようとする女性官僚クレア（同、アッシャー・ケディ）。互いに全く異なる世界に住みながら収容所という空間で遭遇した四人のそれぞれの生き様や思いを通して、収容所の常軌を逸した理不尽な実態と四人の感情の機微が絶妙に描かれる。さまざまな出自の収容者が登場するが、背景役者たちの中には、難民としての経験者も多いという。

長女ミナの将来を何より気にかける父親アミールを熱演するバジは、アフガニスタンではなくレバノン出身の俳優である。ダリー語（アフガニスタンの公用語の一つ）の台詞のために、ダリー語の通訳兼翻訳者でミナ役ソラヤ・ハイダリの父親から特訓を受けたという。写真は、ミナが収容所を出てオーストラリアの里親のもとに行く直前、父娘が英語とダリー語の混じった言葉を交わす切ないシーンだ。

ドラマでは、収容所の立地する乾いた大地と対置されるように、しばしば水が映し出される。アミールの次女がクパンのホテルのプールで迷子になるシーンは、不吉な密航を予感させる。密航の海は、安全で自由な未来への希望であると同時に、越境を阻んで犠牲を強いる無慈悲な顔を併せ持つ。ソフィーが沖に向かって泳ぎだす海は、彼女の行き場のない心の焦燥感を暗示しているかのようだ。そして、クレアやキャムたちが自らの生活の場と収容所を行き来する際に渡る橋の架った川は、オーストラリア社会と収容者を隔てる境界を象徴している。最終回の最後のシーンはさざ波が打ち寄せる砂浜を歩くミナの姿が映し出される。

タイトルの「ステートレス（stateless）」は、どこの国にも属さないことを意味するが、それは祖国にも帰れず、オーストラリア国内に居ながらも滞在許可が下りずに宙ぶらりんな状態に留め置かれている収容者だけを指しているわけではない。マッコーリー大学の法学者J・ニューハウスも述べているように、アミールが祖国のタリバンから必死に逃れようとしているのと同様、誰もが何かから逃れようとしている。ソフィーはかつて属していたカルト教団や家族の重圧から、キャムは自身の正義感を蝕もうとする収容システムの狂気から、そしてクレアはメディアだけでなく移民省の圧力からも逃れようともがき、さまよい、拠り所を失っている。

脚本はエリス・マクレディとベリンダ・チャイコが書き、監督はエマ・フリーマンとジョセリン・ムーアハウスが務めた。本作の着想と制作全般に関わったケイト・ブランシェットはカルト教団の主宰者役でも好演技を見せる。彼女は、収容政策を支配する狂気が、オーストラリアだけでなく世界中に蔓延し、人々が狂ってしまった制度の中で生きていると警告している。強調しておきたいのは、豪政府が二〇一二年以降、このドラマの時代設定の二〇〇五年前後よりもさらに厳しい政策へと舵を切ったことだ。密航による庇護希望者を国外の収容施設に移送することに加えて、二〇一三年七月には、そこで難民認定されても豪国内で定住できる一切の可能性を断ったのである（第8章参照）。

そして近年、イギリスをはじめ、オーストラリアのように庇護希望者を国外の収容所に送ろうとする国も出てきている。祖国を逃れざるをえない人びとが増加の一途をたどる一方で、とりわけ先進諸国は庇護希望者の受け入れに対してますます消極的になっているのだ。

そうした趨勢の中、国際社会にむけて本作はどのようなメッセージを持ち得るのだろうか。

［参考文献］

Bizzaca, Caris, 'Elise Mccredie: Showrunning and Co-Creating stateless', *Screen News*（Screen Australia）, Feb. 21, 2020（電子媒体、二〇二三年八月一〇日アクセス）
Newhouse, George, 'Stateless Review: Remembering a Time When We Were Outraged', *The Conversation*, March 15, 2020（電子媒体、二〇二三年八月一〇日アクセス）
Sebag-Montefiore, Clarissa, 'Cate Blanchett on Global Politics and Immigration Detention: "You're Living in a System That's Gone Mad"', *The Guardian*, Feb. 19, 2020（電子媒体、二〇二三年八月一〇日アクセス）

映像作品

からゆきさんの逞しく生きた証しを求めて

金森マユ（平林純子 日本語訳）
『あなたは私を蝶と間違えた』ビデオ版、二〇二一年

金森マユ

自作のパフォーマンス・ポエム『あなたは私を蝶と間違えた』は、明治時代に日本からオーストラリアに渡った、いわゆる「からゆきさん」[1]と呼ばれる女性達に光を当てている。初上演は二〇一七年、作曲家・音楽家の鳴島輝美さんと共にウーロンゴン大学で行われた豪州日本研究学会研究大会の文化イベントとして披露し、その後、ショートムービーとして発表した。

ゴールドラッシュ時代、ウェスタンオーストラリア州で暴力事件に巻き込まれた日本人女性、オキンの話を中心に語られるこの作品の背景には、主に九州から世界中に渡った女性達の移動の歴史がある。一八九六年までにオーストラリアで働いていたからゆきさんは二〇〇人以上に及ぶ。その数は英領インドのからゆきさんと同じ数で、香港の二倍、シンガポールの三分の二に相当する。オーストラリアでの稼ぎは良く、平均で月給四〇〇円、インドの二倍で香港の四倍以上だった。からゆきさんの職業は書類上、洗濯女、お針子、女中などとされていた。

さて、一八九八年、マウント・マルコム（ウェスタンオーストラリア州）の日本人男性と日本人女性数人が住む家に、三人の白人男性が無理やり押し入り、オキンをレイプしたとされる事件が起こった。この事件の裁判は、同州の刑事裁判所で判事と陪審員立会のもとで行われた。男たちは無罪を主張した。男の一人は二日前にオキン

オーストラリア国立図書館内スペシャルコレクションズ、ディビット・シソンズのからゆきさんに関する資料〔出典：Sissons (1977)〕

に性的接待を受け、当日は友人と一緒に訪れ、ことが終わると彼は友人にお金を借り、彼女にそれを提供した。支払いのことで言い合いをしているときに巡査が現れ、逮捕されたと供述した。法廷弁護士はオキンの「肌の色や信条がどうであれ」女性の貞操を守ることの重要性を強調し、たとえ「遊女であり、どんなに人格が低くあれども、同意なければ、法律上彼女は最も高潔な女性たちと同様な保護を受ける権利がある」と付け加えた。

オキンは通訳を介して、自分は売春婦ではなく、洗濯婦だと供述した。裁判長は通訳を介して証拠を得ることの難しさに言及し、オキンが売春婦であったという証拠はなく、逮捕に立ち会った巡査もオキン宅が通常知られている売春宿ではなかったと証言していることから、容疑はレイプに他ならず、罪は最も重い死刑であると述べた。しかしながら、陪審員らは第一審で合意しなかったものの、最終的には無罪の評決が下された。

パースにあるウェスタンオーストラリア州記録省に保管されているオキンの自筆サインのある事件の事情調書と、オーストラリア国立公文書館の第二次世界大戦中における日本人の抑留記録にある「キン」と名乗る女性の自筆サインを照合してみると、断言はできないが、同じ女性のように思える。そうであれば、事件の後オキンは結婚し、他の日本から渡豪した女性たちのように、ウェスタンオーストラリア州の各地に子孫を残している。

オーストラリアでは今でもオペラ『マダム・バタフライ（蝶々夫人）』の人気は高い。他方で、アジア人女性、特に日本人女性へのジェンダー・ステレオタイプを含むオリエンタリズムを温存するとの声高な批判も存在し続けている。筆者は、こうした二項対立の枠組みを崩すような、日本人女性と白人男性とのラブストーリーを描きたいと以前から考えていた。そういう望みを持ちながら、オーストラリア国立図書館で研究レジデンシーとしてオーストラリアに足跡を残した曲芸団をはじめとする日本人女性について調べていくうちに遭遇したのが、オキンの事件であった。この作品はラブストーリーではないし、事件の顛末はむしろ芥川龍之介の『藪の中』を彷彿とさせるかもしれない。そして、この作品の後半では、からゆきさんの寄進などで建てられたブルームの日本人墓地内の慰霊碑や、からゆきさんの多くの出身地であった長崎県の島原にある理性院大師堂に建てられた天如塔なども取り上げた。

なお、ゴールドラッシュ時代に栄えていたマウント・マルコムは、今ではゴーストタウンと化している。地図で場所を確認すると、そこから三〇キロメートル離れたところに、かつてバタフライという街があり、現在でもバタフライと言う名前の金鉱山があった。現地に足を運んでみたところ、それは『マダム・バタフライ』と関係があるわけではなさそうであったが、蝶々（バタフライ）を本作品のタイトルやモチーフとして使うインスピレーションを得る契機となった。

オキンの物語を通じて伝えたかったのは、からゆきさんの歴史が外国に売られた悲惨な運命では終わっていないこと、貧しい村を離れ、外国で生き延び、それぞれの人生を歩んだこと、さらには寄進という形で各地に彼女たちの生きた証しが今も息づいていることである。現在の時代に日本からオーストラリアに渡り生活する日本人女性は筆者も含めて少なくないが、歴史を振り返り、明治時代においても越境先のオーストラリアで懸命に生きた逞しい先達の女性達が確かに存在していたということに、是非とも思いを馳せていただきたい。

［注］

（1）一九世紀後半、「からゆきさん（唐行きさん）」は九州で使われていた言葉で、外国へ渡って働いた日本人労働者のことを指していたが、第二次世界大戦後から外国に渡り性を売る女性たちの呼称となった。

［参考文献］

Jones, Noreen, *Number 2 Home: A Story of Japanese Pioneers in Australia*, North Fremantle, Fremantle Arts Centre Press, 2002.
Kanamori, Mayu & Vera Mackie, 'You, ve Mistaken Me for a Butterfly', *Japanese Studies*, 37(3), 2017.
Sissons, D.C.S., 'Karayuki-San: Japanese Prostitutes in Australia, 1887–1916– Part I', *Historical Studies*, 17(68), 1977.
State Records Office, Perth WA Supreme Court Case File (no 2883), The Criminal Court / Supreme Court October 7, 1889.
'An Alleged Capital Offence. Three Man Charged the Jury Unable to Agree', *The West Australian*, October. 8, 1898.
'The Mount Malcolm Case. Accused Acquitted', *The West Australian*, October 19, 1898.

音楽

メン・アット・ワーク「ダウン・アンダー」

幻想の「オーストラリア」の葬送

湊 圭史

「下のほうにある《ダウン・アンダー》国の出身なのかい／女たちは輝かしく、男たちといえば略奪者の国の？／聴こえるだろう、雷が鳴っているのが／逃げたほうがいいぞ、隠れたほうがいいぞ」（「ダウン・アンダー」コーラス部分）。

二〇二二年、オーストラリアのロックバンド、メン・アット・ワーク（Men At Work）の名曲「ダウン・アンダー」（"Down Under"）[1]が、APRA AMCOS（オーストラリアのパフォーミング・アーツ作品に関する著作権協会）のビリオン・アワード（Billions Award）を受賞した。[2]ストリーミング・サービスで一〇億回以上再生された曲に送られる同賞の受賞は、一九八一年にバンドの第一アルバム*Business as Usual*（邦題『ワーク・ソングス』）で発表されたこの曲が、四〇年以上経った現在でもいまだ人気を保っていることを示している。

オーストラリアを表すスラング「ダウン・アンダー」をタイトルとし、歌詞にもオーストラリア的要素が織り込まれたこのヒット曲は、オージー・ロックを代表する曲として海外の音楽ファンの記憶にも刻まれている。また、この曲のミュージック・ビデオ（ＭＶ）は、アメリカで音楽専門チャンネルＭＴＶが開局した（一九八一年）直後に制作されたＭＶ表現初期の傑作であり、これによってオーストラリアという国のイメージを脳裏に植えつけられた視聴者も多かった（オーストラリアンフットボール式のパスでベジマイトを塗りつけたバタール——太めのフラ

メン・アット・ワーク（写真提供：ゲッティ イメージズ）

ンスパン――を飛ばす場面など、ユーモアあふれるオーストラリアっぽさが細やかなディテールにも込められている）。

　レゲエ調の軽快なリズムや無邪気な印象のフルートのフレーズによって一聴では明るく楽しい曲だが、作詞作曲を担当したリードボーカルのコリン・ヘイはこの曲で、オーストラリアの国民性が失われていく過程を表現したと言う[3]。確かに、MVの最後では、白服のバンドメンバーの後ろについて棺桶を担いだ黒装束の男たちが砂漠を歩いてゆくし、歌詞や音楽も聴き込んでいくごとに微妙な陰影を増していくように思う。コーラス部分の「聴こえるだろう、雷が鳴っているのが？」には、同時代のオーストラリアの映画（『マッドマックス』シリーズを想起いただきたい）と共通の終末論的発想も看取できる。

　MVでは時代遅れのヒッピーたちが、①砂漠のオアシス、②ベルギー・ブリュッセルのパン屋兼カフェバー、③ボンベイのアヘン窟、④再び砂漠、と旅してゆく。①と④の砂漠は何処と明確には示されていないが、オーストラリア国内の砂漠と解釈したい。つまり、この曲、特にMVは、オーストラリア国内を旅した後、海外を渡り歩き、ふたたびオーストラリアに帰還する（さらに、最後の場面の遠くに見える送電線が示唆するように、オーストラリアの社会へと戻っていく）という過程を描いているのだ。

では、なぜ海外へと向かわなければならなかったかというと、①に出てくる「外国の女性」（a strange lady）や「売却済み　売却済み」（SOLD SOLD）という看板をもった髭・眼鏡・ワイシャツの男が示すように、海外文化や資本が流入して、ヒッピー文化と相性のよいレイドバックした〈古き良きオーストラリア〉が失われていっている（少なくともそう思われた）からである。ただし、海外へ出かけていっても、②のブリュッセルのパン屋兼カフェバーの店員はオーストラリア出身で、③のボンベイのアヘン窟ではオーストラリア人はゴミを売りつけるカモでしかない。今やオーストラリア国内にも国外にも、オーストラリア的あり方で自然に生きられる土地はどこにもない。

さらに、従来のオーストラリアの国民性というものが、そもそも明確に存在したのかについても考えてみるべきだろう。MVの冒頭に登場する赤い「コンビ」（旅をするヒッピーに好まれたフォルクスワーゲン社の小型バス）の前面には、「タネローンが最高」（“TANELORN RULES”）と記されている。「タネローン」は人気ファンタジー作家マイケル・ムアコック（Michael Moorcock）の小説に出てくる都市の名前であり、MV中のヒッピーたちの頭にある自分たちの世界は元から「想像の共同体(4)」であったのだ。

白人男性労働者の楽園としての「オーストラリア」像は、世界史の流れと地誌的な条件によって成立した一時的なファンタジーであったことは、二一世紀の現在からは見やすい事実である。「ダウン・アンダー」の楽曲そしてMVは、このファンタジーの葬送であると同時に、それに留まらず、「国民文化」という発想の幻想性・虚構性を暴くところにまで届いているのだ。

最後に、「ダウン・アンダー」の印象的なフルートのフレーズが童謡「ガムの老木にワライカワセミがとまっている」（"Kookaburra Sits in the Old Gum Tree"、略称 "Kookaburra"）からの盗用であるという判決が二〇一〇年に下され、フレーズ相当分の売り上げを賠償として支払うことがバンドに命じられたことにも触れておこう。[5] このフレーズを考えたとされるメンバーのグレッグ・ハムは二年後に五八歳で亡くなった。精神的に追い込まれて体調を崩したためとされている。

［注］

（1）Men At Work - Down Under（Official HD Video）; *Men At Work*（Official YouTube Channel）, Feb. 8, 2013（電子媒体、二〇二三年六月二三日アクセス）

（2）'Colin Hay Honoured with Billions Award for the Iconic "Down Under"', *Apra Amcos*, November 18, 2022（電子媒体、二〇二三年六月二三日アクセス）

（3）Wiser. Carl, 'Colin Hay of Men at Work', *SongFacts*, November 7, 2003（'It was really a song about the loss of spirit of that country.'—Carl Wiser によるインタビュー記事より）（電子媒体、二〇二三年六月二三日アクセス）

（4）アンダーソン、ベネディクト（白石隆・白石さや訳）『定本　想像の共同体—ナショナリズムの起源と流行』書籍工房早山、二〇〇七年

（5）'Men At Work flautist "cut apart" by plagiarism case', *ABC News*, Apr. 20, 2012（電子媒体、二〇二三年一〇月二三日アクセス）

ノンフィクション

制度と差別を克服し、自ら人生を切り拓いた力強さ

田村恵子『戦争花嫁ミチ　国境を越えた女の物語り』梨の木舎　二〇一一年

加藤めぐみ

「戦争花嫁」ということばを知らない世代がほとんどになった今、そう呼ばれた日本女性が太平洋戦争後にオーストラリアに渡っていたことを知る人も少なくなっただろう。一九四五年の日本の敗戦後、アメリカ占領軍とイギリス連邦占領軍が日本に進駐してくると、その兵士たちと一般の日本人との出会いはさまざまなドラマを生んだ。その中に、かつての敵国の兵士の妻となることを選んだ日本女性たちがいた。この女性たちは、立ちはだかっていた「制度」と「差別」という物理的、心情的な境界を越え、相手の国で戦後の生活を築いてきた。アメリカには約五万人もの戦争花嫁が渡ったといわれている。オーストラリアではまだ「白豪主義」が政策として敷かれていたこともあり、オーストラリア軍は「反宥和主義」を崩さず兵士と民間人の接触を極力制限しようとしていたが、それでも六五〇人ほどの戦争花嫁がオーストラリアに渡ったという。

本書の著者、田村恵子はそういったオーストラリアの日本人戦争花嫁をずっと追い続けてきたこの分野の第一人者だ。本書はそのタイトルにある主人公「ミチ」（一九一九―二〇一五）の来し方の聞き書きである。英語版 *Michi's Memories : The Story of a Japanese War Bride* が二〇一一年にオーストラリアで出版され、その一一年後に日本語版として加筆修正し出版されたものだ。

戦争花嫁は、オーストラリア社会にあった日本人への偏見や敵愾心に晒されるだけでなく、日本社会でも「娼婦」「堕落」といったイメージで捉えられ、風当たりも強かった。ミチもそういった中で夫となるアンガスとの子どもをもうけ、一九五三年に入国許可証を得てオーストラリアに渡ることになる。

本書では第一章でアンガスとの結婚までの経緯が、そして第二章からはオーストラリアでの生活が語られる。戦後間もない時期のオーストラリア社会に残る偏見や差別、ことばの問題、また結婚生活の綻びなどで、時にはくじけそうになりながらもミチは七人の子どもを抱えて奮闘する。第三章では苦労続きの人生の後半が語られる。すでにオーストラリア人としての生活のほうが長くなるなか、日本への里帰りも果たし落ち着いた生活ができるかと思いきや、アンガスとの別離、末子の自死などミチの人生との格闘は続く。だが一方で、オーストラリアに来て三三年になり、子をもうけ、孫もできたことを話した相手から「オーストラリアのために貢献してくれたのですね、辛いこともあったでしょうが、この国を支えてくれる人たちを育ててくれたことに感謝します」といわれて、神からの言葉のように感じる瞬間もあった。

図1　『戦争花嫁　ミチ』梨の木舎、2021年

第四章ではミチの「子どもたちのまなざし」が描かれる。英語ができないままオーストラリアに渡って孤立しながら子育てをしたミチにとって、ことばの問題は大きかった。子どもたちとの間にさえもことばによる壁が存在し「心を開いた会話」が不足したという。このようなミチと周囲や社会の仲介をしたのが長女スミコだった。だがそのスミコは、自身のプライベートな物語が本にな

ることにためらいを感じ、本書では仮名を選ぶまでの様子も伝えられている。

ミチは自身が「戦争花嫁」と呼ばれることに抵抗はないと述べているが、その気持ちを強めたのは「戦争花嫁大会」への参加であろう。一九九三年にメルボルンで開催された来豪四〇周年記念戦争花嫁大会と一九九四年にハワイで開催された日本人戦争花嫁国際大会に参加したミチは、多くの花嫁たちと存分に語り合った。同じ時代と状況を乗り越えた経験を持つ者たちだけが共有できたひとときが、これまでの人生への肯定感を与えたのではと考えられる。

図2　広島県呉1952年頃　オーストラリア軍教育部の担当者が、渡航前の戦争花嫁たちにオーストラリアについての講義を行っている（出典：TROVE Public Domain）。

本書にはミチの物語だけでなく、この時代の背景や事実関係の解説文が挿入され、さらに詳細な「歴史解説」が掲載されている。ミチが独身の頃に仕事でニューギニアに渡ることになった経緯、戦争花嫁たちへのビザ授与が決められたオーストラリア社会の状況など、本人の語りだけでは分からない時代的背景が読者に伝わるように補足されている。また戦前からオーストラリアに渡った日本人移民についても紹介されていて、かつてこのような日本人の移動と越境があったことが伝わってくる。

ミチをはじめとする戦争花嫁の体験は「家庭や家族と共に生きてきた女たち」のものであり、日本からオーストラリアに渡るという「移動と越境」であり、また戦後から現代の五〇年にもわたる歴史の物語だった。またこれは彼女たちの「忍耐強さとしなやかさ」に貫かれた物語でもあった。こういった戦争花嫁の存在やその経験は、著者の田村がほとんど偶然から彼女たちについて研究を始めなければ、知られずに終わってしまったかも知れない。本書のエピローグに示されている通り、このテーマで博士論文を書くことになった田村は、戦争花嫁たちに接触することから始め、時代背景を調査し、アメリカやオーストラリアで構築され始めていた戦争花嫁のネットワークと繋がってその大会にも参加している。だがやはり何にも増して重要なのは、四〇人以上の当事者に行ったインタビューであろう。田村は、ミチを始め母親ほどの年齢の元花嫁たちに寄り添い、時には辛い内容になることがあっても「思い出す」という作業をともにしたことにより、彼女たちから内容豊かな人生談を引き出した。そしてそこから元花嫁たちが五〇年以上オーストラリアの地で生き抜いた「忍耐強さとしなやかさ」を見出すことができたのである。

ミチは晩年に自らを振り返り、風に吹かれたタンポポの綿毛になぞらえている。それは風向きのままに運ばれていくが、飛ばされた先で根をおろし、やがてまた花を咲かせるのだ。ミチたち戦争花嫁は、先に述べた「制度」と「差別」という物理的、心情的な境界を克服し、自らの人生を切り拓いた力強さを秘めていることを本書は教えてくれる。

［注記］

本文は『オーストラリア研究』第三六号（二〇二三年三月刊行）六五―六七頁に掲載した本書の書評と重複する箇所があることをお断りしておく。また*Michi's Memories*は現在オーストラリア国立大学出版会の電子書籍として講読できる。

ノンフィクション

祖国脱出と越境の苦難をめぐる当事者たちの語りが突きつける問い

アン＝マリー・ジョーデンス（加藤めぐみ 訳）

『希望 オーストラリアに来た難民と支援者の語り――多文化国家の難民受け入れと定住の歴史』明石書店、二〇一八年

飯笹佐代子

著者のアン＝マリー・ジョーデンスは、一九九九年にオーストラリア国立図書館から依頼を受け、オーラル・ヒストリー・コレクションのためにオーストラリアに暮らす難民とその支援者の語りを記録する作業を開始した。インタビューを行ったのは一一〇人におよび、それらは全て同図書館に所蔵されている。本書は、そのうちの二六人の聞き語りに基づいて編集されており、うち一二人が難民としてオーストラリアに受け入れられた人たちだ。

出身国も、出国の時期やその理由もさまざまな一二人による希望と自由を求めて臨んだ祖国脱出と越境の物語からは、当時の世界情勢とともに、オーストラリアの難民政策の推移を読みとることができる。オーストラリアが難民の受け入れを開始した一九四七年、家族で上海からメルボルンに到着したユダヤ人男性は、当時一〇代で栄養失調状態にあった。一家は一九三八年にナチス支配下のドイツを逃れて客船で上海に渡り、第二次世界大戦中の一九四三年から終戦までは日本軍下で強制収容され、日本軍士官らの残虐な行為も目撃したという。

大戦後のヨーロッパから逃れて来たハンガリー出身の避難民の男性は、一九五一年にヴィクトリア州のボネギラ移民受け入れ訓練センター（第12章参照）でオーストラリアの新生活を開始した。やがて施設内で職を得、後

に妻も渡豪し、ボネギラが閉鎖されるまでの一九年間をそこで暮らすこととなった。給料もよく昇進の機会もあり、とても恵まれた生活だったと回想している。

一九五〇年代、六〇年代は冷戦と白豪主義を背景に、受け入れは共産主義の迫害を逃れて来たヨーロッパ系の白人難民に限られていたが、七〇年代に入ると右翼政権下のチリから逃れてきた共産主義者や、ベトナム人を主とするインドシナ動乱による難民も受け入れるようになっていった。ベトナムから重病の二人の息子を連れて定員超過の木造船に乗り込んだ女性の危険極まりない航海の体験は、言葉を失うほど凄絶である。

一九八〇年代に入ると、難民の出身国はより多様化していった。ソ連占領下のアフガニスタンやアパルトヘイト下の南アフリカから、反政府活動により投獄や有罪判決を受けて脱出した男性たちの、また宗教的迫害によりイランから逃れて来たバハイ教徒の女性の、それぞれがたどった激動の半生が綴られる。

表紙の絵は1973年にチリから難民としてオーストラリアにやって来たC. コルデロの作品《パルティメント》で、「脱出、行程、希望、そしてホーム」を簡潔に表象している（本書の「原著者による謝辞」より）（明石書店、2018年）。

さて、オーストラリアでは一九九二年に非合法入国者に対する強制収容措置が導入され、収容所の劣悪な環境が国際的にも批判され続けてきた（第8章参照）。コソボを脱出した母親は国内の僻地にある収容所に送られ、五人の子供たちを守るために奮闘せざるを得なかった。アフガニスタンを追われ、インドネシアを経由して密航船で到着したハザラ人家族は、はるか遠い国外のナウルで収容され、難民としてキャンベラで生活を開始するまでに三年を要した(なお、二〇一三年七月以降に到着したボートピープルは、難民認定されたとしてもオーストラリアでの定住が認められなくなった)。

海外の難民キャンプから直接オーストラリアに定住した人たちもいる。タイの難民キャンプで四歳から二二歳まで暮らしたミャンマー出身のカレン族女性、エチオピアの難民キャンプで五年、ケニアのカクマ難民キャンプで一〇年を過ごしたスーダン人男性、そしてリベリアからギニアに逃げ、その後ガーナの難民キャンプで第三国定住を待った父と子どもたちは、受け入れ国が見つかっただけでも幸運と言わざるを得ないかもしれない。

以上の一二人の多くはオーストラリアに住み続けているが、なかにはオーストラリアで学業を継続して建築家となった後に駐豪アフガニスタン大使に就任し、祖国に戻って国家再建に尽力した人もいる。

本書を執筆した目的について、著者のジョーデンスは「文化が違っていても難民は私たちと同じ人間だということを、読者が理解する助けになりたかった」と述べている。一九四七年以降、およそ八〇万人にも及ぶ難民を受け入れてきた実績を持つオーストラリアですら、そうした啓発が必要ならば、日本社会においてはどうであろうか。ウクライナからの避難民に対する関心は高まっている一方で、それ以外の難民は、多くの人たちにとって、自分たちとは関わりのない遠い世界の顔の見えない存在に過ぎないかもしれない。

本書で語られる一人一人の筆舌に尽くしがたい苦難を乗り越えた個人史は私たちの胸に刺さり、それぞれの語りを通じて世界で起こっている迫害や紛争の、そして難民になることの過酷な現実を突きつける。同時に、支援者たちの活動、とりわけ自国政府による非人道的なボートピープル政策に果敢に異を唱え、支援のために立ち上がる行動力には、敬意の念とともに希望を見出すこともできよう。難民は日々、新たに生まれている。本書が現在に生きる私たちに問いかけているものは、とても重い。

あとがき

日々の生活の中で私たちは「移動」を繰り返している。そして、それを阻まれた時に初めて「境界」を認識することが多い。本書の執筆者たちも、つい数年前までは、オーストラリアを含む海外での研究活動をごく普通のこととして行ってきた。ところが新型コロナウイルスのパンデミックにより、突如、移動を阻止されるという事態に直面することとなった。とりわけ、国境閉鎖により調査地に渡航できないという体験は、これまでの「境界」観に根本から挑戦を突き付けたと言っても過言ではない。「移動」と「越境」は、かねてより執筆者たちの研究関心であったが、国際移動の困難さを、おそらく初めて「他人事」ではなく「自分事」として噛み締める契機となったのである。それは、移動を禁じられた中で、種々の「境界」の存在について、あらためて問い直す思索の旅の始まりでもあった。

こうした思索の旅に、いわば道連れとして参加してくれた研究仲間たちが、それぞれの専門分野から寄稿することで生まれたのが本書であり、その背景には、日本学術振興会科学研究費補助金による以下の四件の共同研究がある――「アラフラ海地域における境界管理の相克―『経験知』からみる越境の力学」（二〇一四―一六年　研究代表者　鎌田真弓）、「隣接国家の『辺境』からみる海境―豪北部海域の領域化と境界のダイナミズム」（二〇一七―一九年　研究代表者　鎌田真弓）、「オーストラリアにおける『ボートピープル』の脱／安全保障化をめぐるポリティクス」（二〇二〇―二三年　研究代表者　飯笹佐代子）、「国境を越えた地縁社会―豪州出稼ぎ労働者を繋いだ日本人商店主の現地適応戦術」（二〇二〇―二三年　研究代表者　鎌田真弓）。初期の共同研究の成果としては海域に引かれた「境界」の様態に着目した『海境を越える人びと――真珠とナマコとアラフラ海』（村井吉敬・内海愛子・飯笹佐代子編著、二〇一六年、コモンズ）を上梓した。一方、本書では新たな執筆者にも加わっていただき、日々の生活の中に立ち現れる、普段は見えない多様なかたちの「境界」も取り上げて、歴史的な視野からの考察を試みた。

本書のもう一つの特徴は、社会科学だけでなく、芸術や文学の領域にも光を当てたことである。芸術や文学の作品が発するメッセージは、物理的な「境界」を軽やかに超えることができ、また物語は人びとの心の中に潜む「境界」を可視化し、「境界の向こう」側にいる他者への想像力を読者に喚起する力を持っている。既存の境界認識を脱構築する上で、芸術や文学が果たし得る役割は大きい。こうした点に着目した本書の文学に関する論考には、日本学術振興会科学研究費補助金「豪マイノリティ作家の21世紀の課題解決に向けたネオ・コスモポリタニズム文学研究」（二〇二二—二五年　研究代表者　加藤めぐみ）による共同研究も反映されている。

私たちがパンデミック禍による移動規制の中で「境界」について考えていた頃、日豪で活躍するアーティストの金森マユさんもまた、ロックダウン下のシドニーで「境界」について思いを巡らせ、写真を撮り、作品を創作していた。国境が開放され、ようやく来日できた金森さんが本書の企画に賛同してくださったのは幸運であった。フォトエッセイだけでなくブックカバーの作品も提供くださり、そのご縁で、装丁デザインをシドニー在住の村岡稚恵さんに引き受けていただけたことも、願ったり叶ったりである。

本書の企画から刊行に至るまで、昭和堂の大石泉さんにご尽力いただいた。本書の姉妹編ともいえる『大学的オーストラリアガイド—こだわりの歩き方』（二〇二一年、昭和堂）に続き、辛抱強く編者を支えてくださったことに、厚くお礼を申し上げたい。

なお、本書は青山学院大学総合文化政策学会より出版助成を受けて刊行するものである。

本書の刊行までにお世話になった全ての方々に、心より感謝しつつ

飯笹佐代子
鎌田　真弓

事項索引

●あ行●

●か行●

●さ行●

●た行●

●な行●

●は行●

●ま行●

●や行●

●ら行●

●わ行●

●アルファベット表記●

人名索引

●あ行●

●か行●

●さ行●

●た行●

●な行●

●は行●

●ま行●

●や行●

●ら行●

執筆者紹介（執筆順：氏名／所属〔2024年 3月現在〕／専門分野／主要業績）

村上雄一（むらかみ・ゆういち）／福島大学行政政策学類教授／日豪関係史／『大学的オーストラリアガイド―こだわりの歩き方』（共著）昭和堂、2021年など

鎌田真弓（かまだ・まゆみ）／名古屋商科大学国際学部教授／オーストラリア研究／『大学的オーストラリアガイド―こだわりの歩き方』（編著）昭和堂、2021年など

松本博之（まつもと・ひろゆき）／奈良女子大学名誉教授／オセアニア地域研究／『岩田慶治を読む―今こそ〈自分学〉への道を』（共編著）京都大学学術出版会、2022年など

長津一史（ながつ・かずふみ）／東洋大学社会学部教授／東南アジア研究・文化人類学／『国境を生きる―マレーシア・サバ州、海サマの動態的民族誌』（単著）木犀社、2019年など

田村恵子（たむら・けいこ）／オーストラリア国立大学アジア太平洋学部名誉上級講師／日豪交流史／『戦争花嫁 ミチ―国境を越えた女の物語り』（単著）梨の木舎、2022年など

川嶋久美子（かわしま・くみこ）／立教大学観光学部准教授／移民研究／『大連の日本向けアウトソーシングと日本人現地採用者』（共著）明石書店、2015年など

濱野　健（はまの・たけし）／北九州市立大学文学部教授／社会学／『日本人女性の国際結婚と海外移住―多文化社会オーストラリアの変容する日系コミュニティ』（単著）明石書店、2014年など

原田容子（はらだ・ようこ）／オーストラリア研究者／「西洋とアジアの狭間で―オーストラリアと日本、そして“西洋コンプレックス”」『生存学』第9号、2016年など

飯笹佐代子（いいざさ・さよこ）／青山学院大学総合文化政策学部教授／多文化社会論／『大学的オーストラリアガイド―こだわりの歩き方』（共著）昭和堂、2021年など

間瀬朋子（ませ・ともこ）／南山大学外国語学部准教授／インドネシア研究／『現代インドネシアを知るための60章』（共編著）明石書店、2013年など

加藤めぐみ（かとう・めぐみ）／明星大学人文学部教授／オーストラリア研究／『大学的オーストラリアガイド―こだわりの歩き方』（共著）昭和堂、2021年など

内海愛子（うつみ・あいこ）／早稲田大学平和学研究所招聘研究員／歴史社会学／『鉄道と戦争―泰緬鉄道の犠牲と責任』（編著）明石書店、2023年など

山岡健次郎（やまおか・けんじろう）／群馬県立女子大学准教授／難民研究・政治理論／『難民との友情―難民保護という規範を問い直す』（単著）明石書店、2019年など

金森マユ（かなもり・まゆ）／アーティスト／日系オーストラリア人／『ヤスキチ・ムラカミ―遠いレンズを通して』（英文脚本）、2014年［2024年、大阪にて日本語上演（佐和田敬司訳）］など

有満保江（ありみつ・やすえ）／同志社大学グローバル地域文化学部名誉教授／オーストラリア文学・文化研究／『オーストラリアのアイデンティティ』（単著）東京大学出版会、2003年など

湊　圭史（みなと・けいじ）／松山大学人文学部教授／オセアニア文化研究／クリストス・チョルカス『スラップ（オーストラリア現代文学傑作選）』（翻訳）現代企画室、2015年など

佐和田敬司（さわだ・けいじ）／早稲田大学法学学術院教授／演劇学・映像学／「オーストラリア演劇叢書1～16巻」（翻訳）オセアニア出版社、1993～2024年など

移動と境界─越境者からみるオーストラリア

2024年3月29日　初版第1刷発行

編著者　飯笹佐代子
　　　　鎌田　真弓

発行者　杉田　啓三

〒607-8494 京都市山科区日ノ岡堤谷町 3-1
発行所　株式会社　昭和堂
TEL(075)502-7500／FAX(075)502-7501
ホームページ　http://www.showado-kyoto.jp

© 飯笹佐代子・鎌田真弓ほか 2024

印刷　亜細亜印刷

ISBN 978-4-8122-2305-5
乱丁・落丁本はお取り替えいたします。
Printed in Japan

本書のコピー、スキャン、デジタル化の無断複製は著作権法上での例外を除き禁じられています。本書を代行業者等の第三者に依頼してスキャンやデジタル化することは、たとえ個人や家庭内での利用でも著作権法違反です。

――大学的ガイドシリーズ――

奈良女子大学文学部なら学プロジェクト編
大学的奈良ガイド
――こだわりの歩き方
A5判・304頁
定価2530円

西南学院大学国際文化学部　高倉洋彰・宮崎克則編
大学的福岡・博多ガイド
――こだわりの歩き方
A5判・272頁
定価2420円

西高辻信宏・赤司善彦・高倉洋彰編
大学的福岡・太宰府ガイド
――こだわりの歩き方
A5判・308頁
定価2420円

沖縄国際大学宜野湾の会編
大学的沖縄ガイド
――こだわりの歩き方
A5判・316頁
定価2530円

四国大学新あわ学研究所編
大学的徳島ガイド
――こだわりの歩き方
A5判・336頁
定価2530円

長崎大学多文化社会学部編・木村直樹責任編集
大学的長崎ガイド
――こだわりの歩き方
A5判・320頁
定価2530円

和歌山大学観光学部監修・神田孝治・大浦由美・加藤久美編
大学的和歌山ガイド
――こだわりの歩き方
A5判・328頁
定価2530円

鹿児島大学法文学部編
大学的鹿児島ガイド
――こだわりの歩き方
A5判・336頁
定価2530円

弘前大学人文社会科学部編
羽渕一代 責任編集
大学的青森ガイド
――こだわりの歩き方
A5判・272頁
定価2530円

静岡大学人文社会科学部・地域創造学環編
大学的静岡ガイド
――こだわりの歩き方
A5判・288頁
定価2530円

昭和堂刊

昭和堂ホームページ　http://www.showado-kyoto.jp/

――大学的ガイドシリーズ――

都留文科大学編 加藤めぐみ・志村三代子・ハウエル エバンズ責任編集 **大学的富士山ガイド** ――こだわりの歩き方	A5判・264頁 定価2530円
愛媛大学・松山大学「えひめの価値共創プロジェクト」編 若林良和・市川虎彦 責任編集 **大学的愛媛ガイド** ――こだわりの歩き方	A5判・276頁 定価2640円
富山大学地域づくり研究会編 大西宏治・藤本武責任編集 **大学的富山ガイド** ――こだわりの歩き方	A5判・300頁 定価2640円
甲南大学プレミアプロジェクト神戸ガイド編集委員会編 **大学的神戸ガイド** ――こだわりの歩き方	A5判・320頁 定価2530円
新潟大学人文学部附置地域文化連携センター編 **大学的新潟ガイド** ――こだわりの歩き方	A5判・296頁 定価2530円
塚田修一編 **大学的相模ガイド** ――こだわりの歩き方	A5判・296頁 定価2530円
松村啓子・鈴木富之・西山弘泰・丹羽孝仁・渡邊瑛季編 **大学的栃木ガイド** ――こだわりの歩き方	A5判・376頁 定価2640円
岡山大学文明動態学研究所編 **大学的岡山ガイド** ――こだわりの歩き方	A5判・360頁 定価2640円
鎌田真弓編 **大学的オーストラリアガイド** ――こだわりの歩き方	A5判・304頁 定価2750円

昭和堂刊

昭和堂ホームページ　http://www.showado-kyoto.jp/

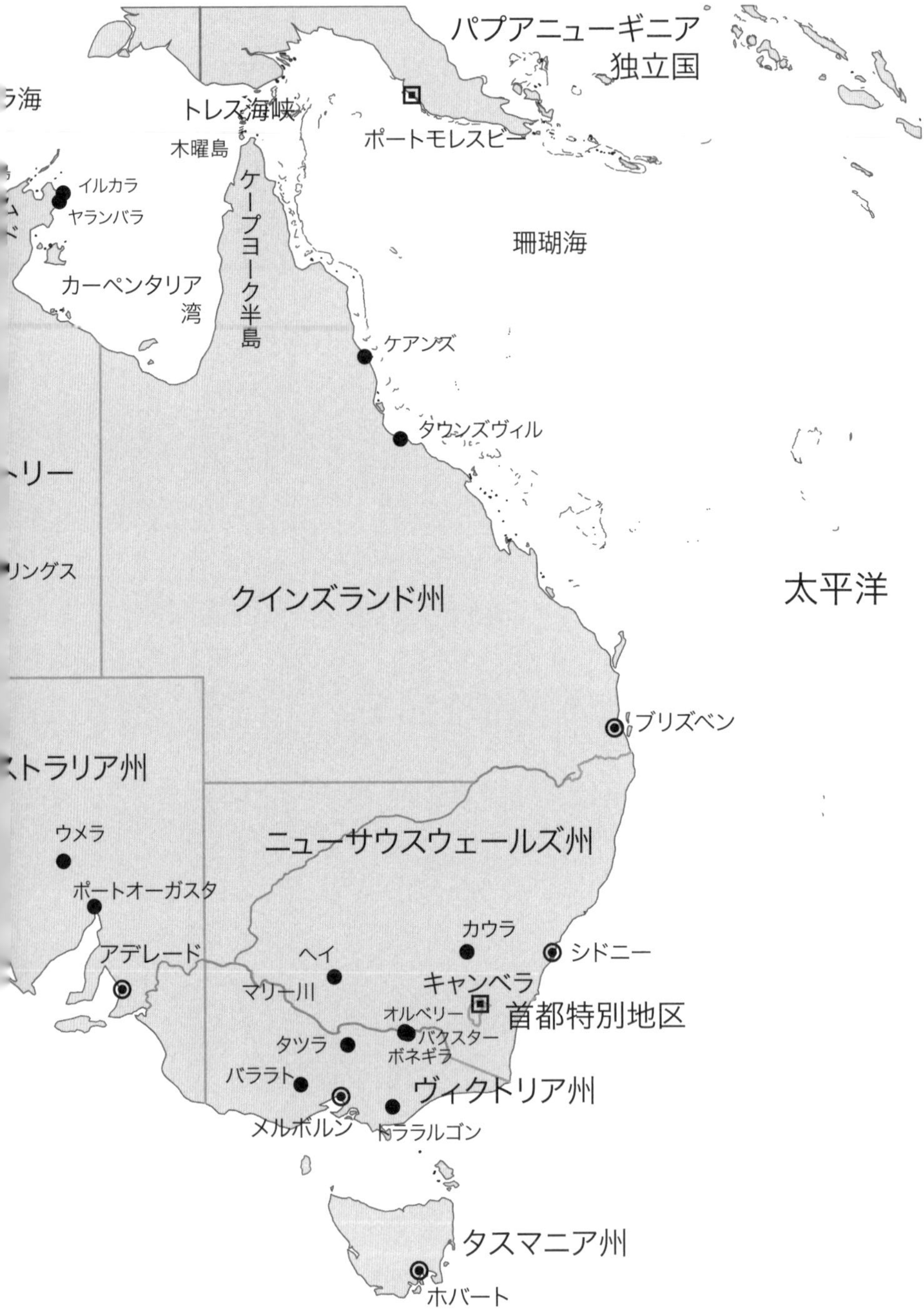

パプアニューギニア独立国
ポートモレスビー
ラ海
トレス海峡
木曜島
イルカラ
ヤランバラ
カーペンタリア湾
ケープヨーク半島
珊瑚海
ケアンズ
タウンズヴィル
リー
リングス
クインズランド州
太平洋
ブリズベン
トラリア州
ウメラ
ポートオーガスタ
ニューサウスウェールズ州
カウラ
シドニー
アデレード
ヘイ
マリー川
キャンベラ
首都特別地区
オルベリー
バクスター
ボネギラ
タツラ
バララト
ヴィクトリア州
メルボルン
トララルゴン
タスマニア州
ホバート